LA VIE SAIT MIEUX

ZIBIA GASPARETTO

Romance par L'Esprit

LUCIUS

Traduction en français :
Benito Tokop
Yaundé, Cameroon, Mai 2021
Hillary Moore Acevedo
Lima, Pérou, Janvier, 2024

La Vie Sait Mieux

Titre original en portugais:

«A vida sabe o que faz»

© Zibia Gasparetto, 2011

Révision:

Jaime Briceño Mallqui

World Spiritist Institute

Houston, Texas, USA

E–mail: contact@worldspiritistinstitute.org

L'auteur

Je suis très reconnaissant à Dieu d'avoir ouvert ma sensibilité. Grâce à la pratique de la médiumnité, pendant plus de soixante ans, j'ai pu maintenir le contact avec des esprits évolués et apprendre de leur sagesse. Je suis un médium conscient. Lorsqu'un un esprit de lumière s'approche et que nos auras se touchent, ma lucidité augmente, ma conscience est amplifiée et devient plus claire. Parfois, les sensations sont si fortes que les enseignements reçus sont enregistrés dans mon esprit, me permettant de remarquer les détails les plus subtils et les plus éclairants. Ils nous inspirent à agir avec bonté, à être optimiste, à valoriser notre esprit, à faire confiance à Dieu et à coopérer avec la vie. Mais la lumière que ces esprits possèdent est leur mérite, car ils s'efforceront de la conquérir. Cela n'ajoutera rien à nos progrès. C'est un travail personnel et non transférable. La médiumnité nous fait ressentir, avec plus de force, la teneur des énergies qui nous entourent, qui, lorsqu'elles sont négatives, en plus de déranger l'esprit, peuvent atteindre le corps physique et créer des symptômes de maladies difficiles à diagnostiquer.

Pendant deux ans, j'ai traversé ces problèmes. Je tombais malade, les médecins ne trouvaient rien, les analgésiques m'ont rendu pire. J'ai blâmé les mauvais esprits pour le harcèlement, mais c'était moi qui ne les attirais en n'assumant pas ma propre force, en ne prenant pas soin de

La Vie Sait Mieux

mon monde intérieur, en n'améliorant pas mon niveau de connaissance spirituelle. Je n'ai jamais fait de mal à personne, mais ce n'était pas suffisant.

Il faut élever l'esprit, apprendre à mieux vivre, évoluer. C'est le prix de l'équilibre, du progrès et de la paix. La médiumnité révèle le niveau spirituel, presse pour que des changements se produisent et, si nous nous lions à la lumière et persistons à faire le bien, c'est une source de connaissance, de santé et de lucidité.

La Vie Sait Mieux
Guide spirituel

Le roman « El Amor Venció » (L'amour a gagné) a été le premier ouvrage dicté par l'esprit Lucius que j'ai publié. Et quand je suis allé à Uberaba pour la première fois rendre visite à Chico Xavier, je lui en ai donné une copie ainsi qu'au Dr Waldo Viera, qui travaillait à l'époque à ses côtés. Au bout de quelques mois, lorsque je suis retourné leur rendre visite, Chico, après m'avoir serré dans ses bras, a pris le livre et, le feuilleté, a commenté en souriant :

- A quel point cette époque était-elle agréable où vous et Lucius étiez en Egypte ! Tant de choses se sont produites !

J'ai attendu qu'il continue, mais il se tut. Malgré la curiosité que j'ai ressentie, je n'ai rien demandé. Je sais que les esprits ne disent que ce qu'ils peuvent et signifient, mais je sens moi aussi que les liens qui me lient à Lucius sont très forts. Je l'admire beaucoup pour sa sagesse, ses connaissances et sa vision supérieure de la vie. C'est un maître.

Il a dicté toutes les romances. Malgré cela, j'ai remarqué que dans certains d'entre eux, le style change. Lucius a un moyen incroyablement facile de créer des liens avec moi, ce qui n'est peut-être pas courant. Je pense que d'autres auteurs vont le chercher, raconter des histoires, et il me les transmettra pour que je les publie, diffusant ses enseignements.

Que Dieu bénisse son chemin et lui permette de continuer à nous apprendre à comprendre ce qu'est la spiritualité et à regarder les événements quotidiens avec les yeux de l'âme.

LA VIE SAIT MIEUX

Les derniers rayons du soleil coloraient le ciel en cette fin d'après-midi et Isabel regardait sans y prêter attention, perdue dans ses pensées. Même la mer, dans son balancement, éparpillant sa mousse blanche sur le sable mouillé, ne pouvait pas lui faire remarquer la beauté de l'après-midi et le paysage devant elle.

Depuis qu'elle est arrivée à Guarujá, elle ne pouvait penser à rien d'autre. Elle avait besoin de prendre une décision, mais elle était confuse, pas sûre de quoi que ce soit. Quel serait son avenir ? Doit-elle rester avec Carlos ou Gilberto ?

Carlos était son grand amour et depuis qu'ils étaient enfants, ils ont promis d'être ensemble. Lorsqu'elle avait vingt ans et lui vingt-cinq, ils sont devenus amoureux. Les deux familles ont approuvé leur relation et le mariage était un choix définitif. Isabel n'imaginerait jamais sa vie loin de lui. Mais la guerre en Europe était à son pire. Le Brésil avait déclaré la guerre à l'Axe, allié aux États-Unis et convoquant les jeunes pour combattre en Italie. Carlos a été l'un des premiers à être convoqué. Isabel a dû accepter son départ dans le premier bataillon du corps expéditionnaire brésilien. En pleurant, elle lui dit au revoir, priant pour son bon retour.

Le temps passait et elle lui écrivait chaque semaine, même si les réponses étaient rares. Dans les trois lettres qu'elle a reçues, tout au long de la guerre, il a parlé de la nostalgie qu'il ressentait

La Vie Sait Mieux

pour tout le monde, surtout pour elle, et de l'horreur de la guerre, indigné de la violence qu'il était obligé de subir chaque jour.

Enfin, la guerre a pris fin et le cœur d'Isabel était rempli d'espoir. Cela faisait plus de six mois qu'elle n'avait pas eu de nouvelles et elle attendait avec impatience le retour de Carlos. La ville de São Paulo était parée pour recevoir les soldats revenant de la guerre et qui défileraient sur l'avenue San Juan. Les gens sont descendus dans la rue pour les saluer, et Isabel était là, attendant de voir Carlos parmi eux. Quand ils ont commencé à défiler, les gens se sont mêlés à eux, qui ne pouvaient marcher que d'une seule file, s'arrêtant çà et là, se faisant étreindre et embrasser par les jeunes femmes qui fêtaient leur retour. Les gens ont applaudi avec enthousiasme et ont fait le « V » de la victoire avec leurs doigts. Le cœur choqué, Isabel a vu défiler un à un à travers les câlins et les baisers de la foule, mais Carlos n'était pas là. Quand le défilé fut terminé, elle rentra chez elle déçue. Sa mère a essayé de la consoler :

- Ne te décourage pas. D'autres bataillons arrivent. Je l'ai lu dans le journal.

- Je vais chercher des nouvelles dans son régiment demain.

Le lendemain matin, Isabel est allée à la caserne, mais elle n'a pas obtenu les informations qu'elle souhaitait. Il y a eu beaucoup de confusion et ils lui ont conseillé d'attendre un peu plus longtemps.

Le temps passait et elle n'avait aucune nouvelle de Carlos. Pas de lettre ni de note. Elle est allée plusieurs fois chez sa famille à la recherche de nouvelles, mais tout le monde était très inquiet, car tous les bataillons étaient déjà revenus et personne ne savait rien de lui.

Enfin, Carlos a été porté disparu.

La Vie Sait Mieux

Au début, elle a espéré qu'il reviendrait, mais ensuite, avec le temps, elle a été découragée.

Trois ans plus tard, convaincue qu'il était mort, comme la plupart des gens le croyaient, elle décida de reprendre sa vie. Elle a travaillé comme secrétaire bilingue dans une grande entreprise, a travaillé dur pour avancer dans sa carrière et est revenue à sa vie sociale normale.

Malgré la nostalgie qu'elle ressentait pour Carlos, elle a cherché sa cousine Diva, avec qu'elle fréquentait les théâtres, les films et les danses. Un jour de pluie, alors qu'elles sortent toutes les deux du cinéma et se réfugiaient sous un balcon voisin en attendant que le temps se calme, un jeune homme accourut vers eux, les heurtant tous les deux. Il les regarda et dit en souriant :

-Je suis désolé. C'était involontaire.

Les deux, qui s'étaient recroquevillés, ont souri et n'ont rien dit. Il regarda la pluie tomber et dit:

-Il y a beaucoup de vent. Si nous restons ici jusqu'à ce que la pluie passe, nous serons très mouillés.

- Si nous bougeons, ce sera pire - dit Diva en levant les épaules.

–J'ai une meilleure idée. Quelques mètres plus loin, au bout du balcon, il y a un bistrot où nous pouvons nous asseoir, boire un verre et attendre que la pluie passe.

Elles se regardèrent avec hésitation. Il a continué:

- Permettez-moi de me présenter. Je m'appelle Gilberto de Souza Mendes. Docteur. Et vous?

- Je m'appelle Diva Santana.

- Et je suis Isabel Marques.

La Vie Sait Mieux

-Nous nous sommes déjà présentés. On y va?

- Etes-vous sûr qu'il y a vraiment un bistrot ? - Demanda Diva. - Je ne veux pas gâcher ma nouvelle robe.

-Bien sûr. J'y suis déjà allé plusieurs fois.

Ils marchaient avec difficulté, essayant de ne pas se mettre à l'abri. Une fois arrivés, plusieurs personnes y ont été hébergées. C'était un soulagement qu'ils soient entrés dans le bistrot.

- Trouvons une table.

Gilberto a parlé à un serveur, qui a indiqué une table dans l'un des coins. C'était petit, mais il y avait trois chaises. Il attendit que les deux s'installent et s'assit également. Les jeunes femmes ne pouvaient s'empêcher de rire. Gilberto, qui était grand et aux longues épaules, avait du mal à se mettre à l'aise. C'est alors que les trois se regardèrent. Diva était mince, brune, avec des cheveux raides et des traits délicats. Et Isabel était grande, avait un beau corps, des cheveux brun clair, ondulés à la hauteur des épaules. Gilberto sourit et ses yeux couleur miel brillèrent malicieusement lorsqu'il demanda:

- Ai-je réussi le test?

Elles ont tous deux ri et c'est Isabel qui a répondu :

-Désolé si les regards étaient indiscrets. Il faisait sombre là-bas. C'est ici que nous vous avons vraiment vu.

–J'ai tout de suite vu que tu étais belle.

-Oh! Est-ce pour cela que vous vous inquiétez de nous mettre à l'abri? –Enquit Diva espiègle.

-Bien sûr. Si vous étiez moches, je vous aurais laissées sous la pluie.

La Vie Sait Mieux

Elles ont ri et la conversation a été fluide pendant qu'ils buvaient du café et goûtaient quelques-unes des gâteaux que Gilberto avait demandés. Malgré la blague, Gilberto n'a montré aucun intérêt particulier pour aucune d'entre elles. Une heure plus tard, lorsque la pluie s'est arrêtée, ils ont échangé des téléphones et ont dit au revoir. Une semaine plus tard, Gilberto a appelé Isabel pour lui demander de sortir. Au début, elle n'était pas très enthousiaste, mais Diva et Laura, sa mère, l'ont encouragée à sortir.

–Le jeune homme est beau, gentil, poli. Tu devrais mieux le connaître - dit Laura.

- Mais je ne suis pas intéressée - répondit Isabel.

-Eh bien, s'il m'avait invité, je suis partie.

- Alors, va à ma place.

-Bien sûr que non. Il t'a choisi. D'ailleurs, il ne te demande pas de l'épouser. Tu peux passer des heures agréables et, si tu ne veux pas continuer, tu n'as pas besoin de le faire.

- Veux-tu vraiment rester seule à la maison en pensant aux problèmes de la vie? – demanda Laura.

-D'accord. J'irai.

Laura a poursuivi:

- T'a-t-il dit où il t'emmènerait ?

- Il m'a invité à dîner. Il va me chercher à huit heures.

–As-tu pensé à ce que tu vas porter ? - Demanda Diva.

- Non, je déciderai plus tard.

- Quel manque d'enthousiasme ! À ta place, j'irais chez le coiffeur, j'achèterais une belle robe.

La Vie Sait Mieux

Isabel leva les épaules et s'en va. Huit heures, la cloche sonna et Laura alla ouvrir la porte. Gilberto était sous le porche et elle dit en souriant:

- Vous devez être Gilberto. S'il vous plaît, entrez.

Il entra et Laura continua :

- Isabel se prépare. Asseyez-vous. Je vais lui dire que vous êtes arrivé.

Laura a donné le message à Berta et lui a demandé de le dire à sa fille. Puis, elle s'est approchée de Gilberto en disant:

- Je m'appelle Laura, je suis la mère d'Isabel.

Il se leva et lui baisa la main tendue avec une certaine révérence:

-C'est un plaisir de vous rencontrer.

- Veuillez-vous asseoir. Voulez-vous un verre de vin, d'eau ou de café?

-Ne soyez pas mal à l'aise. Je vais bien.

Laura s'installa dans le fauteuil à côté de lui, mais elle n'eut pas le temps de poursuivre la conversation car Isabel s'approcha accompagnée de sa cousine. Gilberto se leva, tendit la main à Diva, qui était à l'avant, et dit en souriant:

-Comment ça va?

-Je vais bien. Et vous avez l'air en pleine forme.

Au même moment, Isabel s'approcha de lui, la main tendue pour le saluer. Elle était jolie dans sa robe de soie vert foncé, et les grands yeux couleur miel de Gilberto la regardaient avec curiosité. Il ne s'est pas retenu:

La Vie Sait Mieux

- Tu es très belle !

-Merci beaucoup. Toi aussi, tu es l'air très élégant aussi.

Il sourit et, regardant Diva, lui demanda:

- Vous venez avec nous?

- Non. Aujourd'hui, j'ai un autre engagement - elle a menti.

Elle sentait qu'il l'avait invitée par gentillesse et qu'il était vraiment intéressé par Isabel, ce qui la rendait très heureuse, car depuis que Carlos avait été porté disparu et qu'elle savait qu'il ne reviendrait probablement jamais, elle ne s'est jamais intéressée à un autre homme. Diva aimerait qu'elle retombe amoureuse et revivre.

-On y va? - a demandé Gilberto.

Isabel a accepté, ils ont dit au revoir et sont partis. Sa voiture était devant la maison et il ouvrit la portière à Isabel pour qu'elle se sente à l'aise. Puis il fit le tour et s'assit à côté d'elle.

–Avez-vous une préférence pour un lieu spécifique?

- Non, Vous choisissez.

–J'ai réservé une table dans un restaurant vraiment sympa. J'espère que vous aimez.

Isabel hocha la tête. Il a mis la voiture en marche et a dit peu après :

- Depuis cette nuit où nous nous sommes rencontrés, je pense à toi.

Isabel fit un geste presque imperceptible de contrariété, mais il le remarqua et changea de sujet. Il lui a demandé quel genre de musique elle préférait. Elle a dit, et il a allumé la radio, a commencé à commenter les tendances musicales et, au

La Vie Sait Mieux

soulagement d'Isabel, n'est pas revenu à l'affaire personnelle. Le restaurant était très élégant, il était plein, et Gilberto a commenté:

- Si je n'avais pas réservé, nous ne pourrions pas dîner ici.

– Cet endroit est très agréable.

Ils ont été conduits à une table près d'une fenêtre, à côté d'un grand vase avec un merveilleux arrangement de fleurs naturelles. Isabel n'a pas hésité:

- Si jolie!

Gilberto a arrangé la chaise sur laquelle elle pouvait s'asseoir et a demandé:

- Vous n'êtes jamais venu ici?

- Jamais.

- Mes amis aiment vraiment cet endroit.

- En plus, il y a de la musique en direct.

- Vous aimez danser?

- J'adore danser.

Ils ont commandé une boisson. La musique était agréable et Gilberto lui a demandé de danser. Le jeune homme a très bien dansé et, dès lors, des moments d'enchantement ont commencé pour Isabel, qui a oublié toute la souffrance d'attendre le retour de Carlos, sa solitude et la frustration de ses rêves d'adolescent.

Pour elle, à ce moment-là, il n'y avait que la beauté du lieu, la poigne ferme de Gilberto, qui la guidait d'une manière légère et agréable, et le délicieux parfum qu'il dégageait. Ils ont beaucoup dansé et Isabel, avec un rougissement sur le visage et un sourire de plaisir, s'est sentie heureuse.

La Vie Sait Mieux

Ils ont dîné et ont continué à danser. A partir de cette nuit-là, ils ont commencé à sortir et Isabel appréciait de plus en plus la douceur de Gilberto, sa fermeté, son tempérament joyeux, son intelligence, sa posture élégante et belle. Ils se sont rencontrés et ont commencé à tomber amoureux.

Un soir, il lui a demandé de l'épouser et elle a accepté. Le souvenir de Carlos était lointain et oublié. Jusqu'au jour où elle a reçu un appel de la mère de Carlos, affirmant avoir reçu une lettre de son fils. Blessé et retrouvé, sans papiers, il a été fait prisonnier de guerre. Il était en Allemagne de l'Est, sous le régime russe et avait du mal à être libéré. Quand il l'a fait, il n'a pas pu obtenir nécessaires à son retour. En plus de cela, il n'avait pas d'argent pour le passage et ne pouvait pas obtenir de laissez-passer pour revenir.

Dans la lettre, il a demandé à sa mère de chercher Isabel et de lui dire qu'il avait le mal du pays pour elle et qu'il reviendrait bientôt pour être avec elle. La nouvelle a frappé Isabel comme une bombe. Elle était heureuse qu'il ait survécu, mais sa vie avait changé. Elle était amoureuse de quelqu'un d'autre et incroyablement heureuse à ses côtés.

Ce soir-là, elle a rencontré Gilberto et lui a annoncé la nouvelle. Il connaissait toute l'histoire des fiançailles, il est resté sérieux en écoutant les nouvelles. Elle a fini:

- J'ai beaucoup souffert parce qu'il n'est pas revenu, je pensais qu'il était mort. J'ai essayé de tourner la page. Je t'ai rencontré et ma vie a changé. J'étais à nouveau heureuse. Maintenant, tout d'un coup, il revient d'une guerre, cherchant du réconfort auprès des gens qu'il aime.

- Et que comptes-tu faire?

- Honnêtement, je ne sais pas.

La Vie Sait Mieux

- Consulte ton cœur. Je t'aime vraiment et je sens que tu m'aimes en retour.

Il lui prit les mains et continua:

- Quand nous sommes ensemble, la vie coule joyeusement, nous sommes heureux, nous nous comprenons. Nous avons beaucoup de choses en commun. Je sens que nous étions faits l'un pour l'autre.

- Je le ressens aussi. Mais comment faire face à une situation aussi triste? Comment lui dire que j'ai changé, que je ne l'aime plus, et le laisser partir, après tout ce qu'il a souffert là-bas?

Gilberto la serra dans ses bras et l'embrassa longuement sur les lèvres. C'était un baiser passionné, dans lequel il déposait toute son émotion, comme pour lui dire à quel point il l'aimait. Isabel a correspondu. En fait, Gilberto la rendait heureuse et les moments avec lui la faisaient se sentir bien dans la vie.

Elle se sentait bien de savoir que Carlos était vivant, mais en même temps elle se demandait pourquoi il devait revenir à un moment où elle ne l'aimait plus. À cette pensée, un désagréable sentiment de culpabilité est né, et elle se demanda: quel amour était-ce là, qu'elle l'oublierait et l'échangerait avec un autre?

Les jours suivants, elle n'a pas pu trouver une issue. Lorsqu'elle a reçu une lettre de Carlos disant qu'il serait de retour dans une semaine, elle a paniqué. Elle devait décider quoi faire. Elle voulait s'enfuir, disparaître pour ne pas avoir à décider quoi que ce soit. Elle a reconnu qu'elle n'avait pas la force pour le faire. Pour cette raison, elle a décidé d'aller à Guarujá. Elle croyait que loin de tout le monde, seule avec ses pensées, elle trouverait la solution. Mais c'était difficile. Elle était déjà là depuis cinq jours et n'avait toujours pas pris de décision.

La Vie Sait Mieux

Le soleil s'était couché, la nuit tombait et Isabel se leva, attrapa ses affaires et se rendit à l'hôtel où elle résidait. Elle marchait lentement, perdue dans ses pensées intimes, souhaitant que le temps s'arrête pour ne pas avoir à faire quoi que ce soit. Isabel se réveilla et regarda l'horloge avec effroi. Il était onze heures passées. Elle se leva précipitamment et se rappela que c'était le jour de l'arrivée de Carlos. Ses mains étaient froides et elle sentait des frissons sur tout le corps. Elle n'avait encore pris aucune décision. La veille, elle avait parlé à Gilberto, lui demandant un peu de temps pour décider. Il a répondu:

-Dis-moi la vérité. Veux-tu plus de temps parce que tu as décidé de rester avec lui?

-Ce n'est pas ça! J'ai vraiment envie de rester avec toi, mais je n'ai pas trouvé le moyen de lui dire. Je vais lui parler, découvrir comment il va, le préparer à lui dire la vérité. Je ne veux pas le choquer. Dans sa lettre, il compte sur moi, sur mon amour, je ne veux pas lui faire de mal.

- De toute façon, si tu restes avec moi, il sera blessé. Si c'était moi, je voudrais que tu sois honnête.

- Tu vas bien, tu n'as pas été dans une guerre cruelle, ni prisonnier de l'ennemi. Nous ne savons pas quelles blessures il porte en lui. J'ai l'intention de faire les choses d'une manière plus délicate.

-C'est vrai. Ne me laisse pas attendre trop longtemps. Appelle-moi dès que tu résolves cette situation.

La tête d'Isabel était lourde et elle a décidé de prendre une douche. Elle avait besoin de rester calme pour parler à Carlos. Elle avait dit à la mère de Carlos qu'elle n'irait pas chez lui le jour de son arrivée, afin que la famille puisse profiter davantage de sa compagnie. Elle voulait gagner du temps, mais Albertina, la mère

La Vie Sait Mieux

de Carlos, n'était pas d'accord, objectant que Carlos voulait la voir dès son arrivée. Ils savaient seulement qu'il arriverait après deux heures de l'après-midi et, bien que voulant retarder ce moment, elle a promis d'être là à ce moment-là. Elle prit une douche, resta longtemps sous la douche pendant qu'elle tentait de se calmer, mais malgré cela, ses jambes tremblaient quand, après s'être préparée, elle descendit parler à sa mère. En la voyant venir, Laura ne dit rien, la regarda et s'aperçut rapidement à quel point elle était nerveuse.

- Ma fille, tu veux du café?

- Non maman. Cela me rendra plus nerveuse.

-Tu as raison. Le déjeuner est presque prêt.

-Je n'ai pas faim.

-C'est ce que je pensais. Mais, tu ne peux pas rester l'estomac vide. Allons à la salle à manger, je vais te faire du thé.

Isabel accepta et accompagna sa mère. Pendant qu'elle chauffait l'eau, Isabel a dit :

- Je me demande toujours comment va Carlos.

- Certainement, il est heureux d'être de retour avec sa famille.

Isabel soupira et ne répondit pas. Laura prépara le thé et plaça la tasse fumante devant sa fille.

–C'est une mélisse. Bois-le. Cela te fera du bien.

- C'est dur pour moi de parler à Carlos. Il va vouloir me serrer dans ses bras, m'embrasser. Comment puis-je accepter cela s'il n'y a dans mon cœur que de l'amour pour Gilberto?

La Vie Sait Mieux

- Tu te sens coupable de ne pas l'avoir attendu. Mais il a été pris pour mort, ça fait longtemps. Tu avais parfaitement le droit de reconstruire ta vie.

- Tu as lu sa lettre. Il est toujours amoureux de moi. Cela me rend vraiment triste.

-Veux-tu savoir quelque chose? Tu fais une tempête dans un verre d'eau. Si j'étais toi, je lui dirais que le temps est passé et que tout a changé. Il n'y a rien de mieux que l'honnêteté. Il sera déçu, il souffrira un peu, mais tu seras libre de continuer ta vie avec Gilberto et il pensera aussi à refaire la sienne.

- Je n'ai pas ce courage. J'aimerais bien l'avoir, mais je n'aime pas blesser les autres, surtout Carlos qui m'aime tellement.

- Tu ne veux pas lui faire de mal, alors tu préfères te blesser. Tu as tort. Tu dois te mettre en premier. En pensant ainsi, tu finiras par te sacrifier pour ne pas le décevoir et il y aura trois personnes malheureuses.

-Comment?

- C'est tellement évident. Si tu restes avec lui, même si tu aimes Gilberto, il finira par le percevoir et il y aura trois personnes malheureuses au lieu d'une.

–Je ne peux pas être égoïste en pensant seulement à moi-même.

- Ce n'est pas de l'égoïsme. Épouser un homme en aimant un autre homme, le trompe et l'amène à épouser une femme qui ne l'aime pas. Qui peut être heureux dans une telle situation?

- Je commence à penser que tu as raison.

- Pense-y, ma chère, et donc quand tu es seule avec lui, ouvre ton cœur et dis-lui la vérité. La vie est comme ça et il va

La Vie Sait Mieux

devoir se conformer, à la fin il a été absent pendant quelques années et maintenant les choses ont changé.

-C'est vrai. Quand je pense à prendre cette décision, je ressens un grand soulagement. Ce serait bien si j'avais la force d'agir ainsi.

–Demande de l'aide spirituelle. Seule, tu peux être faible, mais en t'unissant à Dieu, Tu te sentiras fort. De plus, Il aide toujours ceux qui demandent à faire la bonne chose. C'est la bonne chose à faire.

-C'est une bonne idée.

Laura lui prit les mains, ferma les yeux et fit une prière demandant à Dieu de lui donner la force de prendre la meilleure décision. Isabel sentit une vague de chaleur agréable embrasser sa poitrine et l'agitation disparut comme par magie.

- Bois le thé, ma chère.

Isabel but et se sentit plus calme.

- Si j'avais su que tu avais la réponse, je ne serais pas allée seule à Guarujá. Maintenant, je pense que je suis plus forte pour rencontrer Carlos.

À deux heures, Isabel sonna la cloche de la maison de Carlos. Albertina a immédiatement ouvert la porte. Ses yeux anxieux se posèrent sur Isabel, qui remarqua instantanément à quel point elle était nerveuse. Les deux se sont embrassés et Albertina a commenté:

- Entre. Quand la cloche a sonné, j'ai cru que c'était Carlos. Il ne semble même pas vrai qu'il soit de retour!

- En fait, j'avais déjà perdu tout espoir.

La Vie Sait Mieux

- Je ne l'ai pas fait. Dieu est grand. Depuis qu'il est parti, je n'ai jamais cessé de prier pour lui pendant un jour et de demander à Dieu de le ramener sain et sauf.

- Vous avez été entendu.

Le père et la sœur de Carlos sont entrés dans le salon en même temps et n'ont pas non plus caché leur inquiétude. Ils ont embrassé Isabel dans leurs bras. Inés, en la regardant fixant, dit :

- Je ne pensais pas que tu venais.

–Carlos m'a écrit, je ne pouvais pas le rater.

Inés lui lança un regard interrogateur mais ne dit rien. Elle avait vu Isabel plusieurs fois en compagnie de Gilberto et savait qu'ils étaient amoureux.

-Merci d'être venu, ma chère. J'avais peur que tu ne voulais pas venir - commenta Antonio.

-Qu'est-ce que tu dis? - a dit Albertina – Isabel aime Carlos. Elle pensait qu'il était mort et a essayé de reconstruire sa vie, mais maintenant qu'il est de retour, tout sera comme avant. Un amour comme celui-là ne se termine jamais.

Isabel a essayé de cacher son inconfort. Elle a estimé que le père et la sœur de Carlos la critiquaient pour être tombée amoureuse de Gilberto. Le fait qu'Albertina tenait pour acquis qu'elle retournerait auprès de Carlos commença à la mettre mal à l'aise. Le climat ne lui était pas favorable pour prendre la décision qu'elle souhaitait.

La cloche sonna à nouveau et, cette fois, c'était Carlos qui arrivait. Alors, la porte s'est ouverte, les parents et la sœur ont couru pour l'embrasser, laissant l'émotion suivre son cours. Isabel, plus en arrière, attendait qu'ils se calment. Alors qu'Albertina embrassait son fils et laissait les larmes mouiller son visage, Isabel

La Vie Sait Mieux

remarqua que Carlos avait l'air différent. Plus grand, un peu plus mince, son visage était devenu plus ferme, ses yeux vert clair, qu'elle trouvait beaux, étaient devenus plus sombres et révélaient l'émotion du moment.

Lorsqu'il se libéra un peu de la famille, il remarqua Isabel, courut vers elle et la serra dans ses bras en l'embrassant fermement sur ses lèvres avec passion. Isabel sentit son cœur battre plus vite, inquiète de sa décision devant la famille qui attendait et tenait pour acquis qu'elle reviendrait dans les bras de Carlos, elle se sentait faible, voulant sortir de là le plus tôt possible et mettre fin à cette scène désagréable.

À ce moment-là, il réalisa à quel point il avait changé pendant toutes ces années. Il se souvenait que son père et sa sœur ne voyaient pas leur relation avec sympathie, cherchant toujours quelque chose à critiquer. Albertina, qui était extrêmement attachée à son fils, une fois satisfait d'Isabel, ne remettait rien en question. Elle a accepté la relation avec joie et a dès le début traité Isabel avec affection et attention. Des scènes de cette relation qu'ils avaient vécue passèrent par la tête d'Isabel, qui ne trouva pas les mots à dire. Étreignant toujours Isabel, Carlos a dit avec émotion:

- Tu ne peux pas imaginer comment j'ai rêvé de ce moment! Pendant tout ce temps, j'imaginais arriver ici, avec ma famille, t'étreindre et t'embrasser!

- Dans ce cas, il serait bon de fixer une date pour ce mariage le plus tôt possible - suggéra Inés, en regardant malicieusement Isabel. Vous devez rattraper le temps perdu.

- C'est ce que je veux le plus - dit Carlos - Mais avant tout, je dois remettre ma vie sur les rails. Pour le moment, je n'ai rien à offrir à Isabel et rien pour faire vivre une famille.

Albertina a dit pour aider son fils:

La Vie Sait Mieux

-Nous sommes là pour vous. Nous soutiendrons dans tout. Vous pouvez vous marier quand vous le souhaitez. Ensuite, Tu t'occuperas du reste.

Tous les trois regardèrent Isabel, qui à ce stade ne savait pas quoi dire. Remarquant qu'ils attendaient sa réponse, elle dit:

- Ce moment est un moment de joie pour son retour. Plus tard, nous parlerons de l'avenir.

- J'avais peur que tu m'oublies. J'ai fait des cauchemars dans lesquels tu m'as dit que tu étais amoureuse de quelqu'un d'autre. Sans pouvoir communiquer, sans nouvelles, j'ai beaucoup souffert à cause de ça. Heureusement, rien de tout cela n'est vrai. Tu es ici, à mes côtés, Tu es restée ici à m'attendre.

Isabel essaya de sourire, mais elle ne parvint pas à masquer totalement ce qu'elle ressentait. Inés a commenté:

- Il semble que tu n'es pas très contente du retour de Carlos. Je peux dire que vous n'êtes pas très à l'aise ici.

Isabel a rapidement répondu:

-Bien sûr que je le suis. Savoir qu'il est vivant m'a rendu très heureuse. Mais l'émotion du moment me laisse sans voix et je ne suis pas prêt à parler de l'avenir.

Albertina avait préparé une collation avec quelques-unes des friandises préférées de Carlos et les avait invités dans la salle à manger. Isabel se sentit soulagée, remarquant que les gens détournaient leur attention d'elle. Elle a essayé de retrouver son calme et de ne pas montrer son mécontentement. Elle se sentait comme un poisson hors de l'eau et, à ce moment-là, elle se demanda comment elle pouvait se sentir bien dans cet environnement, souhaitant épouser Carlos. Que ce soit la circonstance ou l'émotion

La Vie Sait Mieux

du moment, ce qu'elle voulait avant tout, c'était de sortir de là, de ne pas avoir à expliquer sa vie à aucun d'entre eux.

Devant répondre aux questions de ses parents, Carlos a commencé à raconter tout ce qui lui arrivait sans trop de détails. Isabel remarqua que c'était douloureux pour lui de parler de la guerre et que, en évoquant certains moments, son regard est devenu froid, indifférents, comme s'il n'avait pas été le personnage principal de cette histoire.

Lorsqu'il a été fait prisonnier par l'armée russe, il était sans papiers et a été emmené au quartier général de Berlin. La guerre était finie et les puissances victorieuses partageaient les gloires. Berlin était divisée et les Russes gardaient le côté est. La discipline était dure. Les prisonniers ont été contraints de travailler de manière exhaustive à la reconstruction de la ville et ont été maintenus sous haute surveillance. Le temps passe et les prisonniers de guerre ordinaires sont progressivement libérés. Carlos était assisté par la Croix-Rouge, qui avait libre accès entre les pouvoirs publics et effectué un travail humanitaire. Ainsi, il a été libéré, mais les archives des documents étaient mélangées, beaucoup avaient été détruites. Une fois libre, il a cherché du travail pour récupérer des ressources. S'il avait eu les documents, il aurait été rapatrié plus rapidement, mais il ne l'a pas fait. Ce n'est qu'après une longue période qu'il a réussi à communiquer avec la famille et à pouvoir rentrer. Isabel regarda pensivement le visage de Carlos. L'homme en face d'elle lui semblait inconnu. Le Carlos qu'elle avait aimé était différent. Un visage plus doux, un sourire facile, des gestes délicats. L'homme en face d'elle semblait tendu, agité, son regard perdait son ancienne tendresse. Isabel sentit qu'il y avait quelque chose en lui qui l'intimidait, lui donnant envie de sortir de là le plus tôt possible. Son baiser avait été désagréable, et il fallait se contrôler pour ne pas le repousser. Après le repas, Isabel se leva en disant:

La Vie Sait Mieux

-Je dois partir. Tu dois être fatigué du voyage, tu dois te reposer.

Carlos la serra dans ses bras et répondit:

-Certainement pas. Tu vas rester ici. J'ai tout le temps du monde pour me reposer. Aujourd'hui, je veux rester avec toi.

- Je ne peux pas. Je suis nerveuse. Ma mère ne va pas bien et je dois rentrer à la maison – elle a menti.

-Qu'est-ce qu'elle a? - Demanda Inés, de manière provocante, complétant: - Même hier, je l'ai vue faire des courses et elle avait l'air bien.

-C'est vrai. Mais aujourd'hui matin, elle est tombée malade. J'aurais dû l'accompagner chez le médecin pour une consultation. Je n'aurais pas dû venir ici non plus.

- Mais tu es venue, ce qui m'a fait très heureux - répondit-il, en la regardant fermement dans les yeux, comme s'il voulait entrer dans ses profond de ses pensées intimes.

Isabel baissa les yeux et s'empressa de répondre:

- Si vous m'excusez, je dois y aller - et en se tournant vers Carlos, continua-t-elle - C'était très agréable de te revoir. Beaucoup de choses ont changé dans notre pays après cette guerre. Installe-toi, intègre-toi dans les temps nouveaux, remets ta vie sur les rails. Plus tard, nous parlerons de notre avenir.

- Nous ferons cela ensemble. Je compte sur ton soutien pour remettre nos vies sur les rails.

-D'accord. Mme Albertina, merci pour la nourriture.

- Je t'accompagnerai jusqu'à la porte - dit Carlos.

La Vie Sait Mieux

Isabel a dit au revoir et est sortie. Carlos l'accompagna, ouvrit la porte et Isabel sortit dans le jardin. Elle ne voulait pas qu'il l'embrasse à nouveau et, pour cette raison, elle s'est dépêchée de lui tendre la main et de dire:

- C'est tellement bon de te revoir. À plus tard.

Ignorant la main tendue, il la serra fermement dans ses bras et l'embrassa à plusieurs reprises, tandis qu'elle luttait pour se dégager de son étreinte. Quand elle a réussi à le repousser, elle a dit avec colère:

- Tu n'aurais pas dû faire ça.

-Pourquoi pas? Je veux que tu saches que tu es à moi. Tu m'appartiens. Seul Dieu sait ce que j'ai vécu loin de toi.

- Tu agis différemment de ce que tu étais. Tu n'as même plus la même apparence.

- Et je ne suis pas le même. La vie m'a appris que tu dois prendre ce que tu veux par la force. Tu m'as semblé distante et je veux que tu saches que le temps n'a fait que renforcer mon amour, qu'il n'y a aucun moyen que je te laisse partir.

Isabel sentit sa tête exploser et eut envie de crier qu'elle n'appartenait ni à lui ni à personne d'autre, qu'elle ne voulait pas de ses baisers et qu'il lui était un étranger pour elle. Mais elle pensait qu'il valait mieux sortir de là, pour essayer de se calmer et de régler l'affaire une fois pour toutes.

-Je dois partir. À plus tard.

Elle ouvrit la porte et sortit presque en courant sans se retourner. Elle est allée à l'arrêt de bus pour prendre le bus, qui arrivait heureusement. Elle monta, s'assit et, quand le bus passa devant la maison de Carlos, il était toujours là et la regardait, et elle fit semblant de ne pas l'avoir vu.

La Vie Sait Mieux

Quand Isabel est entrée chez elle, Laura a vite remarqué qu'elle n'allait pas bien. Elle la regarda en silence, attendant qu'elle parle.

- Maman, c'était horrible. Carlos est une autre personne, il est très différent et je n'aimais pas le rencontrer.

- Calme-toi, ma chère. Il a fait face à une guerre sanglante. Personne n'est à l'abri d'une tragédie comme celle-là.

- Je ne sais pas comment je pourrais l'aimer et vouloir l'épouser. Inés, détestable comme toujours, faisant des ironies, des petites blagues pour me faire peur. M. Antonio, toujours hostile avec un visage de peu d'amis. Seule Mme Albertina est gentille.

Laura la regarda sérieusement et commenta:

- Apparemment, tu n'as pas eu l'occasion de lui dire ce que tu avais prévu.

-Comment pourrais-je? Avec les deux vautours essayant de me déranger et Carlos expliquant clairement qu'il est mon propriétaire?

-Comment? Ton propriétaire?

- C'est comme ça, maman. C'est ainsi qu'il se décrivait au moment de me dire au revoir. Il m'a assuré que je lui appartenais et qu'il n'accepterait pas de rupture. Il avait même l'air menaçant. J'ai détesté son attitude.

–Carlos a toujours été un jeune homme délicat.

- Il l'était, maman. Mais il est revenu différent. Il y a quelque chose en lui qui m'intimide. Je sens que je dois mettre fin à ses prétentions le plus tôt possible.

Laura réfléchit quelques instants, puis dit:

La Vie Sait Mieux

- Si c'est le cas, tu dois être prudente, faire ce que tu veux de manière raisonnable et attendre le bon moment.

- C'est toi-même qui m'a conseillé de dire la vérité. Pourquoi as-tu changé d'avis ?

–Parce que nous avons besoin de savoir s'il est tendu à cause de l'émotion de son retour ou si ce qu'il a vécu toutes ces années a causé des dommages plus graves à ses émotions.

- Le temps a passé, il a été laissé pour mort et je n'en étais pas responsable. Déséquilibré ou pas, je n'accepterai pas d'être près de lui. J'ai changé et je ne l'aime plus si jamais je l'aime vraiment. Nous avons grandi ensemble et il a été mon premier amour. Et, si c'était le vrai amour, maintenant je l'accueillerais à bras ouverts, mais ce n'est pas ce qui s'est passé.

- Tout va bien, ma chère. Tu es également très nerveuse. La tension que tu as vécue ces derniers jours te tourmente. Maintenant, il faut que tu calmes. Assieds-toi ici sur le canapé à côté de moi.

Isabel obéit et Laura lui prit la main affectueusement.

- Connectons-nous à nos guides spirituels, qui nous aident toujours. Fermez les yeux, imagine une lumière bleue descendant d'en haut et nous tendant la main.

Après quelques minutes de silence, elle se mit à parler d'une voix calme:

–Nous sommes de bonnes personnes; nous sommes connectés à la lumière de la spiritualité. Nous sommes reconnaissants à la vie qui nous a favorisés avec l'amour divin. Nous demandons à l'intelligence universelle de nous inspirer et de nous montrer la meilleure chose à faire dans ce cas, ce qui profitera à toutes les parties concernées. Nous resterons en paix et attendrons un signe des forces divines indiquant le temps de prendre une

La Vie Sait Mieux

décision. Pendant que nous attendons en toute confiance, nous resterons en paix.

Laura se tut, Isabel ouvrit les yeux et soupira.

-Merci maman. Je me sens soulagée. Je suis bénie par l'aide spirituelle.

–Il est toujours disponible; tout ce que nous avons à faire est d'ouvrir le canal pour qu'il se manifeste.

Isabel prit une profonde inspiration:

- Je vais me reposer un peu avant d'appeler Gilberto, comme promis.

–Je sens que tu as déjà choisi avec qui rester, tu ne veux pas y réfléchir un peu plus?

- Non. Quand j'ai revu Carlos, tout est devenu clair dans ma tête. Je ne veux pas rester avec lui. Je vais dans ma chambre, j'ai un peu mal à la tête.

-Vas-y. Je vais t'apporter du thé à la camomille.

Isabel est allée dans sa chambre, a enlevé ses chaussures, a desserré ses vêtements et s'est allongée sur le lit pensivement. Les scènes qu'elle venait de vivre restaient dans sa mémoire. Alors qu'elle fixait ses pensées sur Carlos, elle sentit une oppression dans sa poitrine et des frissons traversèrent son corps. Un peu plus tard, Laura a apporté le thé. Isabel s'assit sur le lit et prit la tasse en disant:

- Je ne sais pas si je vais me reposer. Je n'ai pas aimé voir Carlos ni aller là-bas.

–Cette rencontre a suscité beaucoup d'émotions. Essaie de changer le centre de tes pensées. Depuis l'arrivée de la lettre de Carlos, tu vis dans une atmosphère très tendue. Essaie de ne pas le prendre si au sérieux. Tu n'as pas obligée de rester avec lui si tu ne le veux pas. Je suis sûr qu'avec le calme, tout s'éclaircira et reviendra à la normalité.

Isabel rendit la tasse à sa mère et se recoucha en disant:

-Je l'espère. Le thé me fait du bien. Je vais essayer de dormir pour voir si mon mal de tête va disparaître.

Laura quitta la pièce et Isabel ferma les yeux. Sa mère était convaincue qu'elle n'avait aucune obligation d'épouser Carlos simplement parce qu'il y insistait. Pour qu'elle se sente plus calme, elle lui parlait et clarifiait sa position. Il devrait accepter sa décision. Cette pensée l'aida à se détendre et, en quelques minutes, elle s'endormir.

Après qu'Isabel ait pris le bus et soit partie, Carlos est entré dans la maison irrité. Il remarqua qu'elle avait changé. Pendant toutes ces années de séparation, dans les moments les plus difficiles qu'il a vécus, il a rêvé de son retour et surtout de son amour, idéalisant le moment où ils se reverraient. Il s'imaginait l'embrasser, l'embrasser passionnément et se faire rendre la pareille. Ces pensées avaient rempli son esprit pendant tout ce temps: il souffrait, devait endurer la violence, l'inconfort, la peur, l'insécurité et, essayant de conserver sa lucidité, il s'enfonçait dans un rêve dans lequel Isabel était le prix qu'il recevrait quand il est revenu et qu'elle lui ferait oublier tout ce qu'il a souffert. Cependant, elle ne correspondait pas à ses rêves. Elle semblait distante, indifférente, comme s'ils n'avaient pas vécu tant de moments d'amour. Nerveux, il passa sa main dans ses cheveux, comme s'il essayait de repousser ces mauvaises pensées, il tenta de contenir sa colère. Peut-être qu'Isabel était très tendue, essayant de contrôler l'excitation. Elle pensait qu'il était mort, tout comme sa propre famille et ses amis. Elle essayait de continuer sa vie, essayant d'oublier pour ne pas souffrir. Mais maintenant il était de retour, et peu à peu tout

La Vie Sait Mieux

revenait à ce qu'il était avant. Essayant de contrôler la déception, il entra dans la maison. Il se dirigea vers ses proches, qui parlaient dans la cuisine.

- Et maintenant, mon fils, que veux-tu faire pour rattraper le temps perdu? Vas-tu continuer tes études? - a demandé Antonio.

- Je ne sais pas encore, papa. Quand j'ai été convoqué, j'étais dans ma deuxième année, mais maintenant je ne sais pas si j'aurais la patience de continuer.

- Tu serais un grand ingénieur. C'est un bon métier. Facile de trouver un emploi et de gagner beaucoup d'argent.

—Il va falloir beaucoup de temps pour obtenir mon diplôme. J'ai besoin de reprendre ma vie rapidement. J'ai perdu beaucoup de temps. Je veux me marier, fonder une famille. J'ai besoin de trouver un autre moyen de gagner de l'argent rapidement.

Albertina est intervenue:

- Ton père a raison. La meilleure chose à faire serait que tu continues vos études et que tu obtiennes ton diplôme. Tu n'as pas besoin d'attendre pour terminer ton diplôme pour te marier. Tu peux vivre ici, ta chambre est disponible. Nous t'aiderons de toutes les manières possibles.

-Je ne sais pas. Je dois y réfléchir.

- Tu décides de l'avenir sans demander à Isabel si elle veut t'épouser - dit Inés.

Carlos la regarda avec méfiance:

- Pourquoi dis-tu cela ?

- Parce qu'elle est déjà dans une autre relation. Il n'y a pas longtemps, je l'ai vue avec un jeune homme, dansant avec leurs visages rapprochés.

La Vie Sait Mieux

-Tu mens! Isabel ne ferait pas ça!

- Pourquoi pas elle? Tu as disparu pendant cinq ans, on te croyait mort. Tu crois qu'elle est restée à pleurer tout ce temps ? Bien sûr, elle a trouvé quelqu'un d'autre. Un jeune homme très beau et riche.

- Tu exagères - ajouta Albertina nerveusement - Elle a pu vraiment essayer de refaire sa vie avec quelqu'un d'autre, mais celui qu'elle aime c'est Carlos. Je ne doute pas qu'elle veuille l'épouser.

- Tu es toujours si naïve! - commenta Antonio en hochant la tête – elle s'est très bien laissé séduire par un bel homme et principalement en bonne condition financière. Au final, Carlos est revenu de la guerre, il va falloir reconstruire la vie, il n'a toujours pas grand-chose à offrir.

–L'amour est la chose la plus importante! – répondra Albertina - Isabel adore Carlos. Et toi, arrête de lui mettre des bêtises dans sa tête.

- J'essaie juste de l'empêcher de continuer à se tromper. Il a besoin d'ouvrir les yeux - intervint Inès - Après tout, cinq ans, c'est long et Isabel ne me paraissait pas très nostalgique. Elle était agitée tout le temps, elle avait hâte de partir. Si j'étais à ta place, je n'aurais pas trop d'attentes d'elle.

- Peut-être qu'Inés a raison. Le mieux, c'est d'être intelligent, de ne pas être dupe – Antonio a renforcé - Si elle était dans une autre relation, laisse-la partir. Je suis sûr que tu vas reconstruire ta vie, ta situation financière et lui montrer ce que tu vaux.

-Ne t'inquiète pas. Je m'occupe de cela. Ce que je veux vraiment, c'est oublier les moments difficiles que j'ai traversés. Bref, c'est vraiment bien d'être de retour à la maison, de mettre cet enfer derrière moi.

La Vie Sait Mieux

- C'est vrai, mon fils. Le mieux est d'oublier le passé. C'est fini. Tu as toute ta vie devant toi. Repose-toi, réfléchisse. Ne sois pas pressé.

-Tu as raison. Je vais monter, prendre une douche, me reposer. Le voyage était vraiment fatiguant. Ensuite, je veux revoir des amis, découvrir ce qui s'est passé ici pendant mon absence. J'ai besoin de m'installer, de reprendre une vie normale.

Tout le monde était d'accord, il monta à l'étage et Inés l'accompagna dans la chambre.

–Nous avons tout arrangé comme tu l'aimes!

Carlos regarda autour de lui avec enthousuasme. Il y avait des fleurs dans le vase, des draps neufs sur le lit, une agréable petite odeur de lavande dans l'air.

-Je suis à la maison! Je ne peux pas y croire! Il y a eu quelques moments où j'ai pensé que je ne reviendrais plus jamais ici.

Inés le serra dans ses bras.

-Mais tu l'as fait. Tu es maintenant ici, avec les personnes qui t'aiment le plus. Ne prends pas de décisions hâtives, ne t'attache pas à un mariage qui peut te poser de nombreux problèmes.

Carlos posa fermement ses mains sur ses bras, la regarda dans les yeux et dit sérieusement:

- Que sais-tu d'Isabel? La façon dont tu parlais, je peux comprendre qu'elle ne m'aime plus.

–Le temps ne s'est pas écoulé pour toi. Je remarque que tu continues à l'aimer comme toujours. Sauf qu'elle ne voulait pas attendre. Elle sort avec quelqu'un d'autre. Ils sont vus ensemble

La Vie Sait Mieux

partout. Maman m'a demandé de ne pas te le dire, mais je pense qu'il vaut mieux que tu saches la vérité. Pour moi, si l'amour qu'elle prétendait ressentir pour toi ne lui suffisait pas, même en te considérant mort, elle resterait fidèle, elle ne mérite pas ta confiance.

Carlos fronça les sourcils nerveusement. Inés avait raison. Isabel l'a trahi. Mais maintenant il était de retour, prêt à se battre pour la reconquérir. Il fut un temps où la seule chose qui lui faisait endurer la souffrance était l'amour d'Isabel. Si cela lui avait aussi été enlevé, qu'aurait-il laissé? Ce serait le chaos total. Il n'abandonnerait pas et n'accepterait pas qu'elle le quitte.

- Je ne pense pas comme toi. Je ne vais pas l'abandonner.

- Pense-y, Carlos. Donne-toi du temps. Ne sois pas pressé de te marier, règle d'abord votre situation financière, n'accepte pas de vivre ici après ton mariage. Isabel est habituée à une belle vie; elle ne se sentira pas bien de se marier et de vivre dans une pièce de notre maison.

- Laisse-moi seul, Inés. Je ne veux pas y penser maintenant. Je suis à la limite de mes forces.

Inés l'embrassa légèrement sur le visage:

-C'est vrai. Vas prendre une douche. J'ai laissé ton parfum préféré dans la salle de bain. Si tu as besoin de quelque chose, appelle-moi.

Elle a quitté la pièce. Carlos ouvrit la valise, regarda les vêtements et eut envie de les jeter. Il ouvrit la commode et il y avait quelques-unes de ses chemises. Il en attrapa une et se gratta la tête pensivement. Il était plus grand, plus fort, ils ne lui étaient plus utiles. Il ne lui restait plus qu'à porter les vêtements que la Croix-Rouge lui avait donnés. Ce détail l'a fait réfléchir à ses besoins fondamentaux.

La Vie Sait Mieux

Alors qu'il était sous la douche, laissant l'eau chaude baigner son corps, il était sûr que, pour avancer, pour retrouver tout ce que la guerre lui avait volé, il devrait travailler dur. À ce moment-là, il a senti l'injustice de la vie, pour cette guerre qu'il n'a pas construite et lui a volé des années de sa jeunesse, a mis fin à ses projets pour l'avenir et, par-dessus tout, a mis fin à l'amour de sa vie. Alors que l'eau continuait à laver son corps, il signa la résolution selon laquelle, dorénavant, il récupérerait tout ce qui lui aurait été enlevé. Il voulait récupérer ce qu'il avait perdu et était prêt à traverser tout et tout le monde. Il se considérait comme une victime des circonstances et méritait d'être heureux.

Le lendemain matin, il essaierait d'organiser ses papiers et de chercher un emploi. Il ne voulait dépendre de personne. Quant à ses études, il déciderait plus tard. Isabel ne lui a pas dit qu'elle sortait avec quelqu'un d'autre, et il ne savait pas si c'était exprès, parce qu'elle était désolée, ou à cause du manque d'opportunités.

Il préférerait la première hypothèse, mais à aucun moment il ne songea à abandonner. Isabel lui appartenait. Et, bien que la distance et la pensée qu'il ne reviendrait jamais l'aient influencée, il était sûr que, finalement, tout reviendrait à ce qu'il était avant. Plus calme, il se sentait confiant et joyeux.

Après le bain, il s'est allongé sur le lit pour se reposer. Il passa toute la nuit à réfléchir, sans dormir. L'excitation de son retour et l'incertitude de ce que serait sa vie à partir de là l'ont gardé éveillé. Il se blottit mieux, ressentant le plaisir d'être là et, en quelques minutes, il s'endormit.

Il rêva qu'il était dans un endroit humide et sombre, où il marchait anxieusement, à la recherche de quelqu'un. Le cliquetis incessant des mitraillettes tombant tout autour et des balles sifflant devant sa tête le fit frissonner de peur, et il s'éloigna en essayant de

La Vie Sait Mieux

se protéger. Quelqu'un lui saisit le bras et il reconnut Adriano, dont le visage pâle avait coulé du sang et l'effraya. Il a crié:

-Tu es blessé! Où t'es-tu caché? Je te cherchais.

Il a vu qu'il tombait, il l'a attrapé, le plaçant soigneusement sur l'herbe. Adriano le prit par les bras avec force, en disant:

- Je meurs, Carlos. J'ai besoin de te parler.

-Calme-toi. Je vais rester avec toi. Dès que l'attaque sera passée, j'obtiendrai de l'aide. Tu ne vas pas mourir!

- Ne pars pas. Écoute-moi. J'ai besoin que tu me fasses une faveur. Jure-moi que tu feras ce que je te dis.

-Qu'est-ce que c'est?

- Jure-le.

Il ferma les yeux et Carlos, remarquant qu'il était sans force, dit:

-Je le jure. Je promets de faire tout ce que tu me demande de faire. Mais qu'est-ce que c'est?

- À ton retour à Paris, cherche Anete. L'adresse est dans mon portefeuille, avec son portrait. Dis-lui que ma dernière pensée était pour elle, et que ...

Soudain, le bruit s'est arrêté et Carlos s'est vu dans un autre endroit. C'était un quartier de Paris, et il embrassait une jeune femme d'une rare beauté. Ils s'embrassaient passionnément et il sentit sa poitrine se serrer.

- La guerre se termine - dit-elle – Promets-moi qu'à la fin, tu ne me quitteras pas.

-Tu peux attendre. Je reviendrai.

La Vie Sait Mieux

Carlos se retourna dans son lit, agité, et se réveilla en sentant son visage couvert de sueur. Il s'assit et passa sa main dans ses cheveux, inquiet. Depuis qu'il a rejoint le bataillon expéditionnaire et a commencé à s'entraîner, il s'était lié d'amitié avec Adriano, un soldat de deux ans plus âgé que lui. Ils sont devenus inséparables. Malheureusement, Adriano a été blessé et est mort devant lui sans qu'il puisse faire quoi que ce soit pour le sauver. Avant de mourir, il lui a demandé de chercher Anete, la femme qu'il aimait et qui a travaillé comme volontaire dans une unité de secours près de l'endroit où son bataillon était stationné pendant plusieurs mois. Mais la mort l'a surpris avant qu'il ne puisse dire ce qu'il voulait, et Carlos ne l'a jamais cherchée. Depuis lors, chaque fois qu'il était très tendu avec un problème, il rêvait que son ami répète cette demande. Quand cela s'est produit, il a perdu le sommeil et s'est demandé ce qu'Adriano essayait de lui demander. Mais il n'avait jamais rêvé de cette inconnue, avec qui il échangeait des baisers passionnés. Qui serait-elle?

- Ce n'était qu'un rêve - pensa-t-il – je m'inquiétait pour Isabel et finit par mélanger les choses.

Malgré cela, il se sentit ému, excité. L'émotion de ces baisers avait été extraordinairement forte. Il y avait de l'amour entre eux et même pas quand il embrassait Isabel, dans le bon vieux temps, il ressentait une telle passion. C'était fou de continuer à y penser. Il se leva, se lava le visage, se peignit les cheveux et décida de descendre. Il ne voulait pas perdre de temps. Il a cherché les journaux. Il voulait rester informé, trouver un emploi. Le lendemain matin, il irait à l'Association expéditionnaire pour être démis du bataillon, pour refaire ses documents. Il trouva sa mère dans la cuisine et lui demanda le journal. Quand Albertina le lui a remis, elle a commenté:

- Tu ne t'es pas beaucoup reposé, mais tu as l'air mieux.

La Vie Sait Mieux

–J'ai dormi un peu, mais je suis encore un peu aux anges. La joie de revenir, l'émotion de liberté et de retrouver ma famille et la volonté de rattraper le temps perdu m'ont ému.

- Tout cela, plus ce que tu as vécu pendant la guerre. Mais je suis sûr que tu seras bientôt de retour au sommet.

- Je mets tous mes efforts pour remettre ma vie sur les rails.

- Puis-je servir le dîner? Nous vous attendions.

-Déjà? J'ai tellement mangé à l'heure du thé, je n'ai pas faim. Mais il vaut mieux servir. Je ne veux pas que tu changes tes habitudes à cause de moi. Au contraire. Je suis celui qui devrait faire l'effort d'entrer dans la routine de la maison. Cela me fera du bien et m'aidera à retrouver vie une vie normale.

Tandis qu'Inés aidait sa mère à mettre la nourriture sur la table, Carlos parlait avec son père, s'informant des changements survenus dans le pays pendant son absence. Le dîner se passa joyeusement. Carlos était extrêmement intéressé à tout savoir et tout le monde a fait beaucoup de commentaires sur divers sujets. Au milieu de tout cela, de temps en temps, Carlos pensait à Isabel et sentait une sensation d'oppression dans sa poitrine. Le fait qu'elle ne soit pas restée plus longtemps révèle qu'elle s'habituée à vivre sans lui, elle ne ressent plus son absence.

Pendant ce temps, il contrôlait la sensation désagréable, ne montrant pas ce qu'il ressentait pour ne pas inquiéter les autres. En même temps, il nourrissait l'espoir de rattraper le temps perdu et de rallumer la vieille flamme. Ils avaient vécu des moments heureux depuis l'adolescence. Isabel lui appartenait et il ne pensait aussi qu'à vivre éternellement à ses côtés.

Pendant toutes ces années où il était absent, il avait parfois des relations avec d'autres femmes, mais son intérêt pour elles ne dépassait pas une diversion qui l'aidait à briser la tension et à oublier momentanément la douleur qu'il éprouvait.

Lorsqu'il était prisonnier des Russes à Berlin-Est, il n'avait pas beaucoup d'occasions de socialiser avec des femmes. Ils n'avaient pas le droit de lui rendre visite, et même dans les infirmeries de la prison, où il est resté le plus longtemps, il n'y avait que des infirmiers. Après un mois de prison, en raison de sa bonne conduite, Carlos a été appelé à travailler à la rénovation du bâtiment. Cela lui a donné un peu plus de liberté à l'intérieur de la maison et lui a permis, même sans sortir, d'observer un peu le mouvement des rues à l'extérieur. Il y avait beaucoup de misère. Les personnes à la recherche de travail ou à la recherche de parents disparus. Au bout de quelques mois, Carlos était déjà capable de communiquer en allemand et, pour cette raison, il a été appelé à travailler dans la section information du bâtiment. C'est alors qu'il apprit l'ampleur de la tragédie que la guerre avait signifiée pour cette ville. La confusion était grande et la plupart des registres de population avaient été détruits. Beaucoup ont cherché les maisons de leurs proches et n'ont trouvé que les restes de leurs maisons en ruine. Ils n'avaient aucun moyen de savoir si quelqu'un dans cette famille avait survécu. C'est à cette époque que Carlos a rencontré de nombreuses femmes de tous âges et de toute beauté, mais abattues, tristes, marquées par la souffrance. Il s'émerveille du courage de ce peuple qui, détruit par la folie d'un politicien ambitieux, tente de renaître de ses cendres et de reconstruire sa vie, de retrouver sa dignité.

A cette époque, malgré avoir rencontré des femmes belles et mal aimées, il n'est tombé amoureux d'aucune d'entre elles, il ne pensait qu'à retourner auprès d'Isabel. C'est la Croix-Rouge qui accomplit un vaste travail d'assistance aux orphelins et de réenregistrement des prisonniers de guerre, faisant tout son possible pour qu'ils puissent être libérés et rapatriés. Carlos a

La Vie Sait Mieux

demandé leur aide pour que son cas soit examiné. L'armée russe voulait également être libérée des prisonniers communs, dont l'entretien leur coûtait beaucoup d'argent. Pour cette raison, ils ont accepté la collaboration de la Croix-Rouge, qui leur a fourni de la nourriture, des médicaments et même des vêtements, tout en décidant du sort des prisonniers. C'était un bon troc pour les deux parties et, même si une grande partie de l'aide fournie par la Croix-Rouge était à Berlin-Ouest, parce qu'elle était administrée par les Américains, avec lesquels ils avaient en principe plus d'affinités, ils s'occupaient également des Russes, car ils avaient fait de nombreux prisonniers qu'ils souhaitaient libérer.

Lorsque Carlos a finalement été libéré de prison, il a été informé de la possibilité d'être rapatrié par la Croix-Rouge, mais il devrait attendre et il n'y avait pas de délai précis. L'ambassade du Brésil n'a pas non plus facilité son retour. Ils ont accepté d'étudier son cas mais n'avaient pas de date. Soucieux de revenir, Carlos a décidé de travailler, de gagner de l'argent pour survivre et acheter son billet de retour. Le problème était qu'il y avait peu d'argent en circulation et, malgré ses efforts, le travail était toujours basé sur l'échange de vêtements, d'objets à usage personnel. La plupart du temps, il recherchait le siège de la Croix-Rouge et faisait face à de longues files d'attente pour la nourriture.

Il savait alors que du côté ouest, les choses revenaient rapidement à la normale et faisait tout ce qu'il pouvait pour se rendre de l'autre côté du mur. Mais la surveillance était excellente et Carlos a vite découvert que ce serait très dangereux de passer. Les Russes avaient beaucoup de mal à comprendre et à se faire comprendre de la population. Ils n'avaient aucune initiative du tout, car dans leur pays, ils avaient l'habitude de tout attendre du gouvernement. En revanche, les Américains, toujours pratiques, comptant sur la collaboration de personnes qui, malgré la guerre, avaient gardé leur fortune et étaient disposés à collaborer pour la reconstruction de l'Europe détruite, ont rétabli en peu de temps les services de attention à la population, enregistrement de la population. Certains capitalistes ont créé des usines et offert du travail, ce qui a aidé cette partie de l'Allemagne à se remettre rapidement.

Carlos n'avait pas cette facilité. Il a fait ce qu'il pouvait et, après un certain temps, a réussi à économiser de l'argent pour acheter des vêtements décents. Mais l'argent n'était pas suffisant et il a dû voyager avec ce qu'il recevait de la Croix-Rouge. Il avait hâte, comptant les minutes, de rentrer chez lui, de revoir la famille, d'embrasser Isabel. À son arrivée, la rencontre avec sa bien-aimée avait été différente de ce qu'il avait imaginé, mais il était convaincu que, finalement, tout retournerait à ce qu'il avait été.

Après le dîner, il attrapa le journal et s'assit dans le salon déterminé à chercher du travail. Il était prêt à prendre tout ce qui lui arrivait. L'important était de reprendre vie, de gagner de l'argent au moins maintenant pour acheter des vêtements. Déterminé, il a ouvert le journal, a cherché la section des offres d'emploi et a commencé à lire.

✳ ✳ ✳

Le lendemain matin, au réveil, Isabel se souvint de la rencontre avec Carlos et fut envahie par une sensation désagréable. Il arriverait mal du pays, sûr qu'elle l'attendrait, ce qui n'était pas vrai. Quand elle l'a rencontré à nouveau, tous ses doutes ont disparu. Elle était sûre qu'elle aimait Gilberto et c'était avec lui qu'elle préférait rester. Elle voulait éclaircir la question bientôt, mais c'était douloureux pour elle, car il avait toujours les mêmes sentiments qu'avant. Devant sa famille, elle n'a pas eu le courage. Elle avait promis à Gilberto de lui donner une mise à jour, mais ne l'avait pas encore fait. Elle prit un café et se rendit à l'entreprise,

La Vie Sait Mieux

passa la matinée très occupée et seulement à l'heure du déjeuner, elle appela Gilberto. Après les salutations, il n'a rien demandé, attendant qu'elle évoque le sujet.

- Je suis allée chez Carlos hier - commença-t-elle. Puisqu'il n'a rien dit, elle a continué- Ce n'était pas facile pour moi de revoir sa famille et de découvrir qu'il pensait que je l'attendais. C'était horrible! Je ne me sentais pas à l'aise et j'avais hâte de sortir de là.

-Pourquoi?

- Seule la mère de Carlos m'a reçu avec un cœur ouvert, comme toujours, mais Inés, la sœur, a tout fait pour me mettre mal à l'aise avec tout le monde. Quant au père, il a clairement montré qu'il n'était pas content de ma présence.

- T-ont-ils toujours traité de cette façon?

–Inés a toujours été un fauteur de troubles, mais par ses attitudes et ses paroles, j'imaginais qu'elle devait nous voir ensemble et être en colère.

Gilberto resta silencieux pendant quelques secondes, puis il dit:

- Et… quant à lui, comment te sentais-tu?

- Avant de partir, j'avais déjà pris ma décision. J'ai senti qu'il ne signifiait plus rien pour moi. Je t'aime. Ma rencontre avec lui n'a fait que rendre mes sentiments encore plus clairs. J'ai dit à ma mère ce que j'avais décidé et nous sommes arrivées à la conclusion qu'il valait mieux régler le problème avec Carlos le plus tôt possible. Je suis allée chez lui prêt à lui dire la vérité.

- Et comment ça s'est passé ?

–Je n'ai pas eu de chance. Il a beaucoup changé pendant toutes ces années. Il est très différent du jeune homme que j'ai

La Vie Sait Mieux

connu, plus dur, plus contrôlé, je ne sais pas comment l'expliquer. La famille était enthousiasmée par son retour, tout comme lui, j'étais nerveuse et je ne me sentais pas à l'aise. Nous n'avons pas eu une minute seul pour que je puisse ouvrir et partir. Il a parlé comme si nous avions été séparés la veille. Il a insisté pour parler de notre mariage et de nos projets pour l'avenir. Quand il a fait ça, Inés intervenait en disant que j'avais été vue avec quelqu'un d'autre, qu'il avait besoin de savoir si je tombais amoureuse de quelqu'un d'autre, etc. Je me sentais mal de ne pas pouvoir parler de ce dont je voulais parler. Mais comment pourrais-je faire ça devant le reste de la famille? J'en suis partie sans rien clarifier, avec un terrible mal de tête.

-Te sens-tu mieux maintenant?

-Oui. Mais tant que je ne lui dis pas la vérité, je ne me sentirai pas bien. C'est cruel, après ce qu'il a souffert loin de chez lui, de devoir lui dire que je ne l'aime plus. En attendant, il est beaucoup plus cruel de le laisser tromper, dans l'attente d'un amour que je ne suis plus capable de lui donner.

-C'est vrai. Dès que j'ai su qu'il arriverait et que tu serais face à face, j'étais inquiet. J'avais peur que tu choisisses de rester à ses côtés. Je ne savais pas à quel point cet amour comptait encore pour toi, j'avais peur d'être laissé pour compte. J'ai beaucoup réfléchi; mais pour être honnête avec toi, si tu ne m'aimais plus, je souffrirais, ce serait cruel, mais ce serait bien pire de ne pas connaître la vérité. Peu importe à quel point c'est douloureux, ce sera toujours la meilleure solution, dans tous les cas.

- Je pense appeler Carlos pour qu'il vienne me parler chez moi. Ensuite, je peux me libérer de cette tâche désagréable.

- Quand as-tu l'intention de le faire?

La Vie Sait Mieux

-Peut-être ce soir. S'il peut venir, je réglerai cette affaire pour de bon.

- Alors il vaut mieux que nous ne nous rencontrions pas tant que tout n'est pas éclairci. Je n'aime pas non plus ces situations douteuses.

–Je me sens inquiète, anxieuse. Je n'aime pas me sentir comme ça. Je veux tout résoudre aujourd'hui.

- C'est ce que tu veux vraiment?

-Oui. Je veux retrouver mon équilibre.

- Je veux que tu saches que je penserai à toi et que j'attendrai que nous nous voyions, que nous retrouvions notre paix et nos projets d'avenir. Tout va bien se passer.

- Tu as raison. Il va falloir qu'il se contente, au bout de cinq ans, c'est long, vu que je pensais qu'il était mort.

-Tu as changé. Il devra comprendre. Personne n'était à blâmer pour ce qui s'était passé. C'était la vie; les circonstances vous ont séparés.

Isabel a accepté, et ils ont dit au revoir. Elle pensa appeler Carlos mais sentit une oppression dans sa poitrine et le laissa pour plus tard. Elle savait qu'il valait mieux mettre fin bientôt à l'affaire, mais c'était douloureux pour elle de lui dire qu'elle aimait quelqu'un d'autre. Il avait tellement souffert toutes ces années et il semblait cruel de le refuser. Elle voulait gagner un peu de temps, mais elle était sûre de son choix. Elle passa l'après-midi dans l'agitation, à réfléchir à ce qu'elle lui dirait le moment venu. Il était presque temps de quitter le travail lorsque Carlos a appelé:

-Tu me manques. Nous devons rattraper le temps perdu. Je vais passer chez toi à sept heures. Est-ce OK?

La Vie Sait Mieux

Isabel hésita un peu, mais répondit:

-Il faut qu'on parle. Je t'attendrai.

Elle a raccroché le téléphone avec inquiétude. Il parlait comme si toutes ces années ne s'étaient jamais écoulées. Cette attitude a rendu les choses difficiles. Il ne lui a pas demandé si elle avait toujours les mêmes sentiments pour lui. C'était comme s'il possédait sa vie et en prenait possession. Inés lui dit; elle l'a vue avec quelqu'un d'autre. Pendant ce temps, Carlos faisait semblant de ne rien entendre. Soudain, elle comprit qu'il faisait semblant d'ignorer l'affaire parce qu'il avait peur de connaître la vérité. Il préférait pousser, passer outre ses sentiments, ne pas lui laisser la place de s'expliquer. Cette pensée l'irrita. Carlos contrôlait toujours. Quand ils étaient amoureux, elle cédait toujours à ses arguments et faisait ce qu'il voulait. À l'époque, elle était très jeune et laissait les choses se passer, mais maintenant c'était différent. Elle était plus mature, savait ce qu'elle voulait et n'accepterait plus d'être manipulée. Gilberto était très différent de Carlos. Il ne l'étouffa pas avec sa jalousie, pour qu'elle puisse continuer à être comme elle l'a toujours été et agir librement. Ils ont échangé des opinions mais étaient libres d'agir comme ils le souhaitaient.

Lorsqu'elle est entrée dans la maison, Laura a immédiatement remarqué qu'Isabel n'allait pas bien:

-Quelque chose est arrivée?

–Carlos a appelé. Il dit qu'il vient plus tard. Cette fois, je ne me tairai pas. Je vais tout clarifier.

- Dans ce cas, il vaut mieux essayer de se calmer. Demande de l'aide spirituelle et sois honnête. Quiconque dit la vérité peut compter sur la protection divine.

La Vie Sait Mieux

- Je sais, maman. Je vais prendre une douche, me détendre. Une fois que je serai prête, j'aimerais que vous fassiez cette prière avec moi.

Isabel alla dans la chambre et Laura resta songeuse. Elle était convaincue que tout irait bien, mais malgré cela, quand elle pensa à Carlos, sa poitrine se serra. C'est pour cette raison qu'après une demi-heure, quand Isabel était prête pour la réunion, elle la chercha et réfléchit:

- Prions, d'accord? Carlos a besoin d'une aide spirituelle. Quand je pense à lui, je ressens une oppression dans ma poitrine.

- Il a dû traverser des expériences douloureuses. Ses souvenirs de cette époque doivent encore le déranger.

Laura prit la main de sa fille et elles s'assirent sur le canapé du salon. Elles ont fermé les yeux et Laura a dit:

- Concentrons une lumière qui brûle à l'intérieur de notre poitrine et ressentons la chaleur agréable qu'elle nous procure. Sentons que nous sommes liés à l'essence divine en nous et glorifions Dieu pour toutes les bénédictions qu'il nous a données.

Elle resta silencieuse pendant quelques secondes, puis continua:

- Maintenant, nous allons mentaliser Carlos et l'envelopper de la lumière de l'amour divin qui est en nous, le livrant aux soins de Dieu, qui sait ce qui est le mieux pour lui. Nous le bénissons et lui souhaitons d'être très heureux.

Les deux sentirent une douce brise les envelopper. Elles ont ouvert les yeux.

-Je me sens bien mieux! – Isabel dit en souriant.

La Vie Sait Mieux

- La tension dans mon cœur a disparu, Dieu merci! - Laura a répondu en souriant.

- Prière bénie! Je sens que je suis prête pour ce que je dois faire.

- Avant l'arrivée de Carlos, déjeunons. Berta a fait un merveilleux gâteau.

–Sonia n'est pas encore là?

- Elle vient plus tard aujourd'hui.

Les deux sont allées manger. Elles finissaient juste quand Carlos a sonné la cloche. Berta, qui ouvrit la porte, revint plus tard avec un bouquet de roses rouges.

- Carlos est dans le salon et il a apporté ces roses pour Mme Laura - elle l'a informée.

Les deux échangèrent des regards surpris, puis se dirigèrent vers le salon. Laura serra Carlos dans ses bras, l'accueillit, le remercia pour les fleurs. Ils ont parlé pendant quelques minutes, puis Laura a demandé la permission et les a laissés seuls. Carlos serra Isabel dans ses bras et s'approcha d'elle pour l'embrasser, mais elle le repoussa en disant:

- Nous devons parler, Carlos.

- Plus tard, nous parlerons de mariage. Je veux tuer le mal du pays. J'ai beaucoup souffert quand j'étais loin. J'ai vécu en imaginant ce que ce serait quand nous serions à nouveau ensemble. Le moment est venu et je ne veux pas perdre une minute.

Il la serra dans ses bras et essaya de l'embrasser, mais Isabel détourna le visage. Il fronça les sourcils nerveusement. Elle a ajouté:

La Vie Sait Mieux

- Assieds-toi Carlos. Les choses ont beaucoup changé. Nous ne pouvons pas comprendre que nous avons dit au revoir hier et que tout est toujours pareil.

- Pour moi, ce temps n'a fait qu'accroître mon amour.

Elle s'assit sur le canapé et demanda:

- Assieds-toi à côté de moi, Carlos.

Il obéit et elle continua:

- Quand tu es parti, j'ai beaucoup souffert. Les jours ne passaient pas et j'ai juste prié pour que rien de mal ne t'arrive. Chacune de tes lettres arrivées a été lue plusieurs fois et, lorsque la nostalgie augmentait, je t'écrivais même sans obtenir de réponses ni savoir si tu les aurais reçues. Quand la guerre a pris fin, j'étais ravie. Dès le retour des soldats, j'ai couru voir le défilé en pensant à vous rencontrer, pour tuer le désir.

Elle s'arrêta brièvement pendant que Carlos, les yeux interrogateurs fixés sur elle, fronçant les sourcils, écoutait en silence. Isabel a poursuivi:

–Mais tu n'es pas revenu. Ta famille est témoin du nombre de fois où j'ai cherché des nouvelles de toi, à la maison et dans l'armée, jusqu'à ce que tu sois porté disparu et, selon le lieutenant de ton bataillon, considéré comme mort.

- Mais j'étais en vie, souffrant de ne pas pouvoir communiquer avec toi.

-Maintenant je sais. Croyant que tu ne reviendrais jamais, j'ai essayé de réagir, de remettre ma vie sur les rails. J'ai fini mes études, trouvé un emploi. Je suis passé à autre chose, ne faisant aucun projet pour l'avenir. Tu es devenu juste un bon souvenir. Pendant toutes ces années, je ne suis jamais sortie avec personne, je ne m'intéressais à aucun autre homme. Jusqu'à il y a presque un an,

La Vie Sait Mieux

quand j'ai rencontré accidentellement un jeune homme qui a éveillé en moi un nouvel intérêt pour la vie. Nous avons commencé à sortir ensemble et nous nous sommes fiancés récemment.

Carlos se leva et cria nerveusement:

- Toi, la petite amie de quelqu'un d'autre? Comment as-tu pu me trahir ainsi, trahir nos serments? Ce n'est pas possible ! Dis-moi que tu joues à des jeux avec moi! Après tout ce que j'ai traversé, je ne supporterai pas cette honte!

Isabel s'approcha de lui en disant:

- Calme-toi, Carlos. Je suis sincère comme je l'ai toujours été. Il n'y a pas eu de trahison. Tu ne peux pas me blâmer pour ça.

- Tu ne peux pas imaginer l'enfer que j'ai vécu pendant cette période. Ce qui m'a donné la force de continuer à me battre, c'est la certitude que tu m'attendrais à mon retour. Je n'ai jamais pensé que tu pouvais me trahir, aimer un autre homme! Je ne peux pas y croire!

-Je te dis la vérité. J'ai changé, j'ai donné un autre sens à ma vie. Je ne veux pas revenir en arrière. Ne rende pas cette situation plus difficile qu'elle ne l'est déjà. Comprends que je suis honnête.

Il posa ses deux mains sur ses bras, la fixant fermement, les yeux écarquillés, le visage contracté en disant:

–Je n'accepterai pas cette décision. Tu es à moi, à moi seul, je ne te permettrai pas d'être à quelqu'un d'autre!

- Laisse-moi partir, Carlos! Tu me fais mal!

Laura est entrée et est intervenue en détresse:

- Ne fais pas ça! Lâche-la, Carlos!

La Vie Sait Mieux

Il lâcha prise et Isabel prit une profonde inspiration. Le visage rougi d'indignation, elle le regarda droit dans les yeux:

- Tu n'as pas le droit d'agir ainsi! Je ne suis pas coupable de ce qui s'est passé. Je ne peux plus tenir un engagement dont je ne veux plus. Tu es libre. Trouve quelqu'un d'autre qui peut t'aimer comme tu le mérites. Oublie que j'existe.

Carlos, les yeux écarquillés, le visage pâle, la regarda avec colère pendant quelques secondes, puis marmonna:

- Ça ne va pas rester comme ça. Je n'accepterai pas ta décision.

Laura s'approcha de lui pour essayer de le calmer :

- Viens, Carlos, assieds-toi à côté de moi. Parlons. Une relation ne peut avoir lieu que lorsque tu le souhaites tous les deux. Isabel ne veut pas revenir avec toi. Comprendre que...

Elle le fit asseoir sur le canapé à côté d'elle, mais il se leva, les regardant nerveusement:

-Ce ne restera pas comme ça. Tu verras!

Sans rien dire, il est parti rapidement. Isabel trembla et essaya de se contrôler. Laura ferma la porte que Carlos avait laissée ouverte, attrapa un verre d'eau sucrée et le donna à sa fille:

- Bois, Isabel, calme-toi. Il est déjà parti.

- J'ai peur, maman, il avait l'air d'un fou, je ne l'ai jamais vu comme ça!

Laura cacha son inquiétude et dit, essayant de montrer son calme:

- C'était la surprise. Il ne s'y attendait pas.

- Il est parti en nous menaçant.

La Vie Sait Mieux

–Il a dit cela dans un moment de manque de contrôle. Alors cela passera et quand il réfléchira, il percevra qu'il n'a pas d'autre issue.

- Ce qui me fait peur, c'est qu'il a beaucoup changé. Il ressemble à une personne différente.

- Nous ne savons pas à quoi il a dû faire face pendant tout ce temps. Ce serait bien de parler à sa mère, de lui dire que Carlos a besoin d'un traitement psychologique. Le fils de Norma, à son retour d'Italie, avait besoin de soins. Il a passé près de deux ans sous traitement médicamenteux.

Isabel soupira tristement:

- Je ne sais pas si elle m'entendrait.

- N'as-tu pas dit qu'elle t'a bien reçu? Peut-être qu'elle n'a pas remarqué son état et il serait bon que tu lui parlais, lui suggérais un traitement.

- Je ne sais pas ... Je ne sais pas si elle va le croire. Devant la famille, il semblait calme, gentil. Je n'ai aucune envie de revenir en arrière, surtout après ce qu'il a fait aujourd'hui.

–Je comprends que tu ne veux pas y aller, mais je vais prendre des dispositions.

-Qu'est-ce que tu vas faire?

- Je vais l'appeler et lui demander de venir ici pour discuter.

-Ce serait bien. De cette façon, nous serions loin du reste de la famille. Je suis sûr qu'ils réagiraient mal.

- Je vais lui parler tout de suite.

Albertina a répondu au téléphone. Après les salutations, elle l'a félicitée pour le retour de son fils et a continué:

La Vie Sait Mieux

–Albertina, Isabel et moi aimerions vous parler de Carlos.

–Pourquoi, est-ce qu'il s'est passé quelque chose?

Laura hésita un peu puis dit:

-Oui.

-Qu'est-il arrivé?

- Nous voulons vous parler personnellement. C'est pourquoi nous vous avons demandé de venir ici.

- J'ai été très occupée, je ne peux pas venir. Tu ferais mieux de venir ici.

–Le sujet est délicat. Nous devons vous parler seuls.

Elle resta silencieuse pendant quelques secondes, puis répondit:

- Je ne peux pas y aller, je ne peux pas aller jusqu'au bout. Si vous souhaitez me parler, j'attendrai à la maison.

–La question vous intéresse. Tu ferais mieux de venir. Nous ne prendrons pas beaucoup de votre temps. Il n'est pas possible de vous parler au téléphone. S'il vous plaît, ne manquez pas de venir.

- D'accord, je vais ... je viendrai. J'y serai dans une demi-heure.

-Merci beaucoup. J'apprécie votre compréhension. Nous vous attendrons.

Laura raccrocha et commenta.

- Elle était réticente. Se pourrait-il que Carlos lui ait déjà dit ce qui s'était passé?

-Je ne sais pas. J'espère qu'elle vient. J'ai hâte de mettre fin à ce tourment.

La Vie Sait Mieux

Vingt minutes plus tard, Albertina a sonné la cloche. Laura ouvrit la porte et la remercia d'être venue, la conduisant dans le salon où Isabel attendait.

–Je vous demande d'être bref. Je ne peux pas être long.

- Asseyez-vous, s'il vous plaît - la voyant s'asseoir, continua Laura - Vous savez qu'après la disparition de Carlos et croyant qu'il était mort, Isabel a beaucoup pleuré, elle était infatigable dans sa recherche de nouvelles. Pendant plus de trois ans, elle est restée solitaire, triste, sans raison de vivre. Mais la vie continue et, heureusement, elle a décidé de recommencer sa vie. Il y a un an et demi, elle a rencontré un autre jeune homme et est tombée amoureuse de lui. Aujourd'hui, ils sont fiancés, ils envisagent de se marier, il ne reste plus qu'à fixer la date.

Laura fit une brève pause. Isabel, qui regardait silencieusement, intervint:

–Quand j'ai découvert qu'il était vivant, j'étais très heureux, mais en même temps, je doutais d'une future relation. Je me suis rassemblée pour réfléchir, analyser mes sentiments et savoir quelle direction je donnerais à ma vie. Hier, quand je suis allée chez lui et que nous nous sommes rencontrés, j'ai réalisé que je ne l'aimais plus comme avant. J'ai décidé de rester avec mon petit ami.

Albertina écouta, essayant de cacher sa réaction, mais resta silencieuse. Isabel a poursuivi:

- Je ne voulais clarifier la vérité qu'hier, mais je n'en ai pas eu le courage, principalement parce que j'ai remarqué qu'il se référait à moi comme si le temps n'était pas passé. Aujourd'hui, il est venu ici, voulant fixer une date pour le mariage. Je lui ai dit que je ne voulais plus l'épouser.

Isabel se tut et Laura continua:

La Vie Sait Mieux

–Il a réagi violemment. Il attrapa fermement Isabel, hurlant nerveusement. J'avais besoin d'intervenir, de lui demander de la laisser partir. On sent qu'il ne va pas bien. C'est pourquoi nous vous avons appelé ici.

- Après une telle nouvelle, à laquelle il ne s'attendait pas, comment vouliez-vous qu'il réagisse? Avez-vous une idée de ce que vous lui avez fait, après tout il a souffert, perdant de précieuses années de sa jeunesse dans le massacre de la guerre? Pendant ces années d'horreur, l'amour pour toi était son seul point de départ. Il a été laissé sans abri. J'ai peur de ce qu'il deviendra après cela.

Des larmes coulaient sur le visage d'Isabel alors qu'Albertina, un doigt dans la main, disait toutes ces choses sur un ton accusateur.

–Carlos est jeune et va reconstruire sa vie. Ce serait pire de le tromper, forçant un mariage sans amour - ajouta Laura - Vous devez conseiller à Carlos de suivre un traitement psychologique. Il est difficile de sortir indemne d'une guerre. Il a besoin d'aide pour retrouver son équilibre.

Albertina se leva, les mains sur les hanches, leur faisant face, avec défi:

-Quoi...? Vous l'avez blessé et voulez que mon fils soit puni ? Est-ce lui qui est déséquilibré? C'était toi, Isabel, tu étais inconsistante et maintenant tu veux lui en vouloir. Mais je n'accepterai pas cela. A partir de maintenant, oublie que tu nous connais, je ne veux plus entendre parler de toi!

Elle est sortie en claquant la porte. Isabel sanglota nerveusement. Laura la serra dans ses bras:

- Calme-toi, ma fille. Ne sois pas comme ça. Cette salope ne mérite pas que vous pleuriez pour elle. En repoussant ce mariage, la vie vous a empêché de rejoindre des gens qui pensent très

La Vie Sait Mieux

différemment de nous. Élevons nos pensées et demandons à Dieu de nous protéger et de nous aider à trouver un meilleur moyen.

Albertina rentra à la maison irritée. Elle a regretté d'être allée chez Isabel. Peu de temps avant que Laura ne l'appelle pour lui parler, Carlos était déjà rentré pâle et nerveux.

- Tu ne vas pas bien. Quelque chose est arrivée?

Il parut ne pas entendre, monta à l'étage et s'enferma dans la pièce. Albertina ressentit une oppression dans sa poitrine et une sensation désagréable. Inés est entrée dans le salon et a demandé :

- Que s'est-il passé, maman? Tu as un regard sur votre visage ...

Albertina secoua la tête négativement et répondit:

-Ton frère. Il entra nerveusement, je lui demandai ce qui lui était arrivé, mais il ferma le visage, ne répondit pas et alla s'enfermer dans la pièce. Quand il est sorti. Il était de bonne humeur, pensant chercher un travail pour se marier bientôt. Peu de temps après, il revint avec un visage échevelé.

-Sûrement Isabel avait rompu avec lui.

- Elle ne ferait pas ça avec lui. Elle a tellement souffert quand il était absent!

-Seulement tu penses ça. Elle en a eu assez d'attendre il y a longtemps, elle a trouvé quelqu'un d'autre. J'étais fatiguée de la voir à côté de lui, tout amoureuse. Carlos est revenu ne pensant qu'à elle. Pour lui, il semble que le temps ne passe pas.

- J'ai du mal à croire. Isabel est une jolie jeune femme, sincère, passionnée. Es-tu sûre qu'elle est amoureuse de quelqu'un d'autre?

- J'en suis sûre, maman ! Ils sont fiancés, sonnent et tout.

La Vie Sait Mieux

- Hier, elle n'avait pas la bague ...

- Penses-tu qu'elle viendrait voir Carlos portant la bague de quelqu'un d'autre? Bien sûr, elle l'a enlevé. La meilleure chose à faire pour lui maintenant est d'oublier ce traître et de prendre soin de sa propre vie d'une autre manière.

–Je ne sais pas… il a l'air tellement amoureux ! Il ne va pas s'installer.

Inés leva les épaules en disant:

–Il n'a pas le choix. Il devra s'installer. Il mérite mieux. Elle s'est avérée indigne de confiance.

Quand le téléphone a sonné et que Laura l'a appelée pour rentrer chez elle, Inés n'a pas aimé:

- Ne pars pas, maman. Elles veulent que vous vous trouviez au milieu de leur combat. Elles savent qu'Isabel a tort, elles craignent la colère de Carlos. Cela ne vaut pas la peine de perdre du temps avec ça.

- J'y vais. Je veux entendre ce qu'elles ont à dire.

Elle est allée. De retour à la maison, elle est allée à la cuisine en silence. Inés l'entendit entrer et s'approcha:

-Et donc?

-Tu avais raison. Je n'aurais pas dû partir. Isabel a tout mis fin avec Carlos.

-Je le savais! Mais que voulaient-elles de toi?

–Laura est venue me voir avec la suggestion que Carlos est déséquilibré à cause de la guerre et que je devrais l'emmener voir un psychologue. Elles ont eu peur parce qu'il est devenu nerveux et les a menacés.

La Vie Sait Mieux

- As-tu vu quel genre de personnes il s'agit ? Le visage saint d'Isabel ne m'a jamais trompé. Si j'étais là, je leur dirais des choses en face. Tu ne vous tiendras certainement pas.

-C'est exact. J'ai éclaté avec elles aussitôt. Pauvre mon fils, en plus d'être méprisé, il est considéré comme un fou ... Comme c'est méchant!

- C'est bon pour vous de voir que j'avais raison. Ce que nous devons faire maintenant, c'est aider Carlos à oublier. Je suis sûre qu'il réfléchira mieux et se rendra compte qu'Isabel ne méritait pas l'amour qu'il avait pour elle.

- C'est vrai, mon fils est un bon garçon, beau, travailleur. Motivons-le à avancer dans la vie. Après réflexion, c'était mieux ainsi.

Albertina a préparé le dîner avec amour et, quand Antonio est arrivé, Inés lui a tout raconté et il les a soutenus. Il pensait de la même manière. Alors qu'elle était sur le point de servir le dîner, Inés est allée appeler son frère. Elle a frappé à la porte plusieurs fois, l'a appelé, mais il n'a pas répondu. Inquiète, elle retourna dans la cuisine.

- Tu es sûre que Carlos est dans la pièce?

-Oui bien sûr. Il est monté à l'étage et j'ai entendu le bruit de la porte.

- J'ai frappé à la porte, je l'ai appelé, mais il n'a pas répondu.

- Il doit dormir.

Les deux sont montés là-bas, ont frappé à nouveau, mais n'ont obtenu aucune réponse. Inquiète, Albertina tourna la poignée et ouvrit la porte. La pièce était vide.

- Il a dû sortir et tu ne l'as pas vu - commenta Inés.

La Vie Sait Mieux

-Est-ce vrai? Je n'ai rien entendu. Il n'a rien dit. Où est-il allé?

- Il voudrait être seul pour réfléchir. Il a dû se promener pour essayer de se vider la tête. Quand il reviendra, il ira mieux.

-J'espère. Je lui ai fait un repas qu'il adore. S'il s'attarde, ça va perdre le goût.

- Mangeons, rendons justice à ce dîner. Alors il sera là, tu verras.

Albertina accepta et alla servir le dîner. Ils mangèrent, le temps passa et Carlos ne revint pas. Albertina attendit anxieusement. Il était plus de onze heures quand Antonio s'approcha:

-Allons dormir. C'est tard.

- Vas-y. Je vais attendre l'arrivée de Carlos. Je suis inquiète.

-C'est absurde. Il a dû aller voir sa petite amie ou chercher des amis. Il sera bientôt à la maison.

–Isabel a rompu les fiançailles et il était très nerveux.

- Il te l'a dit?

-Non. Laura m'a appelé et m'a demandé de parler à Isabel. Ce sont elles qui me l'ont dit.

Antonio secoua la tête et s'exclama:

-Inés avait raison. Ces personnes ne sont pas dignes de confiance.

- Tu sais ce qu'ils m'ont dit? Que Carlos n'a pas raison dans la tête à cause de la guerre et que je devrais l'emmener voir un psychologue.

La Vie Sait Mieux

Antonio se leva irrité:

-Comment? Maintenant, l'affaire est avec moi. J'irai là-bas pour obtenir des excuses. Je n'admets pas qu'ils calomnient mon fils. Qui pensent-elles être ? C'est un cas pour la police!

-Je le pense aussi. Carlos est un héros de guerre! Il doit être respecté. Il ne s'attendait pas à ce dépit. Où aurait-il pu aller?

Antonio a réfléchi pendant quelques secondes, puis a dit:

-Tu exagères. Je vais faire le tour et voir si je peux le trouver.

-Tu faites cela. Je l'attendrai.

Le temps passait et le cœur d'Albertina était lourd. Une heure plus tard, Antonio est revenu seul.

-Et donc?

- J'ai été partout dans le quartier et pas un signe de lui. Où est-il allé?

- Peut-être que ce serait une bonne idée d'appeler la police. J'ai peur qu'il ait fait quelque chose de stupide.

-Non. Il doit penser à la vie, essayer de se calmer la tête. Il reviendra bientôt. Allons dormir.

–Je ne vais pas dormir. Vas-y. Je vais rester et attendre.

Antonio alla dans la chambre et Albertina s'assit, déterminée à attendre. Sa tête lui faisait mal et sa poitrine était tendue. Le jour se levait quand elle entendit le bruit de la porte. Peu de temps après, Carlos est entré. Son visage se contracta, sa physionomie abattue. Albertina a couru vers lui en disant:

-Merci Dieu tu es de retour. Où étais-tu jusqu'à cette heure?

Carlos la regarda étonné:

La Vie Sait Mieux

-Que fais-tu réveillée ?

-J'étais inquiète pour toi. Tu es sorti sans rien dire, tu n'es pas venu dîner, ton père a fait le tour du quartier à ta recherche et n'a pas pu te trouver. Où étais-tu?

- Qu'est-ce que c'est maintenant? Je ne suis plus un enfant qui a besoin de donner une explication à chaque fois que je sors. Je n'aime pas être regardé. Assez de ce que j'ai vécu dans l'armée. Maintenant, je suis libre de faire ce que je veux.

Albertina sentit l'odeur de l'alcool et déguisa son mécontentement. Elle a dit d'une voix qui essayait de paraître calme:

- Je ne l'ai pas fait par méchanceté. J'étais chez Isabel et je sais qu'elle a mis fin à la relation. J'avais peur que tu fasses quelque chose de stupide.

Il fronça les sourcils, irrité:

- Tu es allée chez elle pour me chercher ? Tu n'avais pas un tel droit. Je ne veux pas que quiconque se mêle de ma vie.

- Je ne me suis pas mêlée. Laura m'a appelé et m'a demandé d'aller là-bas pour parler. Je suis allée découvrir ce qu'elle voulait.

- Je ne peux pas y croire! Et qu'est-ce qu'elles t'ont dit ?

Albertina hésita un peu:

-Eh bien... Isabel a expliqué qu'elle avait refait sa vie en pensant que tu étais mort. Ses sentiments ont changé et elle ne veut plus recommencer à sortir avec toi.

- Pour cela, elle n'avait pas besoin de te mettre mal à l'aise. Elle me l'a déjà dit. Je ne vais tout simplement pas l'accepter. Isabel est à moi et je ne laisserai personne me l'éloigner.

La Vie Sait Mieux

- Tu vas devoir l'accepter. Tu ne peux pas la forcer. Elle a cessé de t'aimer si elle t'aimait un jour. La meilleure chose que tu puisses faire est d'essayer d'oublier. Il y a beaucoup de jeunes femmes bonnes et plus jolies autour de toi. Tu peux choisir celle que tu préfères.

Carlos ferma les dents et dit avec colère:

- C'est celle que je veux! Isabel n'appartiendra à personne d'autre. Je ne le permettrai pas. Elle me reviendra repentante et soumise. Tu verras.

En regardant le visage contracté du fils, Albertina sentit sa poitrine se serrer et un sentiment de peur. Il y avait quelque chose dans son regard et dans le ton de sa voix qui l'effrayait. Soudain, elle se sentit épuisée, sans force. Elle répondit presque sans voix:

- Tout va bien, mon fils. Allons à la cuisine. Je vais t'apporter quelque chose à manger.

-Ce n'est pas nécessaire. Je ne veux rien.

- Au moins du thé ...

- Je n'en veux pas. Allez dormir. Je vais dans ma chambre.

Il monta et Albertina, après avoir vérifié si la porte était fermée, se rendit dans sa chambre. Elle est allée se coucher, mais malgré sa fatigue et son manque de force, elle ne pouvait pas dormir. Elle semblait entendre la voix de Laura dire: "Tu dois conseiller à Carlos de suivre un traitement psychologique. Il est difficile de sortir d'une guerre immunisée. Il a besoin d'aide pour retrouver son équilibre." Elle ne devrait pas être impressionnée par les paroles de Laura. Sa réaction était naturelle. Cela n'avait rien à voir avec les problèmes émotionnels provoqués par la guerre. Mais, peu importe à quel point elle essayait, ces phrases ne la quitteraient pas.

La Vie Sait Mieux

Le lendemain matin, quand Carlos s'est assis à table pour prendre un café, Antonio a dit sérieusement:

—As-tu décidé ce que tu vas faire?

-Pourquoi cette question ?

- Parce que tu as déjà perdu trop de temps dans cette guerre. Il est temps de penser à ton avenir. J'aimerais que tu retournes à l'école.

—Ce temps est passé. Ce que je veux maintenant, c'est gagner de l'argent. Je pense travailler.

-Travail? Tu n'as pas de profession. Comment gagner de l'argent?

Carlos le regarda sérieusement et dit d'une voix ferme:

- Je vais trouver un moyen. La vie m'a volé beaucoup de choses. Maintenant je suis libre, je ne vais pas laisser ça se reproduire.

—Gagner de l'argent n'est pas facile. J'ai lutté jusqu'à aujourd'hui et je n'ai jamais eu plus que payer des dépenses.

Albertina est intervenue:

- Ne sois pas injuste. Nous vivons très confortablement.

- Eh bien, je ne veux pas de ce confort - ajouta Carlos - Je veux être riche, très riche.

Antonio secoua la tête négativement:

- Rêver c'est bien, mais pour cela, il te faudra beaucoup plus. Mais si tu avais un peu de capital?

—J'ai réfléchi et j'ai quelques idées. Pour commencer, je pense trouver un bon travail.

La Vie Sait Mieux

- Ce ne sera pas facile. Tu es hors du marché du travail depuis de nombreuses années.

Carlos resta pensif pendant quelques secondes, puis dit:

- Peu importe, la vie était dure, mais malgré la guerre, j'ai beaucoup appris pendant ces années. Le monde a changé, papa, et je sais que d'une manière ou d'une autre, je vais obtenir ce que je veux.

Inés apparut précipitamment dans la salle à manger et s'assit à table en disant:

-J'ai trop dormi. Je suis en retard, mais je vais prendre mon café.

Carlos la regarda et lui demanda:

-Est-ce que tu aimes ton travail?

Elle leva les épaules:

-Plus ou moins. Je travaille parce que j'en ai besoin, pas parce que j'aime ça.

–Je t'ai déjà dit que tu n'avais pas besoin de travailler. Je gagne assez pour subvenir aux besoins de ma famille. De plus, la misère que tu gagnes ne veut rien dire – a commenté Antonio.

- Papa, tu peux appeler ça une bouchée de pain, mais c'est avec cet argent que j'achète les choses que j'aime. Tu parles, mais Tu as toujours prétendu que je t'ai demandé de l'argent. J'aime être indépendante.

–En Europe, les femmes travaillent. Au début, c'était pour remplacer les hommes, mais après la fin de la guerre, la plupart d'entre elles voulait continuer.

La Vie Sait Mieux

–J'espère que cette coutume ne vient pas au Brésil. Les femmes doivent rester à la maison et ne pas vouloir se mettre à la place des hommes.

Inés sourit et répondit:

–Cette coutume est déjà arrivée ici. Au bureau, le nombre de femmes augmente. Quand j'ai commencé, nous n'étions que quatre, maintenant il y en a dix.

- C'est un progrès. C'est comme je dis. Les coutumes changent et ici ce ne sera pas différent. C'est sur cela que je compte pour trouver une activité rentable qui me satisfasse. Je le mérite. J'ai passé des années à courir le risque de mourir dans une guerre qui n'était pas la mienne. Maintenant, j'ai le droit d'être récompensé.

- Comment comptes-tu faire cela? Qui va te payer? - demanda Inés.

- La société. Je vais la tirer autant que j'en ai le droit. Elle va me payer, et avec des intérêts.

- Tu rêves trop haut. Il vaut mieux ne pas se tromper - a commenté Antonio.

Carlos les regarda sérieusement et répondit d'une voix ferme:

-Tu verras. J'obtiendrai tout ce que je veux.

Albertina remarqua une lueur différente dans les yeux de son fils et sentit une oppression dans sa poitrine. Carlos n'a jamais été attaché à l'argent. Ses paroles portaient une intention qui, pour Albertina, ne semblait pas bonne. Mais elle se calma, pensant que ce serait difficile pour lui de l'obtenir et qu'il abandonnerait. En fin de compte, gagner de l'argent n'a pas été facile. Inés se leva pour partir. Carlos a dit:

La Vie Sait Mieux

-Je viens avec toi. Aujourd'hui, je dois obtenir des documents et recevoir l'argent manquant.

Après leur départ, Albertina a commenté à son mari:

- Je n'aimais pas la façon dont Carlos parlait. Il n'a jamais été gourmand.

- Ne t'inquiète pas, il tombera sur son visage et abandonnera. Si gagner de l'argent était facile, tout le monde serait riche dans ce monde.

Albertina sourit de soulagement. Elle s'inquiétait sans raison. Antonio avait raison.

Assise dans le tramway sur le chemin du centre-ville, Inés a demandé à Carlos:

-Où vas-tu?

- J'ai découvert que j'avais de l'argent à obtenir de l'armée. Si je le reçois aujourd'hui, je ferai quelques courses. J'ai toujours aimé bien m'habiller.

- En fait. Tu en as vraiment besoin. Tu ne te souviens même pas du jeune homme fringant que tu as toujours été.

Carlos serra les dents avec colère:

- Cela va changer. Ensuite, j'aurai de l'argent non seulement pour avoir tout ce que j'avais avant, mais bien plus encore. Je le mérite. J'ai mangé le pain que le diable a pétri et j'ai perdu la femme que j'aime. Cela a un prix et je vais le récupérer.

- Recueillir auprès de qui?

-De la vie. Elle va me rembourser pour tout ce qu'elle m'a pris et plus encore. C'est mon droit.

La Vie Sait Mieux

- Tu parles comme si c'était facile. Tu n'as même pas fini l'université. Les choses ne sont faciles pour personne.

Les yeux de Carlos pétillaient quand il répondit:

-Tu verras. Je veux plus, beaucoup plus. Et je sais que je l'obtiendrai.

Inés secoua la tête.

-Il vaut mieux être modeste pour ne pas se briser le visage. Quant à Isabel, tu n'as rien perdu. Puis une autre viendra et tu l'oublieras. Elle ne mérite pas ton amour.

- Je ne vais pas abandonner, je vais juste faire une pause pendant que je me prépare à une nouvelle attaque.

-Ce n'est pas une bonne idée. Elle ne t'aime plus. Ne t'humilie pas devant quelqu'un qui ne te valorise pas.

Carlos se mordit les lèvres et répondit:

- C'est mon problème et je ne prends conseil à personne. Je sais ce que je fais. Garde ton opinion pour toi et laisse-moi tranquille.

-C'est bon. Tu n'as pas besoin de te battre. Je suis ta sœur et je veux ton bonheur. Je n'interviendrai plus en la matière.

-C'est mieux ainsi.

Au centre de la ville, ils se sont séparés. Inés est allée travailler et Carlos pour essayer d'obtenir de l'argent. Après avoir parcouru le bâtiment du quartier général de l'armée et obtenu les documents dont il avait besoin, il a finalement réussi à recevoir l'argent auquel il avait droit. C'était moins que ce à quoi il s'attendait. Pour que ses projets se passent bien, il avait besoin d'acheter de la fantaisie, de la qualité vêtements. Il savait que dans le monde des affaires, l'apparence était importante. Il passa toute la

La Vie Sait Mieux

journée à sortir, rentrant chez lui en fin d'après-midi avec ses colis, fatigué mais satisfait. En le voyant arriver, Albertina a commenté:

-Tu as retardé! Apparemment, tu as l'argent.

- C'était dur, mais je l'ai compris.

-C'était combien?

- Assez pour acheter les vêtements dont j'avais besoin pour commencer à chercher un emploi.

Quand il est allé dans la chambre, Albertina l'a suivi. Carlos ouvrit les paquets et étala le tout sur le lit.

- Tu as acheté des vêtements chers.

- J'ai besoin de bien me présenter.

– Tu aurais pu acheter quelque chose de plus modeste et économiser de l'argent pour les premières dépenses jusqu'à ce que tu trouves un emploi, ce qui ne sera pas facile.

–J'ai mes plans et je sais ce que je fais. Il vaut mieux ne pas donner d'avis.

Albertina ne s'attendait pas à cette réaction et fronça les sourcils:

- Je parle pour toi. Tu n'as pas besoin d'être impoli.

Carlos s'est justifié:

- Je suis franc. Dans l'armée, pendant des années, je n'ai fait que ce que les autres m'ont dit de faire. Maintenant que je suis libre, je veux agir à ma manière. Depuis mon arrivée, j'ai remarqué que vous pensez très différemment de moi.

-Nous sommes les mêmes. Celui qui est revenu différent, c'est toi.

La Vie Sait Mieux

- Le monde a changé, maman. Les gens changent. Il faut avancer. Vous êtes toujours au même endroit. Je veux avancer et je vais y arriver.

Après qu'Albertina ait quitté la pièce, Carlos a verrouillé la porte et s'est assis devant la petite table, prêt à décider quelles seraient les premières étapes. Il a commencé par noter ce qu'il avait en sa faveur. Premièrement, il était un ancien combattant, et cela lui a donné une aura de héros. Il a appris à parler anglais, italien et un peu d'allemand et de russe. Les coutumes d'après-guerre ont changé et la culture européenne était très différente de la culture brésilienne. Conscient de cela, Carlos a acquis de nouvelles valeurs. Il a appris à valoriser l'art, à écouter de la bonne musique, à respecter les biens publics. Il a découvert que là-bas, les bons professionnels étaient plus valorisés et les patrons plus exigeants. A côté de cela, voulant tourner la page après les souffrances de la guerre, il y a eu une euphorie positive, même dans les pays occupés, et une grande volonté de la population de reprendre les plaisirs de la vie. L'occupation a été choquante au début, mais le désir de reprendre une vie normale et de vivre en paix a prévalu. Sans documents, Carlos avait besoin de travailler pour subvenir à ses besoins. Il a tout fait. Il travaillait dans le nettoyage, dans les cuisines de restaurants et tout ce qui lui arrivait, parfois en échange de nourriture ou de vêtements. Maintenant, en regardant en arrière sur toute l'expérience, il a reconnu qu'il avait beaucoup appris. Il réfléchit longtemps, puis se décida. Il méritait de la vie une récompense pour les souffrances qu'il avait dû endurer. Il avait du courage et n'accepterait rien.

Le lendemain matin, bien habillé et la tête haute, il visitait certaines entreprises pour offrir ses services. Après avoir programmé sa vie, il pensa à Isabel et son visage se contracta. Il n'avait pas l'intention d'abandonner. Elle serait à lui et à personne d'autre. Il récupérerait tout ce que la vie lui avait pris. C'était une

La Vie Sait Mieux

question d'honneur. Albertina frappa à la porte, annonçant que le dîner était servi. En arrivant à la salle à manger, la famille était déjà à table. En le voyant s'asseoir, Inés a demandé :

- Et alors, comment ça s'est passé ? As-tu obtenu ce dont tu avais besoin ?

- Oui tout va bien. Demain, je commencerai à chercher un emploi.

- Et qu'est-ce que tu comptes faire ? Le marché n'est pas facile ...

- Ne t'inquiète pas, Inés. Tout est sous contrôle.

Antonio est intervenu :

- Ta sœur a raison. Tu n'as ni diplôme ni profession. Tu vas commencer par le bas.

Carlos fronça les sourcils, irrité :

-Rien de cela. J'en vaux la peine et je vais prendre un bon départ.

–Il a dépensé tout l'argent qu'il a reçu pour des vêtements coûteux. Il veut commencer au sommet - a ajouté Albertina.

- Tu vas te casser le visage - dit Inés.

–Après tout ce que j'ai traversé ces années, je pensais que tu me soutiendrais. J'ai été dupe. Tu veux me faire tomber. Je ne tolérerai pas ce genre d'ingérence dans ma vie. Je n'ai pas demandé ton avis. S'il te plaît laisse-moi seul.

Albertina fit comme si elle allait pleurer, Inés posa la tête sur l'assiette et Antonio allait répondre, mais voyant l'expression sur le visage de son fils, il changea d'avis :

- Changeons de sujet et mangeons en paix.

La Vie Sait Mieux

- C'est mieux comme ça - répondit Carlos, qui continua de manger en silence.

Après le dîner, il est allé dans sa chambre, tandis qu'Albertina allait à la cuisine faire la vaisselle. Inés débarrassa la table puis alla aider sa mère dans la cuisine. Antonio s'assit dans le salon pour lire le journal. Albertina s'arrêta, se dirigea vers la porte, leva les yeux, revint, soupira et dit :

- Il est allé dans sa chambre.

–Carlos n'est plus le même. Il a beaucoup changé. Il est irrité par n'importe quoi ...

-Je suis inquiète. Voyons si Laura n'a pas raison et Carlos a vraiment besoin d'un traitement.

- La façon dont il se débrouille, je veux voir qui va lui dire ça ...

- Je parlerai à ton père. Il doit faire quelque chose.

Réfléchies et silencieuses, elles ont continué à travailler. Enfermé dans sa chambre, Carlos a fait des plans pour le lendemain. L'attitude négative de la famille ne le dérangeait pas du tout. Pendant son absence, il devrait se battre avec ses propres forces pour survivre. Cela l'amènerait à développer un certain sens de l'auto-préservation. Il a traversé des situations risquées même après la fin de la guerre. Ayant été fait prisonnier et vivant dans la promiscuité, avec des étrangers aussi troublés et souffrants que lui, il avait souvent peur de perdre la tête. Il s'efforça de s'isoler des problèmes des autres, gardant son esprit fixé sur la certitude qu'un jour il serait libre et rentrerait chez lui.

Le fait qu'il ait réussi à survivre, à rester au milieu du chaos et à rentrer chez lui sain et sauf le rendait confiant dans ses propres capacités. Il était sûr qu'obtenir ce qu'il voulait serait une question

La Vie Sait Mieux

de temps. Pour cette raison, il n'avait pas l'intention d'insister avec Isabel, mais de le faire d'une manière qui la ferait revenir pour lui. Pour y parvenir, il devait lui prouver qu'il était plus intelligent, plus capable et bien meilleur que son rival.

Il a attrapé l'annuaire téléphonique de l'entreprise et a commencé à lire les publicités. Il a noté le nom et l'adresse de certaines entreprises étrangères à visiter le matin. Il réfléchit à la manière dont il les aborderait, à ce qu'il pourrait leur offrir et à la manière dont il se présenterait.

Il était plus de minuit quand il se prépara à s'endormir, mais le sommeil tarda à venir. La silhouette d'Isabel ne quitterait pas ses pensées et le sentiment de déception le tourmentait. Pour la chasser, il commença à imaginer que tout ce qu'il désirait se produisait. Il se voyait victorieux, riche, avec Isabel à ses côtés, suppliant de revenir. Petit à petit, il s'est calmé et s'est finalement endormi.

Il rêva qu'il était dans la tranchée devant le blessé Adriano, qui lui demanda de chercher Anete et de lui donner son message, sans parvenir à dire tout ce qu'il voulait. Angoissé, Carlos se réveilla toujours en ressentant la douleur de voir son ami mourir, sans pouvoir rien faire. Nerveux, il se leva, but un verre d'eau et tenta de retrouver son calme. Bien qu'il ait juré qu'il tiendrait sa promesse, il n'a jamais su ce qui était arrivé à Anete. Les événements se sont produits, le poste de secours où elle travaillait était un poste de campagne et il ne savait pas où ils étaient allés. Bien qu'Adriano n'ait pas eu le temps de dire tout ce qu'il souhaitait, il aurait aimé la rencontrer pour au moins lui dire de penser à elle dans ses derniers instants. Carlos croyait que, lorsque sa vie était déjà organisée, ces rêves ne le tourmenteraient plus. Personne ne vit ce qu'il a vécu sans rien ressentir. Finalement, ils disparaîtraient. Il se recoucha, essayant de diriger ses pensées vers les pas qu'il avait l'intention de faire le lendemain. Peu à peu il se calma et se rendormit, cette fois sans rêves.

La Vie Sait Mieux

Le lendemain matin, Carlos se leva tôt, s'habilla et descendit prendre un café. Le voyant entrer dans la salle à manger, Inés l'admira :

- Comme tu es élégant, tu ne ressembles même pas à celui qui est revenu d'une guerre !

Albertina sourit et dit :

–Maintenant, Tu as l'air très bien.

-Merci. Est-ce que papa ne s'est pas levé ?

- Oui, mais il n'est pas encore en bas.

-Je suis pressé. J'ai hâte qu'il prenne un café.

Antonio apparut à la porte :

- Tu sais que j'aime réunir la famille pour le café.

- Oui, je sais, papa.

–Ils se sont assis en silence. Carlos réfléchit à la manière dont il se présenterait plus tard avec les entreprises qu'il visiterait. Antonio interrompit le silence :

–Quel type d'emploi vas-tu rechercher ? Qu'est-ce que tu vas faire ?

–J'ai quelques idées. Voyons ce que j'obtiens.

- C'est trop vague. De cette façon, tu n'obtiendras rien.

- Ne t'inquiète pas, papa. Je sais ce que je vais faire.

Albertina et Inés se regardèrent curieusement, mais alors que Carlos continuait à se taire sans rien dire de plus, elles restèrent silencieuses, effrayées de dire quelque chose qui provoquerait une réaction comme celle qu'il avait eu la veille. Après le café, Carlos est parti en disant qu'il ne savait pas quand il serait de retour.

La Vie Sait Mieux

Antonio est immédiatement allé acheter le journal. Il voulait voir s'il pouvait trouver un emploi pour son fils. Albertina a pris la parole la première :

-Inés tu ne penses pas que Carlos est déconnecté de la réalité ?

-Oui. Mais il est impossible de dire quoi que ce soit. Il pense qu'il sait tout. Voyons comment il va revenir.

–Il va lui casser le visage et revenir avec sa queue entre ses jambes. Ensuite, oui, nous pourrons dire ce que nous pensons et il devra écouter tranquillement.

-Crois-tu vraiment cela ? Il est si beau, si confiant ... n'est-ce pas ?

- Maman, reprends-toi ! Il n'obtiendra pas ce qu'il veut. Trouver un emploi est difficile même pour quelqu'un qui a un diplôme, encore plus pour quelqu'un qui est absent depuis si longtemps, sans travailler. Mais laisse-lui apprendre. En fin de compte, la vie enseigne.

-Voyons voir. J'aimerais beaucoup qu'il trouve un bon travail.

- Comme c'est bien si la vie était aussi simple : vouloir et avoir.

- C'est vrai ... malheureusement ce n'est pas le cas. Mon père avait l'habitude de dire que tu n'obtiens quelque chose qu'avec beaucoup de difficulté !

- Grand-père avait raison, n'est-ce pas, papa ? Et moi, j'ai tellement essayé, et je n'ai rien ?

Carlos remarqua l'incrédulité de la famille, mais il n'y accorda aucune importance. Il savait ce qu'il voulait. En tête de sa

La Vie Sait Mieux

liste se trouvait une agence de tournée américaine. Le voyant entrer, bien habillé et élégant, le réceptionniste sourit gentiment et se présenta :

- Je m'appelle Carlos Vasconcelos, je viens d'arriver de l'étranger. Je voudrais parler au réalisateur.

-Sur quel sujet?

–J'ai une excellente affaire à proposer. Quel est le nom de votre directeur?

-M. Robinson. Pouvez-vous me dire quelque chose sur votre proposition?

–Je reviens après cinq ans en Europe. J'ai des projets que j'aimerais présenter à cette entreprise. C'est une question qui l'intéresse.

–Je verrai s'il peut vous assister.

Elle est sortie et est revenue peu de temps après avoir dit:

-M. Robinson est très occupé en ce moment. Vous pouvez revenir un autre jour.

- Malheureusement, je ne pourrai pas. J'ai d'autres engagements.

Carlos a sorti une carte vierge de son sac, a écrit quelques mots en anglais et l'a offerte à la réceptionniste en disant:

- Donnez-lui, s'il vous plaît. A bientôt.

Carlos est parti et la réceptionniste est allée dans la chambre du directeur. Elle entra et étendit la carte en disant:

–Le jeune homme a dit qu'il avait d'autres engagements et qu'il ne pourra pas revenir un autre jour. Il vous a laissé cette carte.

La Vie Sait Mieux

Il l'a pris et a lu dans un anglais parfait: "Carlos Vasconcelos. Business Advisor" et un numéro de téléphone.

-A quoi ressemblait-il? - étonné curieusement

–Jeune, beau et très bien habillé.

-Juste comme ça?

Après le départ du réceptionniste, il a continué à vérifier la carte entre ses doigts.

–Quels projets a-t-il? Ce serait peut-être bien d'appeler.

Carlos a encore visité une usine de tissage, où il n'a pas non plus été accueilli par le directeur, mais a laissé une autre carte. Il est allé dans une bijouterie sophistiquée, où il s'est entretenu avec le directeur, se présentant comme consultant en affaires. Il a appris que le propriétaire était russe, un orfèvre qui a émigré au Brésil après la Première Guerre mondiale. Le gérant du magasin était le neveu du propriétaire et Carlos s'est entretenu avec lui en russe, ce qui a suscité son enthousiasme. Carlos a eu l'occasion de lui parler de l'apprentissage de la langue en travaillant avec les Russes en Allemagne de l'Est. Il a mentionné la musique russe qu'il aimait réellement et a parlé de son désir de connaître la Russie, ce qui a ravi Yuri - je suis de retour depuis une semaine et je dois commencer à travailler. Le monde a changé après la guerre et il va changer encore plus. Il y a un courant de changement dans tout. Le Brésil est encore un pays jeune qui a beaucoup à offrir à quiconque sait en profiter. J'ai beaucoup appris là-bas et je sais comment faire progresser ce pays. Je vous ai cherché car je sais que, plus expérimentés, ils sauront considérer mon travail.

Après un café, Yuri réfléchit:

- C'était bon de vous rencontrer. Je veux te présenter mon oncle. Je suis sûr qu'il aura un travail pour vous.

La Vie Sait Mieux

- Je suis sûr qu'il le fera. Vous ne regretterez pas de me faire confiance.

Il était plus de quatre heures de l'après-midi lorsque Carlos quitta la bijouterie. Il avait faim mais préférait manger quelque chose à la maison. Il manquait d'argent. Il est rentré à la maison satisfait du résultat qu'il a obtenu. Il a fait de bons contacts. Bien qu'il n'ait pas été reçu par les autres, il était sûr d'avoir pris la bonne attitude. Il était très probable qu'il serait téléphoné. Il avait besoin d'instruire ses parents sur la façon de gérer ces appels téléphoniques. Ils pourraient tout gâcher. Après le déjeuner, il leur parlait.

✷ ✷ ✷

Isabel se regarda dans le miroir et sourit. Elle était jolie. Après un dernier regard, elle attrapa le sac et repartit satisfaite. Gilberto l'attendait dans le salon pendant qu'il parlait avec Laura. La voyant arriver, il se leva, l'embrassa sur la joue et ne put s'empêcher de commenter:

-Tu as l'air sympa!

- Merci, ai-je mis trop de temps?

- En parlant avec ta maman, je n'ai pas vu le temps passer.

- Il dit ça, mais il n'a pas quitté les escaliers des yeux - dit Laura en souriant malicieusement.

Ils ont dit au revoir et sont partis. Une fois dans la voiture, Gilberto la serra contre sa poitrine et lui dit:

-Tu m'as tellement manqué! J'aurais aimé que le temps passe rapidement pour que nous puissions nous voir. Tu m'as laissé puni.

La Vie Sait Mieux

–J'ai aussi ressenti ton absence. Mais c'était nécessaire. Carlos a mal réagi quand je lui ai dit que je préférais rester avec toi. J'ai pensé qu'il valait mieux laisser la poussière se déposer.

- Il t'a recherché?

- Heureusement, non. Peut-être qu'il y pensa mieux et s'installa. Il sait que j'avais raison et qu'il n'y a pas eu de trahison.

-C'est mieux ainsi.

-Je suis soulagée. Aller chez lui ce jour-là était un cauchemar. Je ne sais pas comment un jour je pourrais penser à l'épouser et à appartenir à sa famille. À part Mme Albertina, le reste de la famille ne m'aimait pas. Si je m'étais mariée, je serais très malheureuse, j'en suis sûre.

- Tu ne connais pas encore ma famille.

Isabel réfléchit un peu et demanda:

- Penses-tu qu'ils m'aimeront?

- Bien sûr, ils le feront. Mais ne t'inquiète pas pour ça.

- Comment ne puis-je pas? J'aimerais les rencontrer et faire bonne impression. Tu m'as dit que tu avais deux frères et sœurs. Qu'est-ce qu'ils aiment?

– Nivaldo a deux ans de moins que moi. Il est diplômé en agronomie, vit à Pouso Alegre et s'occupe de notre ferme. Nice est la dernière, elle vit actuellement à Rio de Janeiro et s'apprête à obtenir son diplôme en droit.

- Tu ne vives pas avec tes parents?

-Je vis seul. Ils ont un appartement à São Paulo, mais ils n'y restent presque jamais. Ils passent la plupart de leur temps à la

La Vie Sait Mieux

ferme. Ma mère adore ça et mon père est passionné par l'élevage du bétail.

- Ils ne te manquent pas? Je ne peux pas supporter d'être loin des miens.

Isabel remarqua une ombre de tristesse passer sur le visage de Gilberto en disant :

–Nous apprenons à gérer le manque.

Elle sentit alors qu'il y avait quelque chose de désagréable dans l'air et changea de sujet. Elle ne voulait pas être indiscrète. Elle a commencé à parler d'événements amusants dans l'entreprise où elle travaillait, ce qui a laissé l'atmosphère légère et agréable. Ils sont allés dîner et danser dans le même restaurant où ils étaient lorsqu'ils sont sortis pour la première fois. Gilberto a expliqué:

- Tu as préféré rester avec moi, et j'en suis très content. Nous sommes venus ici pour célébrer. Il est temps de parler du futur. J'aimerais fixer une date pour notre mariage. Que dis-tu?

-Ça me va.

- Tu es sûre de vouloir m'épouser? Es-tu sûre?

Isabel le regarda droit dans les yeux et répondit:

-Oui. C'est toi que j'aime.

Gilberto lui prit la main et la porta à ses lèvres, l'embrassant avec amour.

-C'est ce qui compte. Allons parler à ta mère et planifions tout. Penses-tu qu'elle sera d'accord?

- Bien sûr, elle le fera. Elle t'aime et approuve notre union.

- Nous lui parlerons demain. Allons danser.

La Vie Sait Mieux

Isabel se leva et, agréablement, se jeta dans ses bras. La danse était sa chose préférée à faire et Gilberto dansait très bien. Elle se sentait légère d'avoir ses bras autour de son corps, ce qui la rendait protégée et heureuse. C'était après minuit quand ils rentrèrent chez eux. Ils se sont embrassés plusieurs fois, puis Gilberto a ouvert la portière de la voiture, Isabel est sortie et ils se sont dirigés vers l'entrée. Elle a ouvert la porte et il lui a rappelé :

- Demain soir, je parlerai à ta maman, d'accord?

- Nous attendrons.

Ils s'embrassèrent à nouveau. Elle est entrée à l'intérieur et a écouté pendant qu'il démarrait la voiture et qu'il partait. La maison était sombre et Isabel alla dans la chambre, essayant de ne pas faire de bruit pour ne réveiller personne. Elle s'est préparée pour le lit. Elle était heureuse, voulant chanter. Elle se coucha, se remémorant avec plaisir les moments de la nuit. Elle a remercié Dieu que Carlos ne l'ait plus recherchée. Elle se sentait en paix et faisait des plans pour l'avenir. Elle a prié avec gratitude puis s'est endormie. Le lendemain matin, quand le réveil sonna, elle se réveilla, regarda l'horloge et se leva aussitôt. Elle se prépara pour le travail et descendit. Laura et Sonia prenaient un café. En la voyant arriver, Laura a commenté :

–Je n'ai pas vu l'heure à laquelle tu es arrivée.

- Il était presque une heure du matin.

- De l'étincelle dans tes yeux, ça a dû être une bonne nuit - dit Sonia.

- C'était excellent - commenta Isabel, pendant qu'elle se servait du café avec du lait - Gilberto vient ici ce soir pour te parler.

-Rien de spécial? - a demandé Sonia.

- Il veut fixer la date de notre mariage.

La Vie Sait Mieux

Sonia frappa dans ses mains avec contentement. Laura n'a rien dit et Isabel a demandé:

- Que s'est-il passé, maman ? Tu sembles inquiet.

- Je ne sais pas pourquoi je me suis souvenue des menaces de Carlos. Serait-ce qu'il s'est résigné?

-Je pense que oui. Il ne m'a plus cherché, alors je considère que tout est terminé. C'est pourquoi je suis sortie avec Gilberto. Tu peux être heureuse. Il ne nous dérangera plus.

-J'espère.

–La famille de Gilberto a un appartement à São Paulo, mais ils passent la plupart de son temps à la ferme qu'ils ont dans le Minas Gerais. Le frère est agronome et s'occupe de la ferme, la sœur vit à Rio de Janeiro et étudie le droit.

- Ils vivent loin. Maintenant je comprends pourquoi il ne t'a toujours pas emmené rencontrer la famille - dit Laura – Il vit ici seul.

- C'est vrai, mais il dit qu'il y est habitué. Je ne sais pas comment ils recevront la nouvelle de notre mariage. M'aimeront-ils?

- J'adorerais avoir une belle-fille comme toi - plaisanta Laura - A-t-elle dit quand il allait te présenter à la famille?

-Pas encore.

Elles continuèrent à parler avec animation, jusqu'à ce que les deux sœurs partent au travail et que Laura soit assise seule dans le salon, songeuse. Elle aimait Gilberto et le préférait à Carlos. Si Isabel était heureuse, elle l'était aussi. Mais quand elle a pensé au mariage, elle a ressenti une oppression dans sa poitrine et un pic de peur inexplicable. Elle a réagi. Elle a été choquée par la réaction de

La Vie Sait Mieux

Carlos, mais rien n'indiquait qu'il allait leur causer des ennuis. Elle se leva et alla s'occuper de ses corvées. Elle a pensé à préparer quelque chose de spécial pour l'occasion, en choisissant un bon vin pour célébrer. Il était huit heures lorsque Gilberto sonna. Berta a répondu et il est venu avec des roses rouges.

-Mme Laura est dans le salon - annonce-t-elle.

Le voyant entrer, Laura se leva. Gilberto lui tendit les roses en disant:

-Pour toi avec amour.

Laura a reçu les roses, a souri et a tendu la main en disant:

- Ce sont mes préférés! Merci.

Sonia lisait un livre sur le canapé et se leva pour le saluer. Laura tendit les fleurs à Berta.

- Mette-les dans un vase et fait savoir à Isabel que Gilberto est arrivé. Et s'adressant à Gilberto, après l'invitation de Sonia, il s'est assis à côté d'elle sur le canapé, elle a continué:

- C'est bon de te voir ! Je ressentais ton absence.

- Moi aussi. C'était une absence forcée en raison d'une situation délicate. Je voulais qu'Isabel ait le temps d'analyser la situation et de ressentir ce qu'elle voulait faire. Je ne voulais pas lui faire pression. J'avoue que je suis très content du résultat.

- C'était mieux ainsi. Carlos est revenu très différent de ce qu'il était, il semblait plus déterminé et exigeant. Il est devenu agressif quand Isabel lui a dit qu'elle ne voulait pas reprendre les fiançailles. Pour être franc, son attitude m'inquiète.

–Il a dû faire face à des situations à risque, traversé des moments difficiles, il est stressé. Mais il devra accepter la décision

La Vie Sait Mieux

d'Isabel. A présent, il devait avoir compris qu'il ne pouvait pas la forcer à l'accepter, donc il ne la cherchait plus.

- C'est vrai, peut-être.

Sonia est intervenue:

- Bien sûr, maman. Il a dû y penser mieux, compris qu'Isabel ne l'aime pas et qu'il serait inutile d'insister. Il doit prendre soin de sa vie. Cinq ans, c'est long. Il aura du mal à reprendre sa carrière. Nous vivons à une époque de changement.

Isabel descendait les escaliers et Gilberto se leva pour la serrer dans ses bras. Elle s'était préparée pour l'occasion et avait l'air joli. Gilberto la regarda avec admiration et affection.

Après les salutations, Laura est allée dans la cuisine pour vérifier le dîner. Pendant ce temps, Sonia posa un plateau avec des amuse-gueules sur la petite table et demanda à Gilberto:

- Accepterais-tu un verre de vin blanc ou préfères-tu une autre boisson?

–Le vin blanc est très bien.

Pendant que Sonia allait chercher le vin, il embrassa doucement Isabel sur la joue et continua:

- Tu es plus jolie chaque jour.

- Et tu es plus doux. Viens, assieds-toi ici, à côté de moi.

Assis en s'embrassant sur le canapé, ils parlaient tranquillement, échangeant des mots d'affection. Sonia laissa le plateau avec le vin sur la petite table et alla aider sa mère dans la salle à manger. Une demi-heure plus tard, le dîner était servi. La table, dressée avec tout ce que Laura avait de meilleur, était agréable et accueillante. L'odeur de la nourriture était délicieuse et l'ambiance très agréable. Gilberto ne s'est pas retenu:

La Vie Sait Mieux

- C'est un très grand plaisir d'être ici. Mme. Laura, merci beaucoup de m'avoir offert ce dîner, tout est très sympa !

- J'espère que tu peux dire la même chose de la nourriture – Laura répondit en souriant.

Ils s'assirent et le dîner se passa d'une manière joyeuse et agréable. Ce fut à l'heure du dîner que Gilberto se leva et demanda solennellement la main d'Isabel. Très émue, laissant couler les larmes, Laura a dit oui, disant qu'elle parlait aussi au nom de son mari, décédé il y a plus de dix ans.

- J'aimerais qu'Orlando soit ici pour partager notre bonheur. Je suis sûr qu'il serait très heureux. Malheureusement, c'est impossible.

- Qui peut savoir? - Gilberto a demandé pensivement - Nous savons très peu de choses sur ce qui se passe après la mort.

- Je crois que la vie continue - répondit Sonia - Sinon, quel serait le but de cette vie, pourquoi serions-nous ici, pourquoi serions-nous de bonnes personnes, pourquoi ferions-nous de notre mieux, si tout se terminait par la mort du corps ? Dans la nature, rien ne se perd, tout se transforme. J'ai appris qu'au collège, pourquoi devrions-nous être les seuls à être détruits?

-Tu as raison. Je sais qu'Orlando est toujours vivant dans une autre dimension de l'univers et, à plusieurs reprises, j'ai ressenti sa présence. Il est peut-être ici à ce moment très spécial. Il est temps de trinquer pour le bonheur d'Isabel et Gilberto.

Berta a apporté le plateau avec les verres et Laura a versé le champagne, insistant pour que Berta participe, et a continué:

- Que tous vos rêves deviennent réalité et que vous soyez très heureux!

La Vie Sait Mieux

Dans la pièce, il y avait deux autres personnes qu'ils ne pouvaient pas voir. L'esprit d'Orlando, en fait, était là. Les yeux larmoyants, il s'occupait de tout, vibrait pour le bonheur du couple. À ses côtés, une jeune femme d'une rare beauté l'observait avec admiration. Elle posa sa main sur son bras en disant:

-Pour terminer! Cette fois, tout ira bien!

- Faisons confiance. Tout était très bien chronométré.

-Je suis sûr de cela. Ce qui m'inquiète, c'est sa réaction. Quand nous sommes sur Terre, nous oublions presque tout ce que nous avons appris ici. Le passé revient en force et je crains qu'ils ne soient pris dans l'instant.

- Où est ta foi ? La vie ne fonctionne que pour le mieux. Parfois, il choisit des chemins différents de ce que nous voudrions, mais le but de la maturation de chacun est toujours le même. Cela peut prendre un peu plus de temps que prévu, mais tout va toujours là où il est censé aller. Ne te laisse pas emporter par l'inquiétude. Cela peut rendre inutile toute l'aide que tu peux apporter.

-Tu as raison. Je sais que tout va bien, même lorsque la route semble sans issue.

- N'oublie pas ça. Nous devons y aller, nous avons d'autres engagements pour ce soir.

Orlando s'approcha de chacun d'eux, les serra dans ses bras avec amour, tandis que la jeune femme, les bras levés et étendus, priait. Sa poitrine irradiait d'une lumière jaunâtre, et de ses mains, des énergies lumineuses et multicolores ont commencé à se répandre sur tout le monde. La conversation était animée, mais, à ce moment-là, comme par enchantement, tout le monde resta silencieux pendant quelques secondes. Puis Isabel a commenté:

La Vie Sait Mieux

- Soudain, je me suis souvenue de papa. C'était comme s'il était là. J'aimerais pouvoir partager ce moment avec lui.

Sonia soupira et dit:

- Papa sera toujours présent dans tous les moments importants de notre vie.

–Orlando est parti, mais il est toujours dans nos cœurs. Je souhaite que, où qu'il soit, il puisse partager notre joie.

Voyant qu'Orlando était très excité, la jeune femme le tira par le bras en disant d'un ton ferme:

-Allons-y maintenant.

En même temps, ils se levèrent tous les deux et, en quelques secondes, disparurent. Après le dîner, ils sont tous allés au salon et ont parlé un peu plus, jusqu'à ce que Sonia et Laura se disent au revoir et laissent les mariés parler dans le salon. Embrassant Isabel sur le canapé, Gilberto a commenté:

- Ça fait longtemps que je ne me sens pas aussi bien! Tu as une famille merveilleuse!

–Ma maman a une façon spéciale de prendre soin de nous. Elle semble même ressentir ce que nous traversons.

Pendant une seconde, le visage de Gilberto se contracta, mais il se distendit à nouveau. Isabel le remarqua, mais n'y pensa pas parce qu'elle était d'accord avec ça. En échangeant des baisers et en faisant des projets pour l'avenir, les deux se sentaient heureux et confiants.

* * *

Carlos se leva tôt et descendit prendre un café. Tout le monde était à table et le regarda avec curiosité.

La Vie Sait Mieux

-Bonjour, dit-il en s'asseyant et en commençant à se servir.

-Alors, comment ça s'est passé? - a demandé à son père.

- Ça s'est très bien passé. J'ai visité certaines entreprises; cartes laissées et ils vont m'appeler.

Sans donner d'importance aux regards douteux, Carlos a poursuivi:

- S'ils m'appellent et que je ne suis pas là, celui qui répond au téléphone ne doit donner aucune information sur moi. Écris simplement le message très bien.

Personne ne répondit et, après quelques minutes, Inés ne se retint pas:

- Penses-tu vraiment qu'ils vont appeler?

–L'une des entreprises que j'ai visitées a de fortes chances d'appeler.

Albertina est intervenue:

-J'espère que c'est vrai!

Carlos a fini de manger, a emmené le journal dans la chambre et a pris quelques notes sur les nouvelles entreprises à visiter, s'est soigneusement arrangé et, avant de partir, a de nouveau recommandé d'écrire tous les messages. Il passa la journée à visiter des entreprises, n'étant pas reçu par les administrateurs, laissant sa carte. Il était presque six heures du soir lorsqu'il rentra chez lui. Alors qu'il s'approchait de la cuisine, il entendit la voix d'Inés dire:

- C'est vrai, maman. C'était la nuit dernière.

La Vie Sait Mieux

–Carlos ne peut pas savoir. Maintenant, il semble plus calme, Isabel invente ça. Elle aurait pu le respecter et attendre encore un peu.

Carlos ne se retint pas et entra dans la cuisine en disant:

- Qu'est-ce que je ne peux pas savoir?

Les deux se regardèrent effrayées. Il était pâle et ses yeux avaient une lueur méchante en eux.

- Calme-toi - dit Albertine - Ce qui s'est passé était à prévoir.

-Qu'est-il arrivé?

Cette fois, ce fut Inés qui répondit:

–Isabel a officialisé son engagement.

Carlos serra fermement les mains et ne répondit pas. Ils craignaient tous les deux une explosion de rage, ce qui ne s'est pas produit. Après quelques secondes, il dit sérieusement:

- Un engagement n'est rien. Nous avons été amoureux pendant des années et nous sommes séparés. Dans cette vie, tout peut arriver. Est-ce que quelqu'un m'a appelé?

Elles poussèrent toutes les deux un soupir de soulagement.

- Pas encore - dit Albertina.

- Je vais me reposer. S'ils m'appellent, vous pouvez me le faire savoir.

Il est monté à l'étage et les deux sont restés là pour parler de ce qui s'était passé.

- Il semble avoir renoncé à elle, tu ne penses pas, maman?

-Je ne sais pas. Il se contrôlait, mais il était furieux. Tu n'as pas vu comment il serrait les poings?

La Vie Sait Mieux

–Je m'attendais à une pire réaction. Bien sûr, il doit avoir été laissé avec rage. Il a été rejeté et personne n'aime ressentir cela.

Dans la chambre, Carlos s'assit nerveusement sur le lit. Il n'allait pas se permettre d'être laissé de côté comme ça. Isabel était à lui. Elle faisait partie de sa vie. Il ne pouvait pas accepter que quelqu'un d'autre la garde. Lorsqu'il obtiendrait ce qu'il voulait, Isabel serait de retour dans ses bras. C'était une question de temps. Sa tête lui faisait mal. Il est allé à la salle de bain, c'est là que sa mère gardait l'armoire à pharmacie. Il attrapa une tablette, la prit et retourna dans la chambre, où il s'étira sur le lit et essaya de se détendre, ce qui était difficile. Dans son esprit, il voyait Isabel dans les bras l'un de l'autre, échangeant des baisers et des promesses d'amour. Il s'efforça de repousser ces pensées, essayant de se souvenir de moments plus agréables. Peu à peu, il se détendit et s'endormit presque quand on frappa à la porte.

-Qu'est-il arrivé? - Il a demandé.

–Il y a quelqu'un au téléphone qui veut te parler.

Carlos sursauta, descendit les escaliers et se dirigea vers le couloir, où se trouvait le téléphone:

-Bonjour, qui est-ce?

–Yuri, de la bijouterie. Vous souvenez-vous de moi?

- Bien sûr, comment allez-vous?

-Eh bien, excusez-moi de vous appeler après les heures de bureau, mais j'ai une conversation avec mon oncle, il aimerait vous rencontrer. Pourriez-vous venir au magasin tôt demain matin, vers neuf heures?

-Oui. Je serais là.

- Mon oncle vous attendra.

La Vie Sait Mieux

- Vous pouvez compter sur moi.

Ils ont dit au revoir et il a raccroché le téléphone avec euphorie. Si le travail réussissait, il obtiendrait bientôt ce qu'il voulait. À côté de lui, le reste de la famille le regardait avec curiosité. Antonio ne s'est pas retenu:

- Est-ce ce à quoi tu t'attendais?

-Oui papa. Il s'agit d'une entreprise de joaillerie. Demain, je vais parler au propriétaire.

-Comment as-tu eu ça?

–En ayant une conversation en russe avec son neveu.

Inés est intervenu dans l'admiration:

- Sais-tu parler le russe ?

- Où penses-tu que je suis allé pendant mon absence ?

- C'est vrai - avoua Antonio - Tu es allé vivre parmi les Russes! Mais vas-tu décrocher le poste ? Tu ne sais rien des bijoux!

- Mais je peux apprendre. Le plus important est de gagner leur confiance. Le reste sera facile.

Les trois le regardèrent avec admiration, avec respect, et pensèrent qu'ils avaient peut-être sous-estimé sa capacité. Albertina a annoncé que le dîner serait servi. Alors qu'ils se dirigeaient vers la table, Carlos remarqua que son père le traitait avec plus de déférence, sa sœur avec une certaine affection, et sa mère prit une attitude plus hautaine.

Le mal de tête était passé, Carlos se sentit plus joyeux. Il savait que dans le monde, les gens valorisent les apparences. Si sa propre famille, juste parce qu'il avait commencé à surmonter une difficulté, avait commencé à le traiter différemment, qu'arriverait-

La Vie Sait Mieux

il quand il parviendrait à vaincre, à gagner de l'argent et à être quelqu'un?

Il se souvint d'Isabel et se sentit très en colère d'avoir été dépassé. Il s'est promis qu'il mettrait tous ses efforts pour se relever dans la vie et lui montrer qu'il était très capable et avait du courage, lui faisant regretter de l'avoir changé pour quelqu'un d'autre.

Après le dîner, il est allé dans la chambre pour se préparer à l'entrevue qu'il ferait ensuite. Il a soigneusement trié ses vêtements, puis s'est allongé sur le lit en pensant à ce qu'il ferait pour impressionner le propriétaire de la bijouterie et obtenir le poste. Il montrerait de l'intérêt pour le travail et se présenterait comme une personne confiante, même s'il ne connaissait pas le marché de la joaillerie. Pour ce faire, il lui faudrait démontrer qu'au-delà de ses capacités, il possède des valeurs éthiques. C'était un trait culturel très fort chez les Russes qu'il connaissait. Quand ils commettaient un acte douteux, ils n'admettaient jamais. Il avait été témoin de plusieurs cas de soldats récurrents qui, même torturés, continuaient de nier leurs actes.

Il s'est couché en essayant de s'endormir rapidement et de se réveiller en beauté, mais il était difficile de contrôler ses pensées et il avait du mal à s'endormir. Dès qu'il s'est endormi, il s'est retrouvé dans la tranchée, alors que les balles sifflaient et lui, terrifié, a sécurisé le bras d'Adriano, qui a supplié:

- À ton retour à Paris, cherche Anete. Son adresse est dans mon portefeuille, avec le portrait. Dis-lui que ma dernière pensée était pour elle!

Sentant sa poitrine se serrer, Charles essaya de répondre, mais sa voix ne sortit pas. Nerveux, il pensa:

- Je rêve encore! Il me fait payer pour ça. J'ai pris l'adresse, le portrait, mais je n'ai jamais pu aller à Paris.

La Vie Sait Mieux

À ce moment-là, la scène a changé et il marchait dans une rue étroite. Embrassant une jeune femme, ils s'embrassaient passionnément. Entre un baiser et un autre, elle dit avec enthousiasme:

- La guerre se termine. Promets-moi que tu ne m'abandonneras pas.

Il a promis et la scène a disparu. Il se retrouva devant une simple maison en pisé, tandis qu'une femme d'âge moyen lui dit en pleurant:

- Tu as mis trop de temps. Maintenant c'est trop tard! Tout est fini.

Carlos a ressenti une très forte douleur dans sa poitrine, ses yeux se sont remplis de larmes et il s'est réveillé avec angoisse, essoufflé. Il sursauta et prit une profonde inspiration, essayant de concaténer les idées.

- Le cauchemar encore!

Il est allé à la salle de bain, s'est lavé le visage et a pensé:

-C'est un rêve. Ça va passer. J'ai besoin d'oublier cette guerre. Combien de temps vais-je subir ce traumatisme?

Il regarda l'horloge, il était cinq heures. Trop tôt, mais il était trop tendu pour essayer de dormir. Il est descendu dans le salon à la recherche de quelque chose pour tuer le temps. Peut-être un livre. Mais il n'a rien trouvé. Il aimait lire, mais ses proches n'avaient pas l'habitude. Il retourna dans la pièce, démissionna et attrapa le journal, qu'il n'avait lu que pour chercher un emploi. Il a continué à lire les nouvelles pour échapper aux mauvais souvenirs. À l'heure convenue, Carlos est entré dans la bijouterie. Yuri l'attendait. Après les salutations, il le conduisit à l'étage à travers un long couloir avec plusieurs portes. Quoiqu'anxieux, Carlos marchait naturellement.

La Vie Sait Mieux

Ils se sont arrêtés devant l'un d'eux. Yuri frappa légèrement, ouvrit la porte et ils entrèrent. La pièce était sobre et, derrière le bureau en bois sculpté, un homme d'âge moyen était assis. Quand il les vit, il releva la tête, fixant ses yeux bleu foncé sur Carlos avec une certaine curiosité.

- Oncle, c'est le jeune homme dont je vous ai parlé- se tournant vers Carlos, continua-t-il – mon oncle Nicolai.

Carlos soutint son regard et baissa la tête, au russe.

- Rapprochez-vous. Asseyez-vous - dit Nicolas, en montrant la chaise devant la table.

Carlos a obéi et a dit en russe:

- C'est un honneur de vous rencontrer, monsieur.

–Yuri dit que vous avez servi pendant la guerre.

–Oui, dans le corps expéditionnaire brésilien. À la fin de la guerre, j'ai été capturé par les Russes et emmené à Berlin-Est.

- Mais tu n'étais pas du même côté?

-Oui. Mais j'avais perdu mon identité. Le froid était super et mon uniforme était plein de trous. Je portais un vieux casque que j'ai trouvé. En plus de cela, je n'ai pas compris ce qu'ils disaient et eux non plus.

Remarquant que Nicolai l'écoutait avec beaucoup d'intérêt, Carlos a décrit en détail ce qui s'était passé jusqu'à son retour au Brésil. Il a fini:

- Quand je suis parti pour la guerre, je me mariais, mais cinq ans, c'est long. Elle sort avec quelqu'un d'autre et ne veut pas me revenir.

Nicolai secoua la tête tristement, puis dit:

La Vie Sait Mieux

- Et tu l'aimes toujours ?

- De toute la force de mon cœur!

À travers les yeux bleus de Nicolai passa une lueur d'émotion, et il ajouta :

- Tu ne t'es toujours pas résigné.

Il y avait quelque chose dans le visage et les yeux de Nicolai qui fit oublier à Carlos tout ce qu'il avait préparé pour cette interview et lui dit d'une voix émue:

–Je ne l'accepterai jamais. Elle est à moi! Je dois lui prouver que je suis plus capable que ma rivale! Ils verront!

- Ça y est, mon ami! Montre votre force ! Que comptes-tu faire ?

Carlos prit une profonde inspiration, essayant de se calmer. Il avait prévu de montrer ses connaissances, son contrôle. Il était allé trop loin et n'avait aucun moyen de faire demi-tour. Il dit d'une voix ferme :

- La guerre a volé ma jeunesse, j'ai abandonné les études, la famille, le confort. Mais cela m'a aussi appris à voir ce qui a de la valeur en fait. J'ai soif d'apprendre tout ce que je peux qui me fera progresser dans la vie. Je veux progresser.

Il s'arrêta légèrement et, remarquant que Yuri et Nicolai le regardaient avec admiration, continua:

- Si vous me donnez une chance de travailler ici, vous ne le regretterez pas. Je ne connais rien au métier de joaillier, mais j'ai de l'expérience dans la négociation, je suis un bon observateur, j'apprends facilement. Je veux rattraper le temps perdu. Le monde change et je suis prêt pour le nouveau. J'ai vu en Europe la soif de progrès des gens, le désir de reconstruire ce qui était perdu et bien plus encore. Je veux conquérir ma place et faire une différence dans le nouveau monde. Je sais que je peux! J'ai juste besoin de la première chance.

Carlos resta silencieux. Ils restèrent silencieux pendant quelques secondes jusqu'à ce que Nicolai dise:

–Je ne sais toujours pas si je pourrais votre offrir cette opportunité, mais j'aime votre attitude ! J'espère que vous utiliserez toute cette force pour continuer comme ça, même si votre petite amie vient d'épouser quelqu'un d'autre. Vous savez que cela peut arriver; vous ne pouvez pas l'éviter.

-Je sais que. Mais je suis prêt à gagner, quoi qu'il arrive.

Yuri, qui regardait tranquillement, a demandé:

- Quel type de service penses-tu pouvoir rendre ici ?

Carlos ne cligna pas des yeux, répondant rapidement:

–Vous fabriquez vos produits. Je pourrais les vendre à l'étranger. En Europe, les anciens et les nouveaux riches veulent oublier, bien vivre, profiter de la vie. Les fêtes se multiplient, les femmes aiment se couvrir de bijoux. C'est le moment, et je pourrais multiplier les ventes. C'est une super affaire, je suis sûr que nous deviendrons tous très riches.

Nicolai le regarda pensivement. La proposition était séduisante. Le moment était bien choisi et il avait des informations à ce sujet. Ce dont parlait Carlos était vrai. Il le savait.

–Le problème est que vous ne savez rien de notre secteur d'activité.

Carlos se leva, disant avec enthousiasme:

–Je propose de travailler ici pendant un mois pour tout savoir sur vos produits. J'aurais aimé pouvoir le faire gratuitement,

La Vie Sait Mieux

mais pour le moment, je n'ai aucun moyen de subvenir à mes besoins. Ma famille travaille pour gagner sa vie et je ne peux pas être un fardeau pour eux. J'ai besoin de recevoir suffisamment pour subvenir à mes besoins et acheter un vêtement ou deux pour garder une belle apparence. À la fin de ce mois, nous parlerons. Si vous pensez que je ne suis pas apte pour le poste, je partirai sans me plaindre. J'admire votre travail et j'aimerais entretenir une relation amicale, même si je suis rejeté.

Carlos a dit les bons mots. Nicolai a aimé ce qu'il a entendu. Il tendit la main en disant:

-C'est très bien. Tu peux commencer demain. Yuri va calculer une valeur qui couvre vos besoins. Voyons comment vous répondez. Nous sommes intéressés à avoir quelqu'un pour travailler sur nos produits à l'étranger. Si vous faites du bon travail, le poste vous appartiendra.

-Je ferai de mon mieux. Je suis sûr que vous ne regretterez pas de me faire confiance.

Après une poignée de main solennelle, Yuri a emmené Carlos à son bureau, où, assis côte à côte, ils ont calculé combien serait suffisant pour les dépenses de Carlos ce mois-là. Yuri était rayonnant. Il a sympathisé avec Carlos dès le premier moment. À l'âge de dix-neuf ans, en 1939, il est venu au Brésil appelé par son oncle. Nicolaï est venu ici à la fin de la Première Guerre mondiale, au cours de laquelle il a perdu ses parents et ses deux frères, et n'avait plus qu'une seule sœur dans la famille. Il a été forcé de servir dans la guerre, il a décidé de fuir ici avec ce qu'il pouvait tirer de ses possessions restantes. Il était orfèvre de profession, il travaillait dur et prospérait, il avait besoin de quelqu'un en qui il pouvait avoir confiance pour l'aider. Sentant que cela pourrait se reproduire, il ordonna de chercher son neveu, le prenant comme assistant et l'empêchant de faire face à une nouvelle guerre. Mais

La Vie Sait Mieux

Yuri avait le mal du pays pour sa patrie, pour la musique, pour les belles jeunes femmes qu'il connaissait, pour les coutumes. Il se sentait très seul. Quand il a rencontré Carlos, qui parlait russe avec un drôle d'accent, mais lui disait des choses qui lui étaient familières, il voulait se lier d'amitié avec lui. Il était prêt à aider Carlos autant qu'il le pouvait pour que son oncle l'engage. L'attitude de Yuri était si amicale que Carlos s'est senti soutenu et disposé à faire de son mieux pour ne pas le décevoir. En même temps, il a reconnu que c'était une excellente occasion de réaliser tout ce dont il rêvait. Après avoir tout programmé et avoir eu la promesse de Yuri de lui donner une anticipation ce week-end, Carlos a dit au revoir satisfait. C'était sa première victoire.

Sur le chemin du retour, le visage d'Isabel ne quittait pas son esprit. Elle regretterait de l'avoir échangé contre le médecin et de retourner dans ses bras pour demander pardon. Ce jour serait glorieux. Pour le vivre, Carlos était prêt à faire tous les sacrifices, à travailler du lever au coucher du soleil, sans se plaindre. Il était convaincu que ce jour viendrait. Il est arrivé à la maison satisfait. Le voyant entrer, Antonio s'approcha de lui avec curiosité:

- Et alors, comment ça s'est passé?

-Très bien. Je commence tôt demain matin.

Albertina, qui l'accompagnait, applaudit et dit:

-C'est génial ! Je savais que tu y arriverais!

Antonio a demandé:

-Que faire?

- On en reparlera plus tard, papa - et, se tournant vers Albertina:

-Maman j'ai faim. Il y a quelque chose à manger ?

La Vie Sait Mieux

-Bien sûr que oui. Nous ne savions pas si tu venais déjeuner. Nous avons déjà mangé. Je vais réchauffer le repas.

Carlos accompagna sa mère dans la salle à manger et Antonio les suivit. Il ne pouvait pas contrôler sa curiosité.

- Pour quelle entreprise vas-tu travailler? - il a insisté.

–Pour la bijouterie.

Il doutait encore:

-Que vas-tu faire là-bas?

Carlos alla se laver les mains et revint aussitôt s'asseoir à table.

–Tout d'abord, apprendre tout sur l'entreprise. Ensuite, voyager pour placer leurs produits sur le marché étranger.

Antonio ouvrit la bouche, menaçant de dire quelque chose, mais la referma, pensivement. Albertina faisait chauffer la nourriture et préparait tout devant son fils. Carlos a commencé à manger avec appétit, pensant à ses projets. Antonio ne s'est pas retenu:

- Et ... Combien vas-tu gagner? Tu n'as pas d'argent pour subvenir à tes besoins jusqu'à ce que tu sois payé.

Carlos leva les yeux, le regarda et répondit:

- Ne t'inquiète pas, papa. J'ai moi-même suggéré que je reçoive le minimum suffisant pour subvenir à mes dépenses pendant cette période.

– ça veut dire que tu vas travailler presque gratuitement ! Tu aurais dû demander un bon salaire.

Ce à quoi Carlos a répondu:

La Vie Sait Mieux

- Ce qu'ils vont m'apprendre vaut bien plus qu'un simple salaire. Premièrement, je vais apprendre tout ce qu'ils avaient à m'apprendre. Ensuite, je vais leur montrer que je suis capable de bien vendre leurs produits et de leur faire beaucoup de profit.

- Et si ça ne marche pas? Et si tu ne réussisses pas?

Les yeux de Carlos brillaient de mille feux alors qu'il regardait son père:

–Je sais ce que je veux et je vais l'obtenir. Je sais que vous doutez de mes capacités, mais je m'en fiche. Vous pensez petit et vous vous contentez de miettes. J'ai connu de meilleures choses et je sais qu'elles sont à ma portée. Je suis autonome pour mener à bien mes projets sans demander l'avis de personne.

Antonio ne répondit pas. Carlos a fini de manger et a quitté la table en disant:

- Je monte pour me reposer un peu.

Après son départ, Albertina a regardé son mari en disant:

- Tu aurais pu te taire. Le garçon a un travail, il est enthousiaste, et toi, avec ton pessimisme, tu lui jets un seau d'eau froide.

- Il force la barre et il va la casser sur son visage. Juste parce qu'il a une place d'apprenti, il pense déjà qu'il est puissant. Je veux voir ce qu'il va dire quand il rencontre les têtus.

- Il a raison quand il dit que tu penses petit. Tu vis en comptant les haricots et tu surveilles toujours ce que nous dépensons.

- La vie est comme ça. J'ai un diplôme et je n'ai pas eu plus que cet emploi qui ne me donne pas assez pour vivre. Inés a étudié, elle est enseignante et ce qu'elle gagne ne suffit que pour ses

La Vie Sait Mieux

dépenses. C'est moi qui paie les dépenses du ménage! Je dois faire rentrer l'argent pour pouvoir payer les factures! Tu te plains toujours! Si je faisais tout ce que tu veux, je serais endetté.

- Avec ce que tu gagnes, tu pourrais avoir un bien meilleur niveau de vie. Mais tu souffres lorsque tu as besoin de dépenser. Tu dis depuis des années que tu penses à notre avenir. Nous ne voyageons jamais en vacances. Parler d'argent avec toi est un drame.

- Assez de ce truc. Tu ne comprends même pas! J'ai besoin de retourner au bureau.

Albertina hocha la tête de mécontentement et Antonio sortit. Dans sa chambre, Carlos, allongé sur le lit, pensait à l'avenir.

* * *

Un samedi matin, un mois après les fiançailles, Gilberto a arrêté la voiture devant la maison d'Isabel, est sorti de la voiture et a sonné la cloche. Berta ouvrit la porte, il entra, et Laura le reçut dans le salon. Après les salutations, il a demandé:

-Sont-elles prêtes?

- Oui, Berta est déjà allée leur faire savoir que vous êtes arrivé.

Berta descendit avec deux valises et Gilberto se leva en disant:

- Laisse-moi t'aider avec ça - il a attrapé les deux valises et a demandé à Laura - Est-ce que je peux les mettre dans la voiture ?

-Sûr. Regardez, ils descendent déjà tous les deux !

Gilberto posa les valises par terre, étreignit et embrassa Isabel sur la joue, et salua Diva :

La Vie Sait Mieux

- Merci beaucoup d'avoir accepté notre invitation.

- C'est notre marraine, c'est elle qui a insisté pour que je sorte avec toi !

Il balança la tête négativement et dit :

- C'est une excuse, je sais que tu étais folle de sortir avec moi !

- Tu vois, maman, comment il est si convaincu ?

Laura les accompagna jusqu'à la voiture et, au moment de leur dire au revoir, elle leur conseilla :

-Conduisez prudemment ! Vous en emportez deux précieuses avec vous.

- Ne t'inquiétez pas, Mme Laura. Je suis très discipliné.

Ils ont dit au revoir et sont montés dans la voiture. Laura regarda la voiture disparaître au coin de la rue et monta pensivement. Gilberto avait demandé quelques jours de congé de l'hôpital et emmenait Isabel à Pouso Alegre pour rencontrer ses parents. Laura avait suggéré à Isabel d'inviter sa cousine et de l'accompagner dans ce voyage. Les parents de Gilberto étaient originaires de l'intérieur du Minas Gerais et Laura, ne les connaissant pas, préférait que sa fille voyage avec sa cousine. Pendant le voyage, ils ont parlé avec animation. Gilberto a parlé de la ville, que les deux ne connaissaient pas encore, et de la ferme familiale.

- Ça fait un moment que je ne suis pas allé à la ferme. J'imagine que tout va bien. Mon frère est passionné par ces terres. Après avoir obtenu son diplôme, il a lancé plusieurs projets qui sont devenus réalité.

- Es-tu le premier à te marier? – Diva demanda.

La Vie Sait Mieux

-Oui.

—As-tu déjà dit à vos parents que nous avions l'intention de nous marier?

-Oui. Ils étaient à la ferme. Ma mère y passe le plus clair de son temps. Mon père préfère la ville. Il aime la politique, il a beaucoup d'amis. Hier matin, quand j'ai appelé, il était à la ferme, mais quand il a appris que nous y serions aujourd'hui, il a dit qu'il reviendrait de la ville immédiatement.

Isabel est restée silencieuse pendant quelques minutes et Gilberto a commenté:

- Tu es si calme ... À quoi penses-tu?

-À propos de votre famille. Vont-ils m'aimer?

- Je suis sûr qu'ils le feront. Mais maintenant, je ne sais pas si tu vas les aimer.

- Parfois, il me semble que tu n'y es pas très attaché. Tu ne les vois pas depuis longtemps. Nous en avons déjà parlé.

- Toi, par contre, tu es très attachée à votre famille, tu as toujours vécu chez toi. Pas moi. J'ai quitté la maison très tôt, je suis allé au pensionnat et suis allé à São Paulo pour étudier. Après avoir obtenu mon diplôme, il est devenu plus difficile de quitter la ville. La vie de médecin, tu sais comment c'est.

Gilberto a changé de sujet. Diva a commenté qu'il y a une semaine, elle avait mis fin à une liaison de quelques mois, mais il la tourmentait avec sa jalousie, et elle a terminé:

- C'était très gentil de votre part de m'inviter à ce voyage. Ronaldo n'a pas accepté la rupture, il n'arrêtait pas de m'appeler, attendant à la porte de la maison, insistant pour revenir.

-L'aimez-vous? - demanda Gilberto.

La Vie Sait Mieux

–J'étais très attirée par lui. C'èst un bel homme, il va bien dans la vie, c'est ce que vous appelez une bonne prise. Mais il a une jalousie malsaine qui a mis fin à mon enthousiasme. J'ai décidé: je ne veux pas de ce tourment dans ma vie.

- Félicitations, Diva. Si toutes les femmes réagissaient ainsi, il n'y aurait pas autant de relations malheureuses.

- Il a dit que sa jalousie était une preuve d'amour. Mais je ne pense pas. Pour moi, la jalousie est un manque de confiance en soi, c'est de l'attachement, pas de l'amour, c'est vouloir dominer votre partenaire.

–Il n'y a pas que les hommes qui ressentent de la jalousie. Je crois toujours qu'une femme jalouse est pire qu'un homme.

Pendant le reste du voyage, ils parlaient de la relation affective et de la façon d'évaluer un couple idéal. Il était plus de 15 h 30 lorsqu'ils arrivèrent à Pouso Alegre. Le quartier où vivaient les parents de Gilberto était élégant, tout plein d'arbres. Il a arrêté la voiture devant une vieille maison, entourée de quelques arbres et d'un jardin bien entretenu. Devant le grand portail en fer, Gilberto a klaxonné et peu après, un homme d'âge moyen est venu l'ouvrir. Gilberto sortit la tête de la voiture par la vitre et rapporta:

- Roque, c'est moi.

Il sourit et ouvrit aussitôt la porte. Gilberto entra et s'arrêta aussitôt. Roque s'approcha et Gilberto lui tendit la main en disant:

- Comment vas-tu, Roque? Et la famille?

- Tout va bien, docteur! C'est bon de vous voir ici!

- Merci, Roque.

Il conduisit la voiture sur le chemin qui menait au couvercle de la porte d'entrée de la maison et s'arrêta en disant:

La Vie Sait Mieux

- Nous sommes ici, les filles. Vous pouvez sortir.

Roque était déjà sur le côté et Gilberto sortit de la voiture, ouvrant le coffre pour lui enlever les valises.

- Est-ce que papa est à la maison? - Il a demandé.

-Non monsieur. Il avait besoin de sortir. Je vais faire savoir à Mme Gloria que vous êtes arrivé.

Une femme d'âge moyen est apparue dans l'embrasure de la porte et, s'adressant à eux, a déclaré:

-Bienvenue. Mme Gloria descend déjà. Veuillez entrer.

Ils entrèrent dans le hall spacieux et très élégant. Au centre, une table ronde en marbre, sur laquelle il y avait un arrangement floral. Au sommet, un beau lustre en cristal, donnant un air grandiose à la décoration. Une porte s'ouvrit et une femme apparut, serrant Gilberto dans ses bras.

- Mon fils, tu m'as tellement manqué!

C'était une femme de grande taille, au corps épais, au visage clair et aux cheveux noirs. Elle portait une robe noire avec un simple chemisier blanc.

- Tu m'as manqué aussi, maman! Je veux que tu rencontres ma fiancée!

Isabel a vu qu'elle y avait des larmes dans ses yeux alors qu'elle s'approchait:

- Bienvenue, ma fille.

- Merci beaucoup, madame. J'avais hâte de vous rencontrer. Voici ma cousine, Diva.

Après les salutations, Gloria a demandé s'ils accepteraient un verre ou quelque chose à manger, et ils ont délicatement refusé.

La Vie Sait Mieux

Gloria a demandé à Dete, la gouvernante, d'emmener les deux jeunes filles dans la pièce, et a suggéré:

- Si vous êtes fatiguées du voyage, vous pouvez vous reposer un peu.

-Merci. Nous avons eu un voyage incroyable et nous ne sommes pas fatiguées - a déclaré Isabel.

- C'est vrai - ajouta Diva - Nous sommes très bien disposées, et nous voulons tout voir.

–Nous allons simplement nous laver les mains et déballer nos bagages. Dans dix minutes, nous serons de retour – ajouta Isabel.

Elles ont accompagné Dete. Gloria, sécurisant la main de son fils, le conduisit dans le salon où ils s'assirent côte à côte sur le canapé.

- Alors, tu veux te marier!

-Oui mère. Je suis très heureux.

-Elle est une jolie fille. J'espère qu'elle te rend très heureux. Tu le mérites.

-J'espère.

Gloria baissa les yeux et resta pensive. Gilberto la regarda sérieusement et lui demanda:

–Comment ça va ici, y a-t-il eu des changements?

Elle hocha la tête négativement et répondit tristement:

-Non, mon fils. Tout reste pareil. Cette situation est désespérée. Je dois porter cette croix pour le reste de ma vie.

La Vie Sait Mieux

- Mais tu n'as pas besoin de faire ça. Si tu le veux, tu pourrais en finir.

- Non, mon fils. Je suis une femme de foi. Je garderai mon serment jusqu'au bout.

Il la prit par la main en disant:

-Mère! Les temps changent, tu n'as plus besoin de supporter cette situation. Je n'aime pas te voir dans cette tristesse. Si tu peux changer cela, je peux vous aider.

-Non, mon fils. Je me suis résignée. Parfois, j'oublie même comment les choses sont. Je vis ma vie à ma façon.

Gilberto resta silencieux pendant quelques secondes. Il a ensuite dit:

- Est-ce que Nivaldo est à la ferme?

-Oui. Tu sais qu'il a ses raisons de préférer y vivre.

- Je ne comprends pas pourquoi. A-t-il une amante là-bas?

Gloria hocha la tête négativement:

- Non.

- Que fait-il là-bas?

–Il reste la plupart du temps dans le laboratoire. Chaque jour, il se spécialise de plus en plus dans l'élevage bovin.

Gilberto se gratta la tête pensivement. Isabel et Diva revinrent, et il se leva, les invitant à s'asseoir. Gloria commenta, se tournant vers son fils:

- Tu dois les emmener faire un tour en ville. La croissance est plus lente ici. Ce n'est pas comme à São Paulo.

La Vie Sait Mieux

- Mais il doit être plus calme et plus agréable de vivre ici - Répondit Isabel - São Paulo a beaucoup grandi.

- C'est vrai - d'accord Gloria - mais j'aime mieux la paix de la campagne.

Diva a commenté:

– J'ai toujours vécu en ville. Puis-je être indiscrète et vous poser une question?

- Bien sûr, ma fille, dis-moi.

- Que faites-vous toute la journée dans une ferme?

Le visage de Gloria se distend et ses lèvres s'entrouvrent en un sourire qui lui donne un air de coquine, une apparence plus joviale, quand elle dit:

- Je veux les emmener à la ferme et leur montrer combien il y a de vie là-bas et combien d'activités intéressantes elle peut offrir. Il y a toujours beaucoup à faire.

- Vraiment? – Diva demanda.

- Dans la ville, vous courez d'un endroit à un autre, tout est compliqué. En plus de cela, il y a le bruit, la fumée des voitures qui polluent l'air. Les gens vivent stressés et anxieux. Il suffit de prêter attention à la physionomie de ceux qui marchent dans les rues.

- Tu exagères, maman - dit Gilberto en riant.

- N'est-ce pas vrai? - demanda Gloria en les regardant tous les deux.

- C'est vrai - d'accord Isabel - Malgré cela, si je devais vivre dans un endroit comme celui-ci, je ne sais pas si je m'y habituerais.

- Vous n'avez pas à vous en soucier. Gilberto ne vivrait pas non plus dans la ferme. Vous pouvez être assurée.

La Vie Sait Mieux

Isabel, assise à côté du fiancé sur le canapé, le prit par la main en disant:

- Pour être à ses côtés, je vivrais n'importe où.

Gilberto porta la main de la mariée à ses lèvres et répondit:

–Le meilleur endroit pour vivre est celui d'Isabel. Quand je suis à ses côtés, je suis heureux.

Une ombre de tristesse passa sur les yeux de Gloria et elle baissa la tête. Ce ne fut que pendant une seconde, puis elle releva la tête. Elle fixa les yeux et dit en souriant:

- Que Dieu bénisse votre amour.

Dete parut alors annoncer que le déjeuner était servi dans la salle à manger. Gloria se leva, entrelaça son bras avec celui d'Isabel et dit:

-Venez avec moi. Je veux vous montrer une plante rare que j'ai là-bas. Je l'ai apporté hier de la ferme. C'est une beauté. Aimez-vous les fleurs?

-Je les aime! - Répondit Isabel.

-Moi aussi! - a appuyé Diva.

- En plus d'être jolis, ce sont les filtres de la nature. Parfois, pour améliorer l'air que nous respirons, elles meurent.

Le déjeuner s'est déroulé agréablement. Quand ils ont fini, Gloria a demandé à Isabel:

- Voudriez-vous vous reposer un peu avant le dîner?

-Je ne suis pas fatiguée. Je préfère me promener, voir la ville, je sais que Diva aimerait ça aussi. Que penses-tu, Gilberto?

La Vie Sait Mieux

- C'est une excellente idée - s'adressant à sa mère, continua-t-il - Y a-t-il des nouvelles ici qui seraient intéressantes?

- Je ne suis pas bien informée. J'ai été plus à la ferme qu'ici. Je sais que le nouveau préfet a récupéré le centre de la ville, construit de nouveaux bâtiments, il y a des magasins plus modernes et, en plus de la place principale, il a fait deux nouvelles places. Ils disent qu'ils sont très gentils.

- Dans ce cas, allons-y!

-Madame, vous venez avec nous? – ajouta Isabel.

- Merci, ma fille, mais je préfère rester. Allez-y.

Les trois sont sortis. L'après-midi était magnifique. Ils arrêtèrent la voiture près d'une place et traversèrent les jardins fleuris, inhalant le délicieux parfum des fleurs. Il était plus de sept heures quand ils rentrèrent chez eux. En les voyant entrer, Dete s'approcha d'eux en disant:

-Mme. Gloria a fait savoir que le dîner serait servi dans une demi-heure.

- Merci, Dete - répondit Gilberto.

- Dans ce cas, montons vite à l'étage. Je veux prendre une douche rapide avant le dîner - dit Isabel.

-Moi aussi. Nous devons être rapides. Nous ne voulons pas retarder le dîner.

-Ne vous inquiétez pas. Le dîner ne sera servi que lorsque vous descendez - a expliqué Gilberto.

Les deux montèrent précipitamment et Gilberto les accompagna. Il est allé dans sa chambre, s'est lavé, a changé sa chemise, s'est coiffé et est redescendu. Lorsqu'il est entré dans le

La Vie Sait Mieux

salon, il a vu son père assis dans un fauteuil, fumant sa cigarette en lisant le journal. En le voyant arriver, il dit:

- Jusqu'à ce que tu décides enfin de te présenter.

- Comment vas-tu, papa?

—Plus vieux et vivant la vie comme elle va. Et toi? Ta maman m'a dit que tu avais l'intention de te marier.

Gilberto s'assit dans un fauteuil devant lui et répondit:

-Oui. J'ai trouvé la personne avec qui je veux partager ma vie.

Alberto secoua la tête et répondit:

—Je ne sais pas si c'est une bonne idée. Se marier, c'est remplir sa vie d'engagements qui vous emprisonnent. Au début, tout semble merveilleux, puis vient la routine, le plaisir disparaît, et cela finit par devenir un fardeau.

Gilberto fronça les sourcils, mécontent, il fit un effort pour contrôler son irritation:

- Tu ne devrais pas dire ça. Maman a toujours été une excellente compagne. C'est une femme merveilleuse. Sincèrement, j'espère qu'Isabel sera pour moi ce que maman a toujours été pour toi.

Alberto prit une bouffée de sa cigarette, jeta la cendre dans le cendrier, le regarda d'un air ironique et répondit:

- Tu parles de ta mère; Je parle de ma femme. Nous sommes dans des situations différentes. Je suis d'accord, ta mère est une bonne femme.

Gloria entra dans la pièce et Gilberto n'eut pas le temps de répondre.

La Vie Sait Mieux

- Alors, comment ont-elles aimé la tournée? Ont-elles aimé notre ville?

-Elles ont adoré. La nouvelle place est magnifique! Le tout avec des fleurs, des arbres, avec de charmants coins pour s'asseoir et regarder. Alberto était intéressé:

- Finalement, ce préfet a fait quelque chose d'utile. De plus, c'était juste ça. Le système de santé est un gâchis, l'éducation, sans parler de l'éducation. Si Adolfo avait remporté l'élection, il aurait fait bien plus que des jardins de fleurs.

- Eh bien, j'ai voté pour ce préfet et je ne le regrette pas. Si le système de santé est mauvais, c'est grâce à Adolfo qui en a eu l'opportunité et n'a rien fait. Il ne s'occupait pas de l'éducation, encore moins de la ville.

- Tu es celui qui va à contre-courant. Tu ne fais jamais ce que je dis. J'en ai l'habitude. Peu importe ce que je dis ou fais, tu es toujours en contre.

Gloria se tut et Gilberto dit:

–La politique n'est pas mon fort. Comment ça va à la ferme?

–Le bétail est une beauté! Je ne voulais pas acheter ce cheptel reproducteur de Nouvelle-Zélande, mais cette fois Nivaldo avait raison. Il a déjà payé pour lui-même et à partir de maintenant, il ne fera plus que des bénéfices.

Isabel et Diva apparurent à la porte et Gilberto se leva pour les saluer. Alberto déposa le cigare dans le cendrier et se leva pour les saluer. Gilberto les a présentés. Gloria, après leur demandant s'ils aimaient la ville, est allé vérifier le dîner, tandis que tout le monde continuait à parler dans le salon. En rencontrant Alberto, Isabel a remarqué qu'il était très différent du marié. Sombre, fort, trapu, plus petit que son fils, avait des cheveux bruns courts et

La Vie Sait Mieux

ondulés et de petits yeux vifs. Alberto était très sympathique avec les deux jeunes femmes, qui ont répondu en souriant. Plus tard, après le dîner, Gloria les a de nouveau invités à visiter la ferme et les filles ont accepté avec joie.

-Quand aimeriez-vous y aller? - a demandé Gloria.

- Elles décideront - répondit Gilberto - Nous n'avons pas beaucoup de temps. Je dois être de retour à l'hôpital dans huit jours.

- On peut y aller demain pour moi - dit Isabel.

–Nous vivons toujours en ville. Apprendre à connaître une ferme doit être très intéressant – renforça Diva.

Isabel a poursuivi:

–Mais seulement si vous le pouvez. Vous venez de venir de là. Peut-être avez-vous beaucoup de choses à faire ici.

- Je n'ai rien de spécial à faire ici. Dete s'occupe mieux de tout que moi. Nous partirons tôt demain matin, tout va bien.

Plus tard, lorsque les deux jeunes femmes se sont couchées et ont été rentrées, Diva a demandé:

- Alors, Isabel, quelle est ton impression des parents de Gilberto?

Isabel réfléchit un peu, puis répondit:

- Il est trop tôt pour le dire. Mme Gloria semble être une bonne femme, une matrone. Mais je sens qu'il y a quelque chose de différent chez elle. Un peu contrôlé, pas spontané, pas naturel.

–Il y a des moments où son visage a l'air triste, mais ensuite ça change.

-Ah ! Tu l'as remarqué aussi ?

La Vie Sait Mieux

-Oui. Se pourrait-il qu'elle ait un mécontentement caché?

-Peut-être. J'ai remarqué que Gilberto, en parlant de la famille, avait aussi un air de contrariété. Je ne peux pas l'expliquer.

–Ce n'est peut-être qu'une impression. Nous imaginons peut-être des choses.

-Tu as raison. Allons dormir car demain Mme Gloria veut partir tôt. On ne peut pas être en retard.

Elles ont éteint la lumière et se sont endormis. Dimanche s'est levé ensoleillé. Il était neuf heures quand ils sont partis pour la ferme. Gilberto est allé avec les deux jeunes femmes dans sa voiture, et Alberto et Gloria dans une belle et confortable voiture, le dernier modèle, acheté deux mois plus tôt. Alberto a décidé de les accompagner, mais a voulu monter dans sa voiture, affirmant qu'il ne pouvait pas y rester plus de deux jours. En un peu plus d'une heure, ils arrivèrent à destination et s'arrêtèrent devant un beau portail en bois, couronné d'un baldaquin en maçonnerie, au-dessus duquel se trouvait une immense source couverte de fleurs orangées. Les deux jeunes femmes ne pouvaient contenir leurs exclamations d'admiration devant une telle beauté. Puis un employé est apparu pour ouvrir la porte. Les voitures sont entrées par la route de gravier, entourée d'arbres en fleurs et d'un grand jardin. Ils s'arrêtèrent devant un grand balcon, plein de portes de balcon, face à la porte d'entrée. Ils ont été accueillis par deux garçons et une jeune fille qui les ont accueillis.

-C'est si beau ici! Je peux voir pourquoi vous l'aimez tant ici – commenta Isabel.

-C'est un endroit merveilleux! - dit Diva.

-C'est très agréable! - a ajouté Gilberto.

La Vie Sait Mieux

—Nivaldo a très bon goût – justifia Gloria avec plaisir - il adore cet endroit.

Ils sont entrés dans une pièce spacieuse, meublée avec des meubles traditionnels et anciens, et ont été conduits à un salon plus grand, où il y avait une immense table à manger, des canapés et des fauteuils très confortables. Ce qui ravit les deux jeunes femmes, c'est la grande armoire en bois aux portes vitrées, où est conservée la vaisselle de la famille. Ils se trouvaient dans la grande maison de la ferme, qui comptait six suites, en plus de la salle à manger, de la cuisine et du garde-manger. À l'extérieur, il y avait les maisons des employés. Tout était bien entretenu et entouré de jardins. Isabel a dit à Gilberto:

—Tout ici est si beau! C'est un endroit merveilleux pour se reposer, pour se ressourcer. Je ne comprends pas pourquoi tu mets si longtemps à venir.

- Tu as raison. Je suis tellement plongé dans le travail que parfois j'oublie ce paradis.

Après avoir visité la maison, ils se sont assis dans le salon pour attendre le déjeuner. Quelques minutes plus tard, Nivaldo est venu saluer eux. C'était un beau jeune homme, grand comme son frère, avec un visage vigoureux et brûlé par le soleil, des cheveux bruns ondulés et un sourire franc et joyeux. Il a embrassé tout le monde avec joie, les accueillant. Ils n'ont pas eu le temps de parler car Josefa a annoncé que le déjeuner était servi. Pendant qu'ils déjeunaient, Gilberto posait des questions à son frère sur les nouveautés qu'il mettait en œuvre dans la ferme, et Nivaldo, les yeux brillants de plaisir, parlait du travail qu'il développait, des résultats qu'il obtenait. Après son commentaire, Gloria a clarifié:

—Nivaldo a été invité à faire une présentation, à la State Agricultural Society, pour parler de ses expériences. Ils ont été surpris des résultats que nous obtenons.

La Vie Sait Mieux

- Quelles sont ces expériences? - demanda Gilbert, curieux.

Nivaldo sourit malicieusement et ses yeux pétillèrent lorsqu'il répondit:

-Pas grande chose. Des choses simples.

Alberto est intervenu:

- Je pense que tu ferais mieux de ne pas faire cette présentation. Ils riront de tes idées.

- Tu ne crois pas à ce que je dis, mais ça marche. Grâce à l'éleveur, les vaches produisent beaucoup plus. Ils ne sont jamais malades. Les ravageurs sont loin de nos corrals, les veaux sont forts et le lait est de première qualité. Que dois-je prouver d'autre?

- C'est parce que tu prends grand soin de l'hygiène, tu traites le bétail du mieux que tu peux, cela n'a rien à voir avec ces idées folles.

–J'ai reçu la ferme dans un état terrible. L'essentiel est que j'ai réussi à faire du bon travail. C'est ce qui compte.

- C'est ce que tu as vraiment fait - acquiesça Alberto.

Après le café, Alberto est allé faire une sieste, Gloria pour arranger certaines choses et les deux frères et les filles se sont assis sur le balcon pour discuter. Gilberto est revenu sur le sujet:

- Quelles sont les idées que papa trouve folles?

Nivaldo regarda le frère dans les yeux, réfléchit un peu et répondit:

- Ce sont mes expériences, les observations que j'ai faites qui ont changé ma façon de penser et m'ont fait voir la vie différemment.

- Explique-toi mieux.

La Vie Sait Mieux

Nivaldo sourit et dit:

- Peut-être que ce n'est pas le moment d'en parler. Je ne veux pas ennuyer les filles.

- Je suis très curieuse - dit Isabel.

- J'adore enquêter. Je suis toujours à la recherche de nouvelles connaissances – dit Diva.

-D'accord. Depuis que je suis adolescent, j'ai vécu des expériences inhabituelles. Quand je dormais, je sortais du lit, je voyais mon corps dormir et circuler dans l'espace en ressentant une légèreté différente. J'allais dans des endroits où je parlais à des gens que je ne connaissais pas. Les deux premières fois, je l'ai dit à ma mère et à mon père, et ils m'ont dit que je n'allais pas bien. Ils m'ont emmené chez un psychiatre, qui m'a prescrit des médicaments. Le premier jour où je l'ai pris, je me suis senti très mal.

Les trois écoutèrent avec beaucoup d'intérêt et Nivaldo continua:

- J'ai arrêté d'en parler, j'ai fait semblant de prendre le médicament et ils ont arrêté de s'inquiéter. Ces expériences ont continué à se produire et je me sentais très bien.

Nivaldo se tut et Gilberto demanda:

–Et continues-tu à vivre ces expériences?

-Oui. Maintenant, ils sont plus espacés. Mais ce fait a complètement changé ma perception de la vie, du monde, des gens et même de l'univers. Ils ont ouvert ma vision à quelque chose de beaucoup plus grand, de plus parfait et m'ont fait comprendre le vrai sens de la vie.

Gilberto, qui a écouté avec beaucoup d'intérêt, a commenté:

La Vie Sait Mieux

–J'ai entendu parler de telles expériences hors du corps. De nos jours, il existe des études scientifiques dans ce domaine.

- En fait, je sais aujourd'hui que de nombreuses personnes ont déjà vécu cette réalité, mais la plupart d'entre elles ont encore du mal à l'accepter. S'il y avait moins de préjugés, ces connaissances pourraient contribuer à l'amélioration de la qualité de vie. Pour la médecine, ce serait merveilleux.

- Je ne pense pas - Gilberto a répondu- Les médicaments sont strictement basés sur des découvertes prouvées par la science officielle. Il serait dangereux d'emprunter une voie si méconnue et si subjective.

- Et il ne pouvait en être autrement. Je fais référence aux gens. Le développement du sixième sens faciliterait les diagnostics et la prescription du médicament approprié. Dans la salle de consultation, as-tu déjà remarqué que, lors de l'évaluation des plaintes de votre patient, tu proposes des idées inattendues qui sortent du commun?

Gilberto réfléchit un moment et répondit:

-Oui. Mais cela se produit en raison de la pratique dans le traitement des patients. Je n'ai jamais eu d'expériences comme la vôtre. Je suis un sujet commun et équilibré.

Nivaldo rit ouvertement et se retourna:

–Le sixième sens est une capacité de l'être humain. Tout le monde le possède. L'intuition, la télépathie et la prémonition sont des capacités de notre esprit. Si tu fais attention à son sentiment, tu percevras que le sixième sens agit dans ce qu'il est, il obtient de bons résultats. Le raisonnement logique, qui repose sur des concepts humains, même ceux qui sont officialisés par la science, ne donne pas toujours les résultats escomptés.

La Vie Sait Mieux

- C'est vrai, la médecine ne guérit toujours pas tout, mais elle traite les cas de manière plus sûre. Bien que si ce que tu dis est vrai, je ne pense pas qu'il soit sûr d'utiliser ce remède.

– Je ne dis pas que la médecine traditionnelle devrait être abolie. C'est indispensable et c'est le meilleur moyen de traiter les maladies. Mais, si j'étais patient, je ferais beaucoup plus confiance à un médecin qui, malgré l'utilisation des remèdes traditionnels, serait intuitif et m'observerait dans son ensemble. Assure-toi que ce sera la médecine du futur. Mais je pense que nous ennuyons les filles. Arrêtons-nous ici. Si tu veux, nous pouvons parler une autre fois.

-Pas du tout. Je suis très intéressée et je suis d'accord avec vous – dit Diva - L'autre jour, j'ai emmené ma mère chez le médecin. Il ne l'a même pas examinée. Il a écouté ses plaintes, a demandé une énorme liste de tests cliniques. Elle était nerveuse, anxieuse, elle en sortait plus inquiète et anxieuse. J'étais déçue.

-Elle a raison. Quand une personne souffre, elle devient nerveuse. J'aime beaucoup un médecin qui habite près de chez moi. Chaque fois que nous avons besoin de lui, il écoute attentivement, guide, réconforte, devient affectueux. Je suis sûr que toi, Gilberto, es l'un d'entre eux - dit Isabel en souriant.

Gilberto a considéré:

– Tu places tes expériences hors du corps comme la cause du succès que tu as obtenu à la ferme. Je ne comprends pas. Comment était-ce?

- En regardant la vie d'une manière plus large, en réfléchissant aux problèmes dont je parlais avec des gens de l'autre dimension, je percevais peu à peu la grandeur de la vie, ce que cela signifiait vivre, être ici pour apprendre comment les choses fonctionnent. J'ai tiré quelques conclusions que j'ai mises en

La Vie Sait Mieux

pratique. De bons résultats commenceront à se produire, indiquant que je suis sur la bonne voie. Juste ça.

En prononçant ces mots, les yeux de Nivaldo étincelèrent, sa physionomie devient gaie et expressive. Tous les trois regardaient avec admiration et Diva ne se retint pas:

- Vous montrez un bonheur que j'aimerais moi-même éprouver. Si je pouvais, je resterais ici plus longtemps pour apprendre tout ce que vous pourriez m'enseigner.

- Dans ce cas, tu peux rester. Ce serait un plaisir.

Gilberto était pensif et curieux. Il voulait revenir sur le sujet:

–Je n'arrive toujours pas à comprendre ce qui vous a fait obtenir des résultats matériels en utilisant de telles idées abstraites.

–C'est là que tu es trompé. C'est l'esprit qui a le pouvoir de donner la vie, de commander à la matière. À tel point que, lorsqu'il s'en va, le corps de chair se désintègre. Ce n'est pas difficile à comprendre. Tous les êtres vivants, dans tous les domaines de la création, possèdent un principe spirituel qui les maintient en vie, obéissant aux lois de l'évolution. Sachant cela, j'ai essayé de me lier à leur principe spirituel, pour les guider à faire de leur mieux.

Gilberto le regarda avec étonnement. Il n'avait jamais pensé à cette possibilité et cela lui paraissait impossible. C'est Diva qui a dit avec enthousiasme:

-Alors c'est tout! J'ai lu une fois un livre sur la recherche d'un scientifique sur les plantes. Il s'est approché d'eux, les a félicités, leur a offert de l'eau et de l'affection, et certains d'entre eux, maltraitant et blessant les feuilles des autres. Sur ce, il a découvert qu'ils réagissent en faisant preuve de sensibilité. J'adore les plantes et j'ai fait l'expérience de leur parler, de leur montrer de l'affection, de les admirer. Elles sont devenue belles, exubérantes, plus de fleurs sont nées. Il avait raison.

Les yeux de Gilberto passèrent de Diva à son frère, admiratifs. Ça marche vraiment?

–Les fleurs que pousse Diva sont belles, elles attirent l'attention. Elle traite ses plantes comme si elles étaient des êtres chers. Je ne l'ai jamais pris au sérieux. Je pensais que c'était juste un passe-temps. Est-ce vraiment vrai? - demanda Isabel.

-C'est vrai. Même si vous en avez la preuve, vous doutez. C'est ce que j'ai fait au ranch. Je traite nos animaux avec affection. Quand je constate que l'un d'eux mange moins, produit moins, je lui donne une attention particulière, des encouragements, des éloges et lui dis ce que j'attends de lui. Et c'est ce qui a fonctionné. Il réagit et revient à la normale. Il est rare qu'une maladie survienne pour laquelle je dois appeler le vétérinaire.

- Tu traites les animaux comme des personnes. Maintenant, je comprends pourquoi papa m'a demandé de ne pas venir à votre présentation. Tes arguments sont difficiles à croire - dit Gilberto en souriant.

- Je pensais que tu plaisantes avec nous, profitant du fait que nous sommes de la ville et ignorons la vie à la campagne.

Les yeux de Nivaldo brillaient malicieusement en répondant:

–Je suis très sincère. Vous vouliez savoir ce que j'ai fait pour réussir, je vous l'ai dit et vous ai montré que j'avais des résultats très positifs. Tu doutes. Je suis chercheur et j'aime que les choses soient claires: quelle preuve pouvez-vous me donner que je me trompe?

- Je crois en ce que vous dites - dit fermement Diva. Isabel réfléchit un peu et ajouta:

La Vie Sait Mieux

- Je ne sais pas quoi dire. Je n'ai aucun moyen de donner une réponse.

- Tu es doué pour les arguments. Tu sais que nous ne savons pas le problème, tu utilises cela pour nous embrouiller. Bien entendu, nous ne pouvons t'offrir aucune preuve du contraire. Nous n'avons jamais eu d'expériences comme la tienne, nous n'avons aucun argument ou preuve à répondre - a déclaré Gilberto.

Les lèvres de Nivaldo s'ouvrirent en un long sourire, ses yeux ressemblaient à ceux d'un vilain enfant quand il répondit d'une voix douce:

- Dans ce cas, il ne vous reste plus qu'à mettre ma thèse en pratique et à vérifier la vérité. Je mets la ferme à votre disposition. Vous pouvez commencer demain.

Pris par surprise, ils sourirent d'amusement. Gloria les a approchés en disant:

- À en juger par les sourires, la conversation doit être très bonne. Dete a fait un gâteau à la semoule de maïs comme elle seule sait le faire. Il fait chaud et le café est en cours de préparation. Je suis venue vous inviter à venir dans la salle à manger pour y goûter.

Ils ont obéi. Alberto les rejoignit et la conversation se généralisa. Plus tard, après le dîner, avec tout le monde réuni dans le salon, Gilberto et Isabel ont annoncé leur intention de fixer une date pour le mariage, la cérémonie et la fête, soulignant à quel point ils comptaient sur la présence de toute la famille. Isabel a parlé de sa mère, Laura, de sa sœur Sonia et de la mort de son père. La conversation s'est poursuivie jusqu'à l'heure du coucher. Le lendemain se leva magnifiquement, avec un ciel bleu sans nuages, et les deux jeunes femmes se levèrent tôt. Lorsqu'elles descendirent prendre un café, les autres étaient déjà à table et Gilberto commenta:

La Vie Sait Mieux

- Vous vous levez tôt!

–Diva m'a réveillé quand elle a entendu le coq chanter. Je ne savais pas qu'elle s'intéressait autant à la vie rurale. Elle veut circuler dans la ferme, tout savoir.

- J'aurai le plus grand plaisir à vous montrer - dit Nivaldo.

–Je veux en savoir plus sur vos expériences - Diva amendée, s'installant pour boire un café - Je pense que vous avez découvert quelque chose d'important!

Alberto s'est admiré:

- Vous avez pris la conversation de Nivaldo au sérieux - vous ne pouvez que plaisanter!

–Je suis fatiguée de lire et d'étudier des théories qui, dans la pratique, ne fonctionnent jamais. Nivaldo, avec des expériences simples, a découvert des choses qui donnent le résultat escompté. Cela me suffit - répondit Diva.

- Vous êtes une jeune femme avec du bon sens. Merci pour votre soutien. Si vous êtes intéressé, après le café, je peux tout vous montrer et nous pouvons échanger des idées sur le processus.

- Bien sûr, je veux! C'est dommage que nous soyons venus si peu de temps.

- Vous n'avez pas besoin de partir si vite - dit Alberto, souriant- Je dois retourner en ville demain, mais vous pouvez rester à la ferme ou en ville aussi longtemps que vous le souhaitez.

-Nos engagements de travail ne nous permettent pas de prolonger notre voyage, mais lorsque cela est possible, nous reviendrons - a déclaré Diva.

Alberto voulait savoir quels étaient leurs engagements professionnels. Isabel lui a parlé de sa formation et de l'entreprise

La Vie Sait Mieux

dans laquelle elle travaillait. Diva lui a dit qu'elle était diplômée en biologie. Elle venait de commencer en tant que stagiaire dans un laboratoire d'analyse d'une usine d'aliments pour animaux et serait éventuellement embauchée.

- Vous aimerez vraiment voir ce que nous faisons ici - dit Gloria avec enthousiasme.

Après le café, Nivaldo a invité tout le monde à se promener dans la ferme. La journée était ensoleillée et ils se rendirent dans un hangar où il y avait des chapeaux de paille. Chacun a choisi le sien et ils sont allés se promener. Les fleurs, le verger, les arbres fruitiers, tous colorés et très soignés, rendaient la promenade très agréable. Mais ce sont les écuries qui ont suscité le plus d'enthousiasme chez les visiteurs. Les ouvriers de la ferme avaient libéré le bétail afin de pouvoir regarder les animaux manger aux mangeoires ou paître et se rendre compte qu'ils se débrouillaient très bien. Ils ont vu des vaches traites, tandis que des veaux étaient enfermés dans l'étable. Tout était organisé et propre. Ils sont allés au hangar où ils fabriquaient du fromage, qui était de première qualité et même exporté. Il y avait aussi des chevaux d'équitation, ce qui a suscité l'intérêt des filles pour apprendre à monter.

Ils sont rentrés chez eux fatigués mais satisfaits et sont allés se rafraîchir en buvant un jus de fruit dans le garde-manger tout en commentant le trajet. Alberto a demandé à être excusé et est allé dans la chambre. Ils parlaient encore quand il est apparu, bien soigné, parfumé et vêtu d'un costume en lin beige.

–Je suis venu dire au revoir, je dois rentrer. Amusez-vous ici. A votre retour, je vais vous emmener voir le club et les plus beaux endroits de notre ville.

Ils se sont tous levés pour lui dire au revoir, qui est parti précipitamment. Peu de temps après, les deux demoiselles se sont rendues dans leur chambre pour se reposer un peu avant le dîner.

La Vie Sait Mieux

Elles se couchèrent sur leurs lits. Isabel était silencieuse et Diva a commenté :

- Que penses-tu de la famille de Gilberto ?

–Ils semblent être des gens sympas, mais ...

-Mais, quoi ?

–Je ne sais pas comment l'expliquer. J'ai l'impression qu'il y a encore quelque chose dont ils ne veulent pas parler.

Diva s'assit sur le lit:

- L'as-tu remarqué aussi?

- Oui, je l'ai remarqué. Gilberto est plus proche de sa mère, mais très discret avec son père.

-Mme Gloria traite son mari poliment, mais ne lui parle que ce qui est nécessaire. As-tu remarqué cela?

–Gilberto m'a dit que Mme Gloria reste tout le temps à la ferme et va rarement à la maison en ville. Il est très réservé lorsqu'il mentionne les membres de sa famille.

Diva se recoucha en disant:

- Il me semble que Nivaldo n'est pas non plus très proche de son père. J'ai l'impression qu'il y a quelque chose entre eux qu'ils préfèrent cacher.

Ce fut au tour d'Isabel de s'asseoir sur le lit:

- Sais-tu que je ressens ça aussi? Mais ils ont l'air d'être des gens sympas et j'espère que ce n'est rien de grave.

-Moi aussi. Je vais essayer de dormir. Nous nous sommes levées tôt aujourd'hui.

-Je vais faire la même chose.

La Vie Sait Mieux

Les deux se sont installées et en quelques minutes, elles ronflaient paisiblement.

✱ ✱ ✱

Carlos est arrivé au magasin et Yuri, dès qu'il l'a vu, l'a attrapé par le bras, en disant avec une certaine euphorie:

-Je t'attendais. Sais-tu quel jour nous sommes aujourd'hui?

- Oui, il y a exactement un mois, j'ai commencé à travailler ici.

Il le conduisit dans le petit salon et continua:

- Mon oncle veut te parler. Il a quelques idées. Je pense que tu vas l'aimer.

-Tu es sûre? Je suis curieux. Allons lui parler.

- Tu ne peux pas me dire de quoi il s'agit?

Yuri secoua la tête négativement:

- Mon oncle n'aime pas que je parle de quoi que ce soit avant lui. Je ne suis pas informé des détails, mais je pense que c'est positif.

- D'accord, alors. Allons au bureau. Je veux voir comment ce bracelet que j'ai conçu s'est avéré.

- Tu as fait un mystère. Tu ne m'as pas montré le dessin. Si c'est mauvais, mon oncle sera en colère contre moi. Il veut que tu sois vendeur, pas orfèvre. Il m'a seulement permis de t'enseigner quand je lui ai dit que c'était juste pour te faciliter la tâche.

–J'ai toujours aimé dessiner, cela me calme et me distrait.

Ils sont allés au bureau. Sur le comptoir, il y avait plusieurs bijoux, certains prêts, d'autres en cours de fabrication, et deux

La Vie Sait Mieux

orfèvres au travail. Ils se sont approchés curieux. Yuri passa rapidement ses yeux sur eux et remarqua un bracelet inconnu. Il l'a attrapé, a pris un examinateur, l'a placé sur un œil, a fermé l'autre et a commencé à l'examiner lentement. Carlos attendit anxieusement. Tandis que Yuri restait silencieux, il ne se retint pas:

- Et, alors, est-ce vraiment mauvais?

Yuri laissa tomber l'examinateur sur le comptoir, balança la tête en disant avec admiration:

-C'est merveilleux! Original, différent. N'as-tu jamais conçu de bijoux?

-Non bien sûr que non.

- Mon oncle doit voir ça.

- Ne le lui montrez pas, il pourrait ne pas l'aimer.

- Eh bien, je pense qu'il va le mettre sur le marché, juste comme ça.

-Vraiment ?

- Il ne va pas laisser partir. Un bon designer est rare. Je fais des pièces traditionnelles qui ne se démodent jamais; elles se vendent, mais elles n'ont pas d'impact.

- Tu es mon ami, tu exagères. Je n'ai pas tout ce talent. Je pense qu'il vaut mieux ne rien montrer à ton oncle. Je t'aime bien, j'ai besoin du travail, j'ai l'intention de placer nos produits à l'étranger et je ne veux pas perdre cette opportunité pour une blague.

- Fabriquer ce bracelet a été une blague pour toi?

La Vie Sait Mieux

-Un peu. Je voulais juste montrer que j'ai le don d'apprendre n'importe quoi. Je voulais le faire sans votre aide pour voir si j'avais appris ma leçon.

–Il reste à voir si ce n'était pas la chance d'un débutant. Un travail de hasard.

-Comment?

–Pour déterminer si tu connais tout le matériel, tu sais comment l'utiliser et tu as profité de tout ce que je t'ai appris, tu dois faire d'autres dessins, en utilisant d'autres matériaux. Penses-tu que tu peux faire ça?

-Bien sûr, je peux. C'est facile. Il reste à voir si Nicolai ne trouvera pas cela une mauvaise chose. Je ne veux pas le contrarier.

- Ne t'en fais pas. Laisse-moi le soin.

-C'est bon. Je vais à mon bureau pour étudier les papiers que ton oncle m'a remis. Il s'agit de la législation douanière.

-Vas-y alors. Dès qu'il sera disponible, je te le ferai savoir.

Carlos a quitté le bureau, Yuri est retourné à son bureau avec le bracelet dans ses mains. Il s'est assis et a commencé à calculer le coût et le prix auquel il devrait être vendu. Une heure plus tard, il a appelé Carlos pour parler à Nicolai. Il désigna la chaise devant son bureau pour que Carlos puisse s'asseoir. Puis il lui dit:

–Le jour est venu pour évaluer votre performance. Je peux dire que j'apprécie ta ponctualité, ton dévouement au travail. Tu as une facilité d'apprentissage et je constate que tu as fait beaucoup de progrès. Mais pour faire ce que tu comptes faire, pour voyager pour vendre nos produits, il vous en faut un peu plus.

La Vie Sait Mieux

Il s'arrêta légèrement, attendit quelques secondes et, voyant que Carlos restait silencieux, continua:

—Je pense que ce n'est qu'une question de temps. Je voudrais te proposer de continuer à étudier ici le matin et dans l'après-midi de sortir avec Yuri pour visiter quelques bijouteries qui vendent notre matériel et voir comment tu te débrouilles avec les clients. Qu'est-ce que tu penses?

- C'est un bon début, je suis prêt à faire de mon mieux. Mais pour cela, Il vs falloir réajuster mon salaire. J'ai besoin de mieux prendre soin de mon apparence.

Nicolai se gratta la barbe pensivement, puis répondit:

—Yuri ne te présentera qu'aux clients. Après cela, tu essaies d'augmenter les ventes et, lorsque tu augmentes les ventes, nous paierons une commission de deux pour cent.

- Cela semble peu - dit Carlos.

- Mais ce n'est pas - justifie Nicolai - Les bijoux sont chers et, si tu travailles bien, tu pourras obtenir une bonne commission. De cette façon, tu pratiqueras et, quand je pense que tout va bien, tu iras dans d'autres états du pays et, à partir de là, à l'étranger, comme tu le souhaites.

- J'aime votre plan. Je pense que c'est raisonnable et je sais que j'accomplirai tout cela dans peu de temps.

—Voyons voir. Yuri va coordonner ce qui reste de ton salaire. Demain après-midi, tu pourras commencer à sortir avec lui, il planifiera tout.

Carlos quitta le bureau de Nicolai satisfait. Les choses allaient selon ses souhaits. Il ne doutait pas qu'il réussirait. À la fin de la journée, Yuri lui a remis le reste de son salaire. En disant au revoir, il a dit avec défi:

La Vie Sait Mieux

—Tu dis qu'il est facile de concevoir des bijoux. Je ne pense pas. Mais c'est bien d'expérimenter un peu plus, de créer d'autres pièces. Cela t'aidera à observer les détails significatifs de chacune et te rendra convaincant devant tes clients.

Carlos a ri et a répondu:

- C'est facile pour moi. Dessiner est un plaisir.

Carlos a dit au revoir. Ses projets étaient sur la bonne voie et il pensait qu'il obtiendrait ce qu'il voulait, mais ce n'était pas aussi rapide qu'il l'aurait souhaité. Il sentit une oppression dans sa poitrine en pensant d'Isabel. Elle était fiancée à quelqu'un d'autre. Et si elle se maria avant qu'il ne l'ait réussi sa vie ? Une vague de colère monta dans sa poitrine et le rendit nerveux. Il sentit le désir d'aller vers elle, de lui crier toute sa souffrance, d'exiger qu'elle finit bientôt cette parade nuptiale et revenez vers lui. Il contrôlait l'impulsion avec difficulté. Il ne voulait pas qu'il en soit ainsi. Il rêvait qu'elle valoriserait ses sentiments, reconnaître à quel point elle l'aimait. Des souvenirs de tomber amoureux, des baisers et des serments qu'ils avaient échangés peuplaient son esprit, augmentant son angoisse.

Il rentra chez lui nerveusement, écouta ses proches parler dans la salle à manger et monta dans sa chambre. Il voulait être seul. Il n'était pas disposé à parler. Il s'enferma dans la chambre, a enlevé ses chaussures et s'allongea sur le lit, pensif. Il ne voulait pas libérer sa colère. Il aurait besoin d'agir intelligemment s'il voulait gagner. Mais les pensées tumultueuses ont continué et il a fallu beaucoup d'efforts pour changer d'orientation. Il a commencé à imaginer comment il aborderait les clients, ce qu'il dirait, les bénéfices qu'il ferait sur les ventes, comment il prendrait soin de son argent. De cette façon, petit à petit, il maîtrisait la tension. Dans sa tête, il gagnait déjà beaucoup d'argent, avait sa propre entreprise, avec succès. Petit à petit, il se détendit, jusqu'à ce que, fatigué, il s'endorme.

Mais le calme s'est vite dissipé. Il rêva qu'il était de nouveau sur le champ de bataille, tombé sur le corps d'Adriano, désespéré. Quelqu'un lui tapota l'épaule, il se retourna effrayé et vit Adriano, debout, le regardant avec chagrin.

–Adriano, ça ne peut pas être! Tu es mort! Regarde ton corps ...

Carlos désigna le sol et, en se retournant, il remarqua que le paysage avait changé. La tranchée n'était pas plus longtemps là-bas, ni le feu de la mitrailleuse ne pouvait être entendu. Il se retourna à nouveau. Adriano était toujours là, debout, appuyé contre à un arbre. Il portait des vêtements ordinaires ; son visage était abattu et il avait du mal à peine se lever. Carlos resta sans voix et se dit:

- C'est juste un rêve, Adriano est mort!

- Non, Carlos, je suis vivant! J'ai besoin de ton aide!

- Ça ne peut pas être! Je t'ai vu mourir dans cet enfer. Tu m'as demandé de chercher Anete. Je ne pourrais jamais la trouver pour lui transmettre ton message.

- Tu dois essayer. C'est important. Elle a besoin de moi et je ne peux rien y faire. Je suis trop faible, je n'ai pas la force de sortir d'ici. Tu es mon ami, tu peux m'aider! Ne m'abandonne pas! J'ai besoin d'aide… s'il te plaît...

Peu à peu la silhouette d'Adriano s'efface et Carlos se réveilla en entendant frapper à la porte de la pièce. Encore semi-conscient, il cria:

-J'arrive.

La Vie Sait Mieux

Les coups à la porte ont continué et il a sauté du lit, ne sachant pas où il était. Le sentiment s'est calmé et il a réussi à dire:

- Juste un instant, je l'aurai. Que s'est-il passé?

—Maman a servi le dîner et a ordonné de t'appeler.

La voix d'Inès le ramena à la réalité. Il a répondu:

- Je serai tout de suite en bas.

Alors qu'il se lavait le visage et se préparait à descendre, Carlos pensa à Adriano. C'était un cauchemar différent. J'ai besoin d'oublier tout ce que j'ai vécu, de trouver la paix. Est-ce que je l'aurai jamais?

Quand il est arrivé au garde-manger, la famille commençait déjà le dîner. Albertina le regarda et dit:

- Je ne t'ai pas vu arriver. Je pensais que tu n'étais pas à la maison.

- Je suis arrivé à la même heure que d'habitude.

-Eh bien, tu as un visage ... - commenté Inés - Il s'est passé quelque chose?

Carlos s'assit, se servit et répondit:

- Non, tout va bien.

Il a commencé à manger en silence. Inés a poursuivi:

—Aujourd'hui, tu as terminé ton mois d'expérience en magasin.

Carlos hocha la tête, mais continua à manger tranquillement. Antonio est intervenu:

- A ton visage, je peux voir que tu as été viré.

La Vie Sait Mieux

Les yeux de Carlos brillaient de satisfaction en disant:

-Au contraire. J'ai été promu. Demain matin, je commence une nouvelle activité. Je vais rendre visite aux clients et commencer à vendre les produits.

Antonio le regarda avec admiration:

- J'espère que tu as été plus intelligent cette fois et que tu as obtenu une bonne augmentation de salaire.

- J'en ai assez. Ne t'inquiète pas pour moi, papa. Je sais ce que je fais.

Antonio secoua la tête en disant:

-J'espère bien. Tu n'as aucune expérience, mais tu penses tout savoir. Tu n'écoutes personne.

Carlos posa sa fourchette sur son assiette, regarda son père et répondit:

- J'écoute, oui, et je respecte ton conseils, mais je ne suis pas toujours d'accord avec lui. Je veux faire les choses à ma façon. C'est juste que je préfère me tromper à cause de mes propres décisions. Je sais que j'apprends plus vite de cette façon. Jusqu'à présent, tout a bien fonctionné pour moi, mais si cela avait mal tourné, j'aurais le courage d'assumer mes erreurs et de recommencer jusqu'à ce que j'arrive là où je veux être. Ne t'inquiète pas, papa.

Antonio était sur le point d'ouvrir la bouche, mais il la referma, tourna son attention vers son assiette et continua à manger en silence. Après le dîner, Carlos est retourné dans sa chambre. Antonio est allé lire son journal et les deux femmes sont allées nettoyer la cuisine. Inés a commenté:

- Je pense que Carlos a menti pour ne pas se tordre le bras. De son visage, j'ai vu qu'il n'allait pas bien.

La Vie Sait Mieux

- Tu as tort. Il a dit la vérité. Je comprends, il veut être autosuffisant, tout faire par lui-même. Il a toujours été comme ça. Quand il voulait apprendre quelque chose, il était déterminé, il ne voulait l'aide de personne.

-Je ne sais pas. La vie n'est pas aussi facile qu'il le dit. Si c'est difficile pour ceux qui ont étudié, obtenu leur diplôme et exercé une profession, imaginez ce que cela doit être pour ceux qui n'ont rien de tout cela. Carlos rêve beaucoup. Imagine qu'il pense qu'il va devenir riche ! Plus la montée est haute, plus la chute est grande! Nous allons encore voir cela.

- Ne parle pas comme ça, Inés, on dirait même que tu le souhaites! Eh bien, je crois en lui. Il est intelligent, il fait de gros efforts, il a du cran. Pourquoi pas?

Inés eut un petit sourire ironique et répondit:

- Maman est maman, n'est-ce pas? Tu aimerais qu'il soit comme ça et tu rêves aussi.

Albertina ne répondit pas. Elle n'aimait pas qu'Inés ait utilisé ce ton ironique. Parfois, elle devenait irritante, négative, critique, et cela dérangeait Albertina, qui avait un tempérament différent et aimerait que sa fille soit différente.

Dans la chambre à coucher, Carlos, après avoir planifié comment il devrait se positionner au travail et ce qu'il ferait pour vendre suffisamment, se prépara pour le lit. Il voulait se reposer pour pouvoir se réveiller bien disposé le lendemain. Il s'allongea sur le lit, ferma les yeux, mais il se méfiait de ce cauchemar qui le dérangeait tant. Il se souvint du rêve, il vit la silhouette d'Adriano, maigre, abattu, allongé sur l'arbre. Néanmoins, Adriano a continué à insister sur la même chose, ce rêve n'était pas le même que les autres. Où aurait-il cette vision si cela ne s'était jamais produit? D'une manière ou d'une autre, il avait créé cette scène, fantasmé.

La Vie Sait Mieux

Mais pourquoi? Ce qu'il voulait avant tout, c'était oublier la guerre, la douleur de voir mourir son ami sans pouvoir faire quoi que ce soit pour l'aider. Pourquoi cela n'est-il pas arrivé? Lorsqu'il est parti pour la guerre, Albertina, une personne de foi, lui a donné une médaille de Marie pour sa protection et lui a fait promettre de prier tous les jours. Il n'avait pas la même foi, mais, au début, il faisait une prière tous les soirs avant de s'endormir comme il l'avait promis. Mais son choc avec la dure réalité d'une guerre sanglante lui fit remettre en question un Dieu qui permettait tant de mal et de souffrance.

Dans les moments difficiles, de nombreux compagnons ont prié sans être sauvés et, à cause de cela, Carlos a cessé de prier et de croire en Dieu. Sans foi, il a commencé à penser que sa vie dépendait de lui-même, qu'il avait besoin d'être fort, de prendre soin de lui-même et de se défendre du mal des hommes. Face aux dangers, il devait affronter, même lorsque la guerre était déjà terminée, cette croyance l'aidait à être fort, à prendre soin de sa sécurité et à développer sa propre force. Il croyait que la mort était la fin de tout. Il ne pouvait pas imaginer que l'esprit de son ami mort vivrait dans un autre monde, et encore moins qu'il lui rendrait visite dans son sommeil.

Mais la vérité était différente. L'esprit Adriano, après la mort de son corps, avait été aidé par des esprits amicaux et emmené à un poste de soins dans l'astral, où ils rassemblaient ceux qui revenaient de la Terre et s'occupaient de son rétablissement. Quand il eut un peu récupéré et sut qu'il était mort, Adriano pensa à Anete et devint désespéré. Il voulait sortir pour la chercher. Il n'a pas obtenu la permission. Insatisfait, il a cherché les moyens de fuir. Il a tellement fait qu'il a réussi à obtenir hors du poste. Alors, il a quitté les lieux, il s'est senti faible, et les blessures sur son corps, qui avait déjà guéri, ont recommencé à saigner. Mais, malgré l'inconfort, il n'a pas abandonné.

La Vie Sait Mieux

Il ne savait pas où il était ni comment il pouvait retrouver Anete. Il se souvenait de Carlos, avec qui il avait une grande affinité. Il pensa à lui puis se vit dans une pièce assis pensivement sur le lit. Satisfait, il s'approcha de lui. Il a essayé de converser avec lui mais n'a obtenu aucune réponse. Il a remarqué qu'il était nerveux, rebelle. Il insista mais échoua à faire prendre conscience à Carlos de sa présence. Ne sachant que faire, Adriano s'assit à côté de lui sur le lit. À ce moment, il a vu un homme entrer et s'approcher de lui, en disant:

- Vous ne pouvez pas rester ici.

-Qui êtes-vous? - Il a demandé.

-Un ami. Je suis venu te chercher. Vous êtes malade et avez besoin d'un traitement.

-Je ne vais nulle part. Je veux parler à Carlos. Lui seul peut m'aider.

-C'est inutile. Carlos ne te voit pas.

- Il doit m'entendre.

- Il vaut mieux venir avec moi. Je sais que tu veux trouver quelqu'un et je peux t'aider.

Adriano s'est levé intéressé:

- Savez-vous où se trouve Anete ?

-Pas encore. Si tu me donnes ses informations, nous pourrons le découvrir, mais tu devras venir avec moi.

- Vous me trompez. Vous voulez m'emprisonner à nouveau.

-Ce n'est pas vrai. Je suis un ami de Carlos. J'ai entendu dire qu'il était rentré à la maison et je suis venu lui rendre visite. Il a été

La Vie Sait Mieux

très nerveux. Les choses vont changer, pas se dérouler comme il s'y attendait. Votre présence peut le rendre bien pire.

- Je suis son ami. Je ne vais pas lui faire de mal.

- C'est juste que vous n'allez pas bien. Il va ressentir vos énergies, se souvenir de ce qui vous est arrivé et souffrir. Je sais comment il est mort. Il souffre beaucoup de n'avoir rien pu faire pour l'aider.

- Mais c'est pourquoi je suis ici. Il doit chercher Anete pour moi.

-Je veux l'aider. Je m'appelle Orlando et j'ai quitté la Terre il y a dix ans. Depuis, je vis dans une communauté non loin de là. C'est une ville très bonne organisée. Si vous y allez avec moi, nous pouvons découvrir où se trouve Anete et obtenir de l'aide pour que vous puissiez lui rendre visite personnellement.

Adriano resta pensif pendant quelques minutes. Puis il a demandé:

- Vous ne me trompez pas? Pouvez-vous vraiment m'emmener là où elle est?

- Oui, mais nous allons avoir besoin de l'aide de quelques amis qui vivent là-bas. Ce sont de très bonnes personnes et prêtes à nous aider.

-J'ai peur. J'étais à l'hôpital pour un traitement, mais ils ne voulaient pas me laisser sortir. Je ne veux pas aller dans un endroit comme ça.

- Je serai franc avec vous. Il est très dangereux de marcher dans l'astral sans protection. Si vous tombez entre les mains des renégats, vous pourriez devenir leur esclave. En plus de ne pas prendre soin de votre santé, vous devrez travailler pour eux.

La Vie Sait Mieux

-Une telle chose existe-t-elle?

-Oui. Et n'avez-vous pas peur?

–J'ai les ressources pour les tromper. J'ai appris à m'évader et, en plus, je suis protégé par les maîtres de ma communauté. Dans l'état dans lequel vous vous trouvez, vous serez une proie facile pour ces groupes. Si vous venez avec moi, vous serez en sécurité. Là, vous pouvez apprendre à vous défendre et vous pourrez voyager sans courir aucun risque.

- J'ai besoin de parler à Carlos. Pourriez-vous faire ça aussi?

- Il est très bouleversé par ce que vous avez vécu. Je pense que ce serait vraiment bien si vous pouviez vous rencontrer.

- Comment cela peut-il être?

- Dans son sommeil. Voyons ce que je peux faire. Ce que je veux le plus, c'est que Carlos récupère et soit heureux.

- Dans ce cas, je viens avec vous.

Orlando attacha le bras d'Adriano et les deux se levèrent, jusqu'à ce qu'ils quittent la pièce.

Carlos, enveloppé dans ses projets, s'endormit et oublia complètement la peur qu'il ressentait de refaire le cauchemar.

***

L'après-midi se terminait et le soleil était sur le point de se coucher à l'horizon. Isabel et Gilberto, assis sur le balcon de la grande maison, se tenant la main, ont regardé le magnifique paysage à côté de Gloria et ont fait des plans pour l'avenir. Le temps passa vite. Le lendemain matin, ils retourneraient en ville.

La Vie Sait Mieux

- Quel dommage que tu doives y retourner - commenta Gloria - Cela fait longtemps que je n'ai pas eu de jours aussi heureux.

- Moi aussi - dit Gilberto en souriant - Si je pouvais, je resterais un peu plus longtemps.

- Cet endroit est magique et votre compagnie est spéciale. J'adorerais que ma mère soit là, elle l'aurait adoré! - dit Isabel.

- La prochaine fois, nous l'emmènerons avec nous. Je suis sûr que tu vas adorer la rencontrer. Mme Laura est une femme merveilleuse.

- Je suis sûr qu'elle l'est.

- Vous pouvez venir passer quelques jours avec nous à São Paulo – suggéré Isabel.

Gloria baissa les yeux et Isabel remarqua un certain air de tristesse. Puis elle sourit et répondit:

- Peut-être que je viendrai bientôt. Je n'ai pas été dans l'appartement que nous avons là-bas depuis longtemps. J'aime la ferme et j'y suis trop pris.

Ils ont entendu quelques sourires et ont vu arriver Diva et Nivaldo. Dès le premier jour, Diva s'est beaucoup intéressée au laboratoire et, dans les jours qui ont suivi, elle se levait tôt pour y accompagner Nivaldo, faire des recherches et rentrer chez lui uniquement pour le déjeuner. La vie de Diva est devenue plus colorée, et elle était joyeuse et bien disposée. En les voyant arriver, Gloria ne se retint pas:

- Comme tu es belle, la vie à la campagne t'a fait du bien!

Diva s'assit à côté d'elle et répondit:

La Vie Sait Mieux

-C'est vrai! J'ai adoré être ici. Je n'ai jamais pensé que je l'aimerais autant.

-Elle a l'âme d'un propriétaire foncière ! - a commenté Nivaldo. En plus de ça, c'est une bonne enquêteuse. Elle m'a beaucoup aidé dans mes recherches.

- Dommage que nous devions partir demain. J'aimerais rester un peu plus longtemps.

- Alors reste. Vous avez apporté de la joie. Je suis triste de penser que vous partirez dimanche - a déclaré Gloria.

- Malheureusement, je ne peux pas - répondit Diva -. Mais je reviendrai chaque fois que je serai invitée.

- C'est tellement agréable ici que je préférerais rester et aller en ville seule quand il est temps de voyager à São Paulo. Mais papa a appelé, il veut les emmener au club, les présenter à des amis.

–Il est très gentil; il vaut mieux y aller - dit Isabel.

-J'y vais aussi. Je veux profiter pleinement de sa compagnie - Gloria informée.

Il était temps pour Nivaldo de dire:

-Moi aussi. Roque s'occupera de tout pendant mon absence.

Gloria se leva:

- J'irai dans la cuisine pour vérifier le dîner. Il devrait être prêt maintenant.

- Dans ce cas, je vais prendre une douche rapide - dit Diva.

Nivaldo a ajouté:

- Je ferai la même chose.

- Vous avez dix minutes.

La Vie Sait Mieux

Les deux sont partis rapidement. Gloria est allée à la cuisine. Gilberto a commenté:

—As-tu remarqué comment Nivaldo et Diva s'entendent ?

-C'est vrai. Ils passent tout leur temps ensemble à rire, à plaisanter. Je n'ai jamais vu Diva aussi bien disposée.

-Je suis ébahi. En fait, j'ai quitté la maison très tôt, je n'ai jamais passé beaucoup de temps avec Nivaldo. Mais il m'a semblé très timide, calme, il parlait peu. J'ai été trompé. Il est humoristique, sensé, intelligent, il a ses propres idées.

—Il est spécial. Il a de la sensibilité, du charisme et en plus de cela, il est un leader né. As-tu vu comment il traite les ouvriers? Il sait être énergique, respecte tout le monde et est bien accueilli par eux.

- Il vous a déjà conquis!

- Lui et ta mère m'ont convaincue. Il n'est pas difficile de les apprécier.

Après le dîner, tout le monde s'est assis sur le balcon pour parler. La soirée était fraîche et agréable, et un assainisseur d'air exhalait un délicieux parfum. Diva inspira de plaisir en disant:

—Je n'oublierai jamais les jours que nous avons passés ici.

Et Nivaldo a ajouté:

- Nous non plus. Votre présence m'a apporté de la joie. J'aime ça ici, j'aime mon travail et je ne me sens pas seule, même quand maman n'est pas là. Mais quand vous partirez, vous me manquerez. Ce serait bien si vous pouviez venir vivre plus près.

- Pourquoi ne viens-tu pas vivre ici quand tu te maries? - a demandé Gloria.

La Vie Sait Mieux

-Je n'ai jamais pensé à ça. Tu sais que j'ai une carrière là-bas, des engagements. Je ne sais pas si Isabel l'aimerait non plus. Elle est attachée à sa famille.

-C'est vrai. Je n'aurais pas le courage de me séparer de ma mère et de ma sœur. Après la mort de papa, nous nous sommes rapprochés. Mais j'ai adoré ces jours avec toi et je suis sûre que nous viendrons chaque fois que nous aurons quelques jours.

- Vous êtes le bienvenu à tout moment - dit Nivaldo.

Diva sourit et le regarda en disant:

–Vous êtes un excellent enseignant et vous avez beaucoup à enseigner. J'ai hâte de poursuivre les recherches que nous avons menées ensemble. Vous m'avez fait voir la vie d'une manière différente, vous m'avez ouvert des portes que je n'avais jamais pensé, je veux plus. C'est tellement triste que nous ayons dû nous arrêter; J'ai hâte d'être à nouveau invitée.

Gloria la prit par la main en disant:

- Vous n'avez pas besoin d'invitation. Venez quand vous le pouvez. Nous serons heureux de vous recevoir.

Diva sourit en répondant:

- Ne dites pas cela, Mme Gloria, je serai heureuse d'accepter.

- Vraiment, venez. J'espère que vous ne nous oublierez pas.

Ils parlèrent encore, jusqu'à ce que Gilberto propose:

- Allons-nous promener! La nuit est si belle et parfumée!

Isabel se leva:

-Bien sûr, allons-y! Nous n'avons pas de nuits comme celle-ci en ville.

La Vie Sait Mieux

- Excellente idée - approuva Diva.

-Génial! - dit Nivaldo. Veux-tu venir avec nous, maman?

-Pas de fils. Allez-y. Je vais au lit maintenant. Demain, je veux me réveiller tôt.

Isabel et Gilberto, se tenant la main, marchaient en avant, et les deux autres les suivaient en bavardant joyeusement. Après plus d'une heure, ils se couchèrent. Dans la salle, les deux jeunes femmes ont échangé des idées sur le voyage, déplorant le départ.

- J'ai adoré la famille de Gilberto.

- Mais, le papa, je ne sais pas, il me semble un peu distant. C'est comme s'il n'appartenait pas à la même famille. Tu as remarqué cela?

- Oui, en fait. Il est différent des autres. Mais il nous a très bien reçus, il a été très attentionné, poli.

-C'est exact. Mais j'ai remarqué qu'il ne parle à Gloria que pour l'essentiel. Ils restent distants. Nivaldo a dit que la mère restait ici tout le temps et que le père venait rarement. Cela faisait plus de quatre mois qu'ils ne s'étaient pas vus. Gloria mentionne rarement le nom de son mari, tout comme Nivaldo.

–Gilberto fait de même. Il fut un temps où je soupçonnais qu'il y avait un problème avec sa famille.

- C'est peut-être juste une question d'affinité. Malgré cela, ils vivent ensemble de manière civilisée. Sans la tristesse de Gloria, je trouverais même cela normal.

- As-tu ressenti cela aussi?

-Oui. Parfois, l'expression de son visage change, ses yeux deviennent tristes, mais elle le cache puis se rétablit.

La Vie Sait Mieux

- Je pensais que c'était juste mon impression. Mais si tu l'as remarqué aussi, cela doit être vrai. Tout semble aller bien, mais il peut y avoir quelque chose qui les rend malheureux.

–Elle a une fille qui vit à Rio, elle s'inquiète peut-être pour elle.

- Je ne pense pas. Elle parle d'elle avec beaucoup de fierté, elle la loue. Pour moi, ce ne peut être qu'un malentendu avec son mari.

–Il est fort probable, mais nous faisons des hypothèses. Le temps nous le dira. Allons dormir, il est tard.

- Dors bien, Diva.

-Toi aussi.

Les deux s'installèrent mieux et, en quelques minutes, ils s'endormirent. Le lendemain matin, il était plus de dix heures quand ils retournèrent chez Pouso Alegre. La journée était belle et le soleil était fort, annonçant que samedi serait chaud. Ils sont arrivés en ville presque à l'heure du déjeuner. Alberto les attendait en souriant. Les voyageurs, après avoir mangé dans le salon où Dete avait placé des bocaux avec des boissons gazeuses et des collations, sont allés dans la chambre pour se reposer un peu jusqu'au déjeuner. Plus tard, pendant le déjeuner, Alberto avait l'intention de les emmener voir des endroits pittoresques de la ville, mais les filles préféraient sortir plus tard quand le soleil était moins fort. Il était presque cinq heures de l'après-midi quand ils sont partis. Isabel et Gloria sont allées avec Gilberto, et Nivaldo et Diva avec Alberto.

Après avoir visité certains endroits et avoir été présentées à certains des amis d'Alberto, ils sont allés au club, où la directrice sociale les attendait. C'était une grande femme blonde, d'un peu plus de quarante ans, très élégante, qui les accueillit avec une certaine cérémonie. Le visage d'Alberto a changé. Ses yeux pétillaient de plaisir alors qu'il présentait les deux jeunes femmes.

–Isabel, la petite amie de Gilberto, et Diva, sa cousine.

Elle a tendu la main en disant:

-Un plaisir. Bienvenue!

Puis elle se tourna vers Gloria en disant:

- Comment allez-vous, Mme Gloria? Cela fait longtemps que nous ne nous sommes pas vues.

Gloria ferma les lèvres et prit un moment pour répondre. Elle fit semblant de ne pas voir la main qu'elle lui tendait et dit:

-Très bien merci.

Nivaldo tenait le bras de sa mère, lui disant d'une voix calme:

- Viens maman, je veux te montrer le salon qui a été restauré.

Le visage d'Alberto rougit et, avant qu'il ne puisse dire quoi que ce soit, Gilberto dit:

- Je connaissais un autre réalisateur. Êtes-vous nouvelle en ville?

-Non. Je suis venue ici quand j'étais encore petite et je suis directrice du club depuis cinq ans. Je m'appelle Alda. Êtes-vous le fils de M. Alberto?

- Oui - prenant le bras d'Isabel, continua-t-il - Allons, Isabel, je veux te montrer la salle de jeux.

Ils s'éloignèrent et Alberto s'approcha d'Alda en disant doucement:

-Tu n'avais pas besoin de venir.

La Vie Sait Mieux

- Je voulais voir le visage de Gloria quand elle m'a vu.

Alberto s'éloigna rapidement et les rattrapa tous les deux. En marchant, ils ont souri à quelques amis qu'ils ont rencontrés en chemin. Dans la cafétéria, assis à une table avec une boisson gazeuse, étaient Gloria, Nivaldo et Diva. Les trois se sont approchés. Nivaldo se leva:

–Asseyez-vous - il a dit de placer plus de chaises autour de la table - Voudriez-vous quelque chose à boire?

Gloria était pâle et il y avait une certaine inquiétude dans l'air. Gilberto a déclaré:

-Il fait très chaud. Maman n'a pas l'air bien. Je crois qu'on devrait y aller.

Alberto s'est exclamé:

- Mais vous venez d'arriver! Je rencontre des amis que j'aimerais vous présenter. Ils devraient arriver!

–Gilberto a raison. Le bien-être de maman passe avant tout. Nous ferions mieux d'y aller - dit Nivaldo.

Alberto regarda les deux jeunes femmes et dit en souriant:

- Elle va se reposer, mais tu peux rester.

- Excusez-moi, mais nous partons avec Mme Gloria - dit Diva.

- Vous trouverez sûrement une bonne justification pour que vos amis nous excusent - ajouta Isabel en se levant.

Les deux se tenaient une de chaque côté de Gloria, qui se leva aussitôt.

- Allez, Mme Gloria - dit Isabel - Vous devez vous reposer.

La Vie Sait Mieux

Les trois sont parties sans laisser le temps à Alberto de dire quoi que ce soit d'autre, et les deux frères les ont accompagnés.

Alberto les a poursuivis pour qu'elles puissent monter dans une seule voiture. Il s'approcha de Gilberto, qui conduisait, en disant :

—Ta mère n'aime pas quitter la maison. Je vais rester et recevoir mes amis comme convenu.

Gilberto ne répondit pas. Il a démarré la voiture et ils sont partis. Ils voyagèrent en silence et, en arrivant à la maison, les deux jeunes femmes accompagnèrent Gloria dans la chambre.

- Vous allez mieux ? - demanda Isabel.

-Oui. Ça va passer. Je vais me reposer un moment, puis tout ira bien.

- Il fait très chaud - dit Diva -. Je vais prendre un verre.

- Merci, je n'en ai pas besoin.

Gloria se coucha sur le lit et, voyant les deux jeunes femmes assises à côté d'elle, dit en souriant :

- Vous pouvez aller vous reposer. Je vais bien.

En regardant le visage pâle de Gloria, les deux ne voulaient pas partir, mais elle a insisté :

- Laisse-moi seul s'il te plait. J'irai bien.

Elles ont hésité un moment, mais sont ensuite allées à l'extérieur pour voir les garçons parler dans la salle à manger. En approchant, elles entendirent Gilberto dire :

—La goutte d'eau qui fait déborder le vase ! Il exagère.

La Vie Sait Mieux

–Pourquoi penses-tu que nous restons tout le temps à la ferme? Il est impossible de vivre plus ensemble.

Les deux entreront et ils se tairont. Isabel n'a pas hésité:

- Excusez-moi, Gilberto, mais nous avons entendu ce que tu as dit.

-Mme Gloria ne va toujours pas bien, mais elle ne nous a pas laissé rester dans la chambre - a déclaré Diva.

Les deux femmes s'assirent à côté d'eux et Gilberto dit :

- Je suis désolé que vous ayez assisté à une scène aussi désagréable. Je pensais que papa avait changé, mais il semble être pire. Tu vas entrer dans la famille ; tu dois connaître la vérité.

- Tu n'as pas besoin de dire quoi que ce soit - répondit Isabel - Oublions ce qui s'est passé.

- Il ne sert à rien d'essayer de couvrir le soleil avec un doigt. Vous avez perçu la vérité. Papa a une liaison avec cette femme depuis plus de dix ans. Toute la ville est au courant. Avant, il était plus discret, mais ces derniers temps, ça a empiré. Elle n'était rien, maintenant elle est la directrice du club le plus traditionnel de la ville. Comment est-ce arrivé? - demanda Gilbert.

- C'est le membre du Congrès Rossi qui l'a mise dans le poste que papa avait demandé.

Diva a commenté:

-Pourquoi Mme Gloria supporte-t-elle tout cela tranquillement? Si c'était avec moi, j'aurais fait un scandale maintenant.

- Depuis qu'elle a tout découvert, maman a rompu avec lui. Ils sont séparés.

La Vie Sait Mieux

–Pourquoi ne déménagez-vous pas dans l'appartement à São Paulo? Là, elle serait loin de cette humiliation et ce serait mieux pour elle - suggéra Gilberto.

–Elle pense que celui qui doit bouger est l'autre. Elle ne veut pas partir et laisser la place libre à cette femme - précise Nivaldo.

- Tu n'as pensé à la possibilité d'y aller aussi ?

- Oui, mais ce n'est pas si simple. La ferme a été abandonnée. Je l'ai pris, je me suis consacré et j'ai réussi à le relever. Partir après tout serait le condamner à périr. Papa n'a aucun intérêt à le garder. Il n'a que des intérêts politiques ; il rêve de conquérir une fonction publique importante.

Ils restèrent silencieux quelques instants, puis Gilberto dit:

-Malgré cela, je pense toujours que vous devriez régler les affaires ici et aller vivre à São Paulo. Si maman continue ici, elle finira par perdre la raison.

Nivaldo soupira tristement et répondit:

- C'est ma plus grande peur.

- Demain nous partirons. Je vais voir si je peux la convaincre de passer quelques jours avec nous. En attendant, pensez à un moyen de déménager définitivement dans l'appartement à São Paulo. Nous serons là ensemble, et maman pourra oublier cette triste histoire pendant un moment.

Nivaldo resta pensif pendant quelques instants, puis dit:

-Tu ne connais toujours pas le pire. Papa a un fils avec cette femme et il vit en se promenant dans la ville avec lui.

Gilberto se leva nerveusement:

La Vie Sait Mieux

- C'est une raison de plus pour vous les gars de quitter cette ville. Je vais parler à maman tout de suite et la convaincre de voyager avec nous demain.

- Elle n'acceptera pas d'y aller.

Diva intervint:

- J'imagine ce qu'elle ressent. Partir signifie sauter le navire, tout laisser à ces gens qu'elle n'aime pas.

-C'est vrai. Mais pour le moment, elle a besoin de prendre soin d'elle-même, de son bien-être. Il est inutile d'essayer de maintenir une situation qui la déprime, qui n'a pas de solution et qui empire de jour en jour. Ils ont choisi cette voie, mais elle peut sortir, se libérer, avoir une vie meilleure.

- C'est ce que je pense. Je vais lui parler.

Gilberto alla dans la pièce, frappa légèrement à la porte et entra. En approchant de Gloria, il remarqua qu'elle pleurait. Le voyant, elle détourna le visage, essayant de dissimuler. Il s'assit sur le côté du lit et la prit par la main en disant:

- Maman, tu n'as plus besoin de supporter ça. Demain matin, nous partons pour São Paulo.

- Je ne veux pas partir d'ici maintenant. Ne t'inquiète pas. Ça ira.

- Je ne crois pas. Pourquoi ne m'as-tu pas dit ce qui se passait? On dirait que papa a perdu la tête.

- Je n'avais pas le droit de te déranger avec nos problèmes. Nous sommes séparés depuis des années.

- Dans ce cas, il n'y a aucune raison de continuer à vivre ici. Tu pars avec nous demain.

La Vie Sait Mieux

- Je ne peux pas, ce n'est pas juste. Quand nous nous sommes mariés, nous n'avions rien. J'ai travaillé dur, j'ai aidé à construire notre patrimoine et je ne veux pas l'abandonner maintenant. De plus, ce ne serait pas juste pour Nivaldo. Il a transformé la ferme en une entreprise lucrative. Il aime ce qu'il fait. Je ne peux pas lui faire de mal.

—Je ne pense pas qu'il serait content d'une telle situation. S'il voulait continuer ce travail, il pourrait acheter un terrain ailleurs.

Tu vis à mi-chemin. Prends soin de toi. Retrouve la confiance en toi et la joie de vivre.

-Ma vie est finie. Je n'ai pas le courage de faire quoi que ce soit. Je continue mon chemin comme Dieu le veut.

Gilberto lui caressa son visage avec affection en disant :

—Maman, réagis. Tu te condamnes au malheur, alors qu'il s'enfonce chaque jour peu plus dans l'illusion.

- J'attends l'heure où cette illusion prendra fin. Je veux être là pour voir.

- Et tu te punis avec ça. Allons-y. Laisse-le pour de bon.

- Je ne veux pas. Je suis propriétaire de cette maison, la moitié de notre propriété m'appartient légitimement. Je ne vais pas tout laisser les mains libres pour lui.

- Nous trouverons un bon avocat, procéderons à la séparation et répartirons tous les biens conformément à la loi. Ensuite, tu seras libre de reconstruire ta vie, de faire ce que tu veux.

—Je n'ai pas le courage d'une telle attitude. Une femme méprisée est marquée et désapprouvée. Je ne veux pas que tu deviennes les enfants d'une femme méprisée.

Gilberto resta pensif pendant quelques secondes, puis dit:

La Vie Sait Mieux

- Tout va bien, maman. Je n'insisterai pas. Mais demain tu viens avec nous à São Paulo, au moins pour y rester quelques jours, pour retrouver ton énergie. Quand tu vas bien, je peux te ramener.

- Passer quelques jours à l'extérieur pourrait être une bonne chose. Ne pas avoir à regarder le visage de ton père est déjà un soulagement.

- C'est vrai, maman. Cela te fera beaucoup de bien.

–Je vis seul à la ferme; Je n'ai pas acheté de vêtements. Je ne pense pas que je sois prêt à vous accompagner.

Gilberto sourit:

- Tu n'as pas besoin à apporter. Isabel et Diva se feront un plaisir de t'emmener faire des courses dès notre arrivée.

-Elles sont adorables.

- Oui, elles le sont vraiment. Maintenant, descendons pour coordonner notre voyage.

- Allez-y. Je ne vais pas me montrer avec ce visage en larmes. Je vais me laver le visage, ranger un peu et descendre tout de suite.

Gilberto se leva satisfait, lui donna un baiser retentissant sur le front et alla à la rencontre des autres, qui l'attendaient avec impatience. Il était plus de huit heures quand ils commençaient leur voyage de retour à São Paulo. Gilberto voulait que Nivaldo les accompagne, mais il a affirmé qu'il y avait des recherches en cours au laboratoire qui seraient lésées par son absence. Cependant, il a promis de passer quelques jours avec eux dès qu'il les aurait terminés.

Alberto ne s'est pas présenté à l'heure du café et personne ne l'avait revu depuis la veille. Ils ne l'ont pas mentionné et n'ont

La Vie Sait Mieux

pas laissé de message d'adieu. Pendant le voyage, Diva, assise à côté de Gloria sur la banquette arrière, a bavardé avec animation, lui racontant ce qui était nouveau dans la grande ville, les grands magasins et les films à succès sur les panneaux d'affichage des cinémas de luxe. De temps en temps, Isabel et Gilberto intervenaient pour commenter certains détails, promettant d'emmener Gloria voir toutes ces choses.

Ils sont arrivés à São Paulo presque à l'heure du déjeuner et Gilberto a suggéré:

–Allons déjeuner dans un restaurant. Je connais un excellent endroit.

- Je pensais que nous irions directement chez moi.

- Oui, Isabel, mais je sais comment est ta mère. Il vaut mieux ne pas lui donner plus de travail. Allons déjeuner d'abord.

- Elle aimerait vraiment préparer ce déjeuner.

-Je suis au courant. On peut y aller un autre jour, c'est mieux comme ça.

Tout le monde était d'accord. Après le déjeuner, ils sont allés chez Isabel. Laura les accueillit avec joie. Elle étreignit Gloria chaleureusement. Sonia les rejoint et s'amuse de l'euphorie des deux jeunes femmes qui parlent de Nivaldo et de la ferme avec enthousiasme en se lamentant:

- Si j'avais su que c'était comme ça, j'aurais demandé à y aller.

Après une demi-heure de conversation agréable, Gilberto et Gloria se sont dit au revoir. Il a promis d'accueillir sa mère et de revenir dans la soirée. L'appartement de Gloria sur l'Avenue Angelica était spacieux et magnifique. À la loge du concierge, ils ont parlé au portier et ont été informés que la femme de chambre

La Vie Sait Mieux

engagée pour nettoyer l'appartement ne s'était pas présentée depuis plus d'un mois. Ils montèrent à l'étage et, en entrant, sentant l'air étouffant et désagréable, ouvrirent toutes les fenêtres. Le mobilier, bien que couvert, était plein de poussière.

- Je pense que tu ferais mieux de rester dans mon appartement. Je devrais venir ici de temps en temps pour voir la femme de ménage. Ce n'est pas une condition pour que tu restes.

- Non, ce n'est rien de tout cela. Tu n'es responsable de rien. J'étais la négligente. Je vais réparer ça. Je vais faire une liste et tu sors et achetés tout. En attendant, je vais passer l'aspirateur ici.

–Je ne suis pas d'accord avec vous. Tu n'es pas venu travailler. Mon appartement a deux pièces. Tu peux rester avec moi. Demain, je demanderai à quelqu'un de venir mettre tout en ordre. La cloche sonna et Gloria alla ouvrir la porte. Ce fut le portier avec sa femme qui dit en souriant:

- Comme c'est gentil que vous soyez venue, Mme Gloria. Votre femme de ménage a disparu il y a deux mois. J'ai téléphoné à votre mari et il a accepté d'en chercher un autre, mais personne n'est venu. Je pourrais, de temps en temps, ouvrir les fenêtres, nettoyer la poussière, mais vous savez ce que c'est. Personne ne m'a autorisé et j'avais peur qu'ils ne l'aimeraient pas.

- Merci, Lidia. Si j'avais découvert cela, j'aurais trouvé quelqu'un d'autre.

–Je suis prêt à travailler pour payer les études de Joël. Il veut aller à l'université.

-C'est super! Vous êtes la personne idéale pour prendre soin de l'appartement.

- Êtes-vous venu rester?

La Vie Sait Mieux

- Juste pour quelques jours. Mais s'il vous plaît, entrez, nous allons tout arranger. Je veux t'embaucher.

Tous les deux arrangèrent les détails, Lidia sortit et revint peu après avec ce dont elle avait besoin, prête à commencer le nettoyage.

-Maman, pendant qu'elle nettoie tout, viens avec moi voir mon appartement, ce n'est pas loin d'ici.

-Je viens, mais je veux voir s'il y a un endroit ouvert pour acheter des choses - se tournant vers Lidia, qui commençait déjà le nettoyage, elle a demandé:

–Que dois-je acheter pour le nettoyage?

–Aujourd'hui, c'est dimanche et rien n'est ouvert. Mais j'ai tout ce dont j'ai besoin. Demain, nous achèterons tout ce dont nous avons besoin.

Une fois dans la voiture, Gloria a commenté:

–Nous sommes arrivés à temps. Je ne comprends pas comment Alberto a pu être si insouciant. S'il m'avait prévenu, j'en serais venue à résoudre ce problème.

- L'embauche de Lidia était très bonne. Elle est notre amie, elle est digne de confiance, elle prendra bien soin de nos affaires. Pour ne pas dire qu'elle t'aime beaucoup.

–Nous nous entendons toujours bien. En plus de cela, avec elle qui s'en occupe, je pourrai repartir l'esprit tranquille. Désormais, elle et son mari devront me faire rapport. Alberto va rester en dehors de cet appartement.

- C'est absolument vrai. Ce serait encore mieux si tu venais vivre ici. Tu serais entouré de gens qui te respectent et qui feraient tout pour que tu sois heureuse. Outre Lidia et son mari, il y a la

La Vie Sait Mieux

famille d'Isabel. Mme Laura est une femme exceptionnelle, et je suis sûr que tu aimerais aussi rencontrer la mère de Diva.

Une ombre de tristesse passa sur les yeux de Gloria.

- Je ne peux pas. N'insiste pas. Le plus que je ferai est de venir ici plus souvent.

- Au moins ça. Chaque fois que tu étais triste, déprimée, viens ici pour retrouver ton énergie.

- Bien sûr, je peux le faire.

Après que Gloria et Gilberto aient quitté la maison de Laura, Diva est rentrée chez elle, Sonia est allée dans la chambre pour lire et Isabel s'est assise à côté de sa mère.

-Maintenant que nous sommes seuls, je veux connaître tous les détails. Quand tu es arrivée, malgré l'euphorie, j'ai senti qu'il y avait une énergie de tristesse. Je ne sais pas ce que c'est, mais tu vas me le dire.

- Comme d'habitude, ton intuition n'échoue pas. Tout ce que nous vous avons dit sur le voyage est vrai. Nivaldo est un jeune homme formidable, il nous a accueillis chaleureusement.

–Diva a parlé de lui avec beaucoup d'enthousiasme.

- Ils se sont très bien compris. Ils sont restés ensemble tout le temps. Elle a fait des recherches dans le laboratoire de la ferme avec lui. Ils riaient et plaisantaient toujours. Mme Gloria nous a également traités avec affection et a tout fait pour nous remonter le moral, mais moi et Diva, depuis le début, avons senti que, de temps en temps, elle avait un certain air de tristesse.

- Et le père de Gilberto, comment est-il?

- Il nous a très bien traités, très gentils, mais j'ai réalisé que lui et Mme Gloria ne parlaient que de l'essentiel. Il n'y avait aucune proximité entre eux. Le dernier jour, nous avons découvert pourquoi.

—Il a une autre femme. J'ai ressenti cela depuis que Gloria est venue ici.

- Parfois, je suis étonnée de ta sensibilité. C'est incroyable comment tu perçois les choses ! C'était juste ça.

En quelques mots, Isabel a raconté ce qui s'était passé et pourquoi Gilberto avait insisté pour amener la mère, en terminant:

—Il veut qu'elle vienne vivre à São Paulo pour de bon. Elle ne veut même pas en entendre parler. Elle prétend qu'elle n'abandonnera pas tout ce qui lui appartient à cause de cette femme. Si c'était avec moi, je l'aurais fait il y a longtemps.

Laura est restée réfléchie pendant quelques secondes, puis elle a dit:

- Cette femme que le père de Gilberto a n'est pas digne de confiance. Elle est ambitieuse, sans scrupules, elle en profite. Si Gloria s'éloigne, elle va le ruiner en un rien de temps. Je ressens ça.

—Il semble être très amoureux d'elle. Il la regarda avec une passion que même en notre présence il ne put dissimuler. Pour supporter cela et continuer à ses côtés, Mme Gloria doit l'aimer beaucoup.

- Tu te trompes. Il y a longtemps, elle a cessé de l'aimer. Elle ne fait que continuer là-bas, à ses côtés, pour préserver l'héritage des enfants.

-Est-ce vrai?

-Tu peux me faire confiance. Qui m'informe, c'est Orlando.

- Est-ce que papa est présent? Que dit-il d'autre?

La Vie Sait Mieux

- Que cette femme a un pacte avec les esprits des ténèbres pour le garder captif. Quand il la regarde, il ressent tellement d'attirance que c'est difficile à contenir.

- Pauvre M. Alberto! Je n'avais jamais imaginé que ce serait comme ça. Je suis désolée de l'avoir mal jugé.

- Essaye de ne plus faire cela pour ne pas attirer leurs énergies. Mais en même temps, il est bon de savoir que si ces esprits ont réussi à le dominer, c'est parce qu'il leur a donné une ouverture. La vanité masculine stimulée, lorsque l'homme n'a aucune connaissance spirituelle, facilite généralement cette domination.

-Mon Dieu! Je suis sûre que Mme Gloria, si elle en avait connaissance, chercherait une aide spirituelle et serait en mesure de l'aider. J'aimerais beaucoup pouvoir faire quelque chose! Elle souffre beaucoup.

–Orlando nous conseille de prier et de faire confiance. Il dit qu'il n'a pas le droit d'intervenir, mais qu'il demandera conseil à ses supérieurs et, dès qu'il le pourra, il reviendra nous en parler. Il nous demande d'être en paix et de croire que tout ce qui se passe est sous la protection divine. Il nous embrasse. Ferme les yeux, laisse-nous sentir l'amour qui nous unit.

Les deux s'embrassent et, les yeux fermés, sentent une chaleur agréable parcourir leur corps, accompagnée d'une sensation de joie et de plaisir. Elles sont restées comme ça, embrassées et en silence, essayant d'absorber ce qu'ils ressentaient avec l'intention de garder ces moments de plénitude et de paix dans leur cœur.

Dans la soirée, Gilberto est arrivé et a trouvé Isabel bien disposée et enjouée. Il lui a décrit l'état de l'appartement, blâmant le père pour le désordre. À la fin, il a commenté:

La Vie Sait Mieux

–Je ne sais pas pourquoi maman veut toujours rester à ses côtés. Elle pense que si elle part aussitôt, mon père va ruiner tout ce que nous avons. Je ne pense pas. C'est lui qui a construit notre patrimoine, et cela n'a pas de sens de dire qu'il va le jeter maintenant.

- Ta maman doit avoir ses raisons de penser de cette façon.

–Elle prétend que pour dissimuler la vraie raison. Elle est jalouse et ne veut pas partir de peur qu'il emmène l'autre vivre dans la maison familiale.

- Quoi qu'il en soit, si elle préfère rester là-bas, elle ne sera pas heureuse ici. Elle serait tout le temps inquiète. Ensuite, il y a Nivaldo. Il aime ce qu'il fait à la ferme. Que ferait-il ici en ville?

- À mon avis, maman devrait légalement se séparer de papa.

-Séparer ? Elle se retrouverait dans une situation sociale délicate. Le préjugé existe. Tu sais comment c'est.

-Oui. Mais il y aurait une division des biens selon la loi. Tout sera pour eux, je ne veux rien. J'ai ma profession et je peux très bien prendre soin de notre vie. Ensuite, ma sœur obtiendra son diplôme et reviendra à la maison. Elle n'aimera pas vivre à la ferme. Elle ignore ce qui se passe. Au début, papa était plus discret, et Nice ne savait rien. Quand elle reviendra, aussi perspicace qu'elle soit, elle le découvrira bientôt. Je ne veux pas que ça arrive.

–Il arrive que votre mère ne veuille pas adopter cette attitude et que tu ne puisses pas la forcer. Ma mère avait l'habitude de dire que quand on ne sait pas quoi faire, il vaut mieux ne rien faire. Nous prions simplement et attendons que la vie nous montre le meilleur chemin.

- Et ça marche?

-Toujours. Nous sommes des gens de foi.

La Vie Sait Mieux

- Je ne savais pas que vous étiez religieux.

- Je ne parle pas de religion, mais de spiritualité. Ce sont des choses différentes.

Gilberto rit:

-Comment? Je ne vois pas de différence. Prier est une chose religieuse.

- Pour nous, prier, c'est parler directement à Dieu, exprimer nos sentiments, demander protection, inspiration et clarification de nos doutes. Il répond toujours.

Gilberto la regarda avec admiration:

-Tu es sûre ?

-Oui. Il faut juste être attentif car la réponse peut venir de différentes manières. Cela peut provenir d'un livre qui retient notre attention, d'une phrase éclairante entendue au hasard, d'un nouvel événement, d'une variété de choses.

- Cela semble très vague. Comment savoir que c'est la réponse à notre demande?

-Ce n'est pas difficile. Au moment où cela arrive, il y a un aperçu, tout est clair dans notre tête et nous savons ce qu'il faut faire.

- Pour moi, c'est une nouvelle façon de prier. Où as-tu appris cela ?

–Avec les étudiants New Age. Nous sommes des spirites indépendants.

–Lorsque je suis allé me spécialiser aux États-Unis, j'ai entendu des collègues parler du New Age. Je pensais que c'était juste une mode et que je n'ai pas approfondi.

La Vie Sait Mieux

Laura entra dans la pièce avec un plateau. Elle le posa sur la table basse et dit en souriant:

- J'ai apporté du café et un gâteau que j'ai fait cet après-midi. Je veux que tu le goûtes.

- Merci, Mme Laura.

Laura les a servis et était sur le point de partir, mais Isabel l'a arrêtée:

- Quand tu es entrée, je disais à Gilberto comment nous faisons nos prières et attendons la réponse, qui vient toujours.

–Je suis un profane. Isabel a évoqué le New Age. J'en ai entendu parler, mais je n'en sais rien - Gilberto a terminé.

Laura s'assit dans le fauteuil à côté d'eux et répondit:

–En fait, nous en avons appris davantage avec le spiritisme, que nous avons étudié dans les livres d'Allan Kardec, le professeur et écrivain français qui a approfondi les phénomènes de la médiumnité. La continuité de la vie après la mort et l'éternité de l'esprit. Le New Age, bien qu'il n'ait pas été aussi profond, a les mêmes principes de base.

Gilberto est resté pensif pendant quelques secondes, puis a dit:

- C'est une question très délicate. La vie est très difficile à comprendre. A la clinique, je me bats pour rétablir la santé des gens sans arriver parfois à vaincre la mort, je me suis demandé pourquoi tant de souffrances. J'ai remarqué que les gens qui ont foi font face aux maux, à la douleur et à la mort avec plus de courage. Parfois, cela m'impressionne. J'aimerais un jour pouvoir avoir cette foi pour ne pas être si affligé quand il n'est pas possible de guérir qui que ce soit, mais je ne comprends toujours pas.

La Vie Sait Mieux

–En fait, la conviction que notre esprit est éternel et que nous continuons à vivre après la mort du corps physique réconforte et ouvre notre esprit, nous faisant mieux comprendre les mystères apparents qui nous entourent.

–Comment parvenir à cette conviction ? Les religions sont pleines de mystères et de pensées humaines.

-C'est vrai. La révélation spirituelle est divine, la vérité est une, et elle est venue sous diverses formes à toute l'humanité. Cependant, il a été interprété par les êtres humains en fonction du niveau de connaissance de chacun, ce qui l'a rendu difficile à comprendre.

–Ma mère est une personne de foi. Elle nous a appris à prier, mais elle ne va pas à l'église.

- C'est peut-être pourquoi. Mais alors, où chercher cette conviction?

Les yeux de Laura pétillent quand elle regarde Gilberto:

–Étudier la vie. Vous connaissez l'intelligence et la sagesse du corps humain. N'avez-vous jamais été surpris par cette perfection?

-À plusieurs reprises. Il y a des choses qui me laissent encore aujourd'hui admirative. Mais c'est à ce moment-là que le corps est en bonne santé. Et les anomalies? Les personnes nées déficientes? Les enfants innocents qui sont déjà nés avec de graves maux? Les morts prématurées?

Laura soupira, réfléchit un peu et répondit:

- Pour comprendre ce processus, il est nécessaire d'étudier la réincarnation, les lois parfaites qui commandent la vie, la responsabilité individuelle de chaque esprit.

La Vie Sait Mieux

- Croyez-vous que nous sommes vraiment nés de nouveau?

—Oui, si tu enquêtes, tu connaîtras de nombreux cas de personnes qui se souviennent de leurs vies passées. Il existe des études scientifiques sérieuses sur le sujet. Si tu es intéressé, je peux te prêter quelques livres sur le sujet.

—Je trouve difficile d'accepter cette possibilité. Cela me paraît impossible.

—Le préjugé est encore très fort, principalement chez ceux qui ne voient la vie que du point de vue matériel. Lorsque tu parviens à laisser le matérialisme de côté et à aller au fond de l'observation des phénomènes naturels de la vie et de la mort, tu trouveras dans l'étude de la réincarnation l'origine des problèmes congénitaux, des anomalies dégénératives, etc.

Gilberto est resté silencieux pendant quelques secondes, puis a ajouté:

—Je n'ai pas de préjugés. Je crois qu'il y a une force supérieure qui a créé l'univers, qui agit en soutenant l'équilibre de la nature et qui ne nous accorde pas, êtres humains, la permission de connaître les mystères de la vie.

-Au contraire. La vie est toujours prête à nous montrer la vérité, mais c'est nous qui avons eu peur d'affronter la réalité. Parce que nous avons peur de l'inconnu et que nous croyons que la vérité est cruelle, apporte de la souffrance, nous préférons continuer à l'ignorer. Mais lorsque on dépasse la barrière de la peur et qu'on souhaite faire l'expérience de la vie telle qu'elle est, les portes de la connaissance s'ouvrent, on commence à voir des détails et des faits qu'on ne remarquait pas remarqués auparavant et qui offrent une vision plus claire et plus élevée de la vie, nous rendant plus lucide et confiant quant à l'avenir. La conviction que la vie nous protège et prend soin de nos progrès est très réconfortante.

La Vie Sait Mieux

Gilberto la regarda sérieusement, réfléchissant à ses paroles et, lorsqu'elle se tut, il dit simplement:

- J'aimerais beaucoup emprunter certains de ces livres. Il y a des moments dans la vie où nous avons besoin de cette conviction pour rester optimiste et aller de l'avant.

Laura est partie apporter les livres. Et Gilberto, quand il a dit au revoir plus tard à tout le monde, en avait deux sous le bras.

Carlos entra précipitamment dans la maison et se dirigea vers la chambre. Albertina le suivit avec inquiétude. Ce n'était pas son temps pour rentrer du travail. Alors que la porte était ouverte, elle vit qu'il sortait des vêtements du placard et les examinait attentivement. Elle est entrée et a demandé:

-Quelque chose ne va pas?

Il la regarda sérieusement et répondit:

-Oui. Je voyage ce soir pour l'Europe.

- Juste comme ça, tout d'un coup? Que vas-tu faire là-bas?

–Travaille, maman. Aujourd'hui, quand je suis arrivé, Nicolai m'a appelé et m'a dit qu'il était temps d'agrandir l'entreprise, a élaboré un plan et m'a confié la responsabilité de l'exécuter.

- Alors, tu penses que ça va marcher?

-Bien sûr! C'est moi qui lui ai suggéré l'expansion de l'entreprise il y a plus d'un mois. Il est allé enquêter et a décidé de le faire.

-Où vas-tu?

La Vie Sait Mieux

—Je vais commencer par une foire aux bijoux à Paris, mais je dois aussi visiter d'autres pays. Je suis venu voir ce que j'ai et je vais acheter ce qui me manque. Yuri est allé acheter le billet.

- Je suis content que tu aies ton passeport en ordre.

-Tu as raison. Je sais ce dont j'ai besoin, je vais faire du shopping. C'est presque l'heure du déjeuner.

- Tu ne veux pas manger avant de partir?

- Je n'ai pas le temps.

—As-tu l'argent pour tout ce dont tu as besoin ?

—Nicolai m'a avancé ce dont j'avais besoin. Les frais sont à sa charge.

Carlos se précipita dans les escaliers pour partir. Albertina est allée à la cuisine en pensant. Son fils occupait ce poste depuis un peu plus de quatre mois et, apparemment, son patron lui faisait confiance au point de lui confier un poste très responsable. Elle était fière et heureuse. Carlos gagnait plus chaque mois, il s'habillait proprement, il insistait pour aider à payer les dépenses du ménage, ce qui faisait admirer Inés et Antonio, et ils le regardaient avec plus de respect et ne le critiquaient pas autant. Pour Albertina, Carlos était une source de fierté. Malgré les souffrances de la guerre, d'avoir perdu l'amour d'Isabel et d'être resté si longtemps hors du marché du travail, il a tourné la page. Isabel méprisait l'amour de Carlos et, bien qu'elle ne veuille pas qu'elle lui revienne un jour, Albertina rêvait du jour où elle regretterait de l'avoir quitté. Elle aimerait la voir le chercher et maintenant il la rejetterait, ne la reprendrait pas. Antonio est arrivé et est entré dans la cuisine en demandant:

—Inés est déjà arrivée et est allée se laver les mains. Le déjeuner est-il prêt?

La Vie Sait Mieux

-C'est prêt. Je vais le servir.

Elle a mis les choses sur la table, a attendu qu'ils s'assoient tous les deux et leur a annoncé la nouvelle.

-Paris? - Inés admirait.

-Es-tu sûr ? - s'exclama Antonio

-C'est exact. D'abord à Paris, puis dans d'autres pays d'Europe. Toutes les dépenses seront couvertes par Nicolai.

Antonio ouvrit la bouche et la referma.

–Carlos a beaucoup de chance! - a commenté Inés.

Albertina a répondu:

-Chanceux ? Ce qui se passe, c'est qu'il sait faire les choses ! Tu disais qu'il était exploité, qu'il travaillait presque gratuitement, tu vois ? Il savait ce qu'il faisait.

- Attendons et voyons, tout ira-t-il bien pour lui ? J'en doute!

Albertina se leva irritée:

- Assez de ton négativisme. C'est pourquoi notre vie ne fonctionne pas. Tu es toujours pensez petit ! Tu ne penses pas que le garçon est capable d'améliorer sa vie. Tu es satisfait de la pauvreté, du manque d'argent, tu ne fais rien pour vaincre quelque chose de mieux.

- Et tu te remplis la tête d'illusions. La vie n'est pas comme ça. Tu verras à quel point j'ai raison. Tout dans cette vie est difficile. L'argent ne tombe pas du ciel. Carlos va encore découvrir cette réalité.

Albertina leva les épaules :

- Eh bien, je ne pense pas. Il va être riche ; tu verras.

La Vie Sait Mieux

Carlos faisait du shopping avec plaisir. Heureusement, il n'aurait pas besoin de vêtements épais, car c'était le printemps en Europe. Il est devenu essentiel, dans son domaine de travail, pour lui de présenter lui-même avec classe et élégance, ce qu'il appréciait de faire. Vêtu d'un costume bien fait, il se regarda dans le miroir et aimait ce qu'il voyait. Il avait l'air beau, élégant et pensait à Isabel, comme il souhaitait qu'elle puisse le voir comme cela ! Une vague de tristesse l'envahit. Inés insistait de temps en temps pour parler d'elle et du marié, racontant des détails sur ce qu'elle voyait. Ils ont parlé de mariage, mais Carlos a refusé d'accepter cette possibilité. Pour lui, ce n'était qu'une question de temps. Isabel lui appartenait de droit et ce mariage n'arriverait jamais.

Il marchait dans les rues en regardant les vitrines des magasins et essayant de ne rien oublier, quand il vit Isabel à côté de Diva marcher dans la direction opposée. Son cœur sauta un battement et il essaya de contrôler son excitation. Elle avait l'air joli et il s'arrêta devant eux deux en disant :

- Comment vas-tu, Isabel ?

Elle l'avait vu et avait pensé à s'éteindre mais n'avait pas le temps. Elle sourit et serra sa main tendue.

-Je vais bien. Et toi ? Tu te souviens de ma cousine, Diva ?

-Bien sûr que oui. Je vois que tu vas très bien.

- Et tu vas très bien - Diva commenté- Je ne t'avais toujours pas trouvé après ton retour.

Isabel voulait partir, mais Carlos les a invités :

–L'après-midi est froid. Allons-nous prendre un thé, un café ?

- Merci beaucoup, mais je ne peux pas - répondit Isabel - Je suis en retard. Nous devons partir.

La Vie Sait Mieux

- Une autre fois - promit Diva.

—Cela peut prendre un certain temps. Je quitte le Brésil ce soir ; Je ne sais pas quand je reviendrai. Ce serait une occasion d'adieu.

- Vas-tu vivre dans un autre pays ? - a demandé Isabel.

—Non. Je pars au travail et, si tout se passe comme je le souhaite, il me faudra un certain temps pour revenir.

Isabel a tendu la main en disant :

—Je suis heureuse de savoir que tu travailles, que tu remets ta vie sur les rails. J'espère que tu rattrapes le temps perdu et que tu es très heureux.

Carlos attrapa la main qu'elle lui offrait, la regarda fermement dans les yeux et répondit :

—Ce ne sera pas facile, mais j'y travaille.

Isabel retira sa main et il dit au revoir. Ils lui ont tous deux souhaité un bon voyage et sont partis. Carlos prit une profonde inspiration, entra dans un café et s'assit pour commander du thé. Isabel était toujours jolie et la nostalgie des bons moments où ils s'étaient aimés revenait avec force. Il avait envie de la suivre, de crier que leur amour était plus grand que tout et qu'ils avaient besoin d'être ensemble pour toujours. Il prit quelques gorgées de thé, regarda l'horloge et se dépêcha. Il devait faire sa valise et rencontrer Nicolai et Yuri à l'aéroport, comme prévu. Ils lui apporteraient le billet et le valise avec le livre d'échantillons et la liste des contacts qu'il devrait rencontrer.

Après s'être éloignés de Carlos, Diva a commenté :

—Wow, comme c'est beau Carlos ! Il a gagné du corps, il est aligné, élégant !

La Vie Sait Mieux

- C'est vrai ... il semble bien.

- N'as-tu rien ressenti de l'avoir rencontré ? N'as-tu pas regretté d'avoir préféré Gilberto ?

-Bien sûr, je ne l'ai pas fait. J'adore Gilberto. C'est avec lui que je veux rester.

-Tu as de la chance ! Les deux sont très attirants. Quand Carlos est parti, il était jeune et joli, mais maintenant il est devenu un homme. J'ai l'impression maintenant qu'il est plus fort, il sait ce qu'il veut. S'il me voulait, je ne le laisserais pas partir.

-Eh bien, si tu l'aimes, restes avec lui.

- Tu n'as pas besoin de t'inquiéter. Il ne sait même pas que j'existe. Il n'a des yeux que pour toi.

-Je ne suis pas fâchée. Je suis heureuse. Quand nous avons rompu, il m'a menacé et j'ai eu peur. Il me semble qu'il s'est rétabli. J'espère qu'il est heureux.

Les deux sont entrés dans la maison. Isabel emporta les sacs dans la chambre et Diva alla saluer Laura, qui lisait dans le salon. La voyant arriver, elle ferma le livre et demanda en souriant :

- Et, alors, avez-vous tout acheté ?

-Juste un peu. Isabel était fatiguée et voulait revenir.

–Pourquoi, elle avait l'air si excitée ! N'a-t-elle pas du tout aimé ?

Diva s'assit à côté de sa tante sur le canapé et dit :

–Elle a acheté deux belles parures de lit.

- Et les sets de table qu'elle avait vus et aimés ?

-Elle les a laissés pour un autre jour.

La Vie Sait Mieux

Isabel s'est approchée et Laura a commenté :

–Où sont les parures de lit que tu as acheté ?

-Dans la chambre. Tu peux les voir plus tard.

Laura la regarda avec admiration. Chaque fois qu'Isabel achetait une pièce pour sa tenue, elle le lui montrait toujours et lui demandait son avis :

–Diva a dit que tu étais fatiguée, tu ne te sens pas bien ?

–Juste un léger mal de tête. C'est tout.

- Veux-tu quelque chose à boire, du thé ?

-Non maman. Je m'en remets.

- Tu ne vas pas dire à la tante qui nous avons rencontré dans la rue ?

Laura la regarda avec curiosité :

-Qui était-ce ?

–Carlos - répondit Isabel – nous nous sommes tombes sur lui, et il s'arrêta pour dire bonjour.

- Et ... Comment ça s'est passé ?

-Bien.

Diva intervint :

-Très bien. Tante, il s'est beaucoup amélioré. Il était élégant, beau.

-Oui. C'était un soulagement. Il a accepté notre séparation, a repris la vie. Nous pouvons continuer en paix.

- Ce soir, il partira pour Paris pour le travail et restera à l'écart pendant quelques mois, expliqua Diva.

La Vie Sait Mieux

Laura a été surprise :

–Il travaille dans quoi ?

- Dans une entreprise de joaillerie - suite Diva – il semble tout à fait différent de ce qu'il avait l'habitude de faire. Il est devenu plus raffiné ; il semble savoir ce qu'il veut.

–Diva exagère. Après son retour, elle ne l'avait pas vu. Maintenant il a gagné du corps, il est plus viril. C'était juste ça.

Laura regarda silencieusement, puis dit :

- Tu as arrangé le mariage en cinq mois. Gilberto est déjà en train de rénover la maison et ton trousseau de mariage n'est pas encore prêt.

- Ne t'inquiète pas, maman. La semaine prochaine, j'aurai le temps et continuerai mes achats.

-C'est d'accord. Je ne veux juste pas que tu laisses les choses à la dernière minute. Faisons ce que nous devons faire, calmement.

Elles ont continué à parler, mais Laura a remarqué que pendant que Diva parlait avec excitation, Isabel était plus calme et plus pensive.

Carlos est arrivé tôt à l'aéroport et a regardé l'horloge. Il était quinze minutes à l'heure convenue, et il s'assit pour attendre Nicolai et Yuri. Il pensa à Isabel et se sentit triste. C'était dur de supporter la douleur de la séparation. Depuis qu'elle l'avait quitté, il s'était accroché à la certitude que la séparation serait temporaire. Cependant, après l'avoir rencontrée et remarqué son indifférence, la peur d'avoir été trompé commença à le tourmenter. Elle était jolie, heureuse, gaie. Elle ne manquerait pas le petit geste de contrariété lorsqu'il s'approchait d'elle. Elle ne semblait pas contente de le voir. Elle l'oublierait certainement déjà. Cette réalité l'a secoué. Il ressentit le désir de rentrer chez lui, d'abandonner le

La Vie Sait Mieux

voyage, les projets, tout. Déprimé, plongé dans ses pensées intimes, il fut surpris quand il entendit Yuri dire:

-Désolé pour le retard. Il y a eu un événement imprévu et Nicolai n'a pas pu venir. J'avais peur de ne pas arriver à temps.

- Nous avons encore une demi-heure.

–Un client qui allait voyager aujourd'hui avait besoin de certains produits et encore plus de ses conseils. Je ne pouvais pas ne pas m'occuper de lui. En plus de te souhaiter un bon voyage, il a fait quelques recommandations par écrit dans cette lettre. Tu as comment il est ; il n'aime pas faire les courses.

Carlos sourit :

-Je connais. Dites-lui que je vais me conformer à la lettre. En cas de doute, je t'appellerai.

Yuri s'assit à côté de lui et, le regardant sérieusement, dit :

- Tu n'as pas l'air bien. Es-tu inquiet pour le voyage ?

-Non. Mes problèmes émotionnels me tourmentent.

-Tu allais bien. Quelque chose est arrivée ?

- J'étais en train de faire du shopping en ville et je suis tombé sur Isabel face à face. Nous nous tenions face à face ; elle se tenait à côté de sa cousine. Je me suis arrêté pour dire bonjour.

-Et elle ?

- J'ai senti qu'elle n'était pas contente de me voir. Je pense qu'elle n'a tout simplement pas fait un écart parce qu'il ne savait pas comment.

Yuri tapa doucement sur le dos de son ami :

- C'est pourquoi tu es si déprimé.

La Vie Sait Mieux

- Est-ce si facile de le remarquer ?

- Je te connais très bien.

- Pour être honnête, j'avais envie de tout abandonner, de rentrer à la maison et de ne plus sortir.

- Qu'est-ce que c'est, Carlos ? Ne soyez pas déprimé comme ça ! Tu es un gagnant. Après tout ce que tu as vécu dans la vie, tu ne peux pas être vaincu par une femme qui t'a déjà changé pour quelqu'un d'autre. C'est toi qui es entré dans notre magasin avec une main devant et une main derrière, sans rien, et tu as su conquérir non seulement une bonne opportunité d'emploi, mais aussi notre amitié et notre admiration. Nous t'admirons ; nous avons confiance en tes capacité. Je suis sûr que tu surmonteras ces souvenirs du passé. Ce sont des rêves de jeunesse. D'autres amours viendront, tu verras.

Pendant que Yuri parlait, Carlos leva la tête. Quand il eut fini, il était debout, les yeux brillants, et serra son ami dans ses bras :

- Merci pour la confiance. Tu as raison. Je suis fort et je surmonterai davantage cette difficulté. Lors de ce voyage, je donnerai le meilleur de moi-même, je ferai de bonnes affaires, je prouverai que vous pouvez continuer à faire confiance à mes capacités.

- Maintenant tu parles ! C'est l'heure de partir. Dans ce bagage à main se trouve notre livre d'échantillons, emportez-le avec vous et soyez prudent avec lui.

- Ne t'inquiète pas, je sais ce que ça vaut.

Carlos avait déjà enregistré ses bagages, ils se sont donc dirigés vers la zone d'embarquement. Ils se sont embrassés en signe d'adieu. Carlos est entré, a cherché la porte d'embarquement et s'est assis pour attendre. Les paroles de Yuri avaient le don de le sortir de son état dépressif. Il ressentait encore la tristesse, mais le désir de gagner, d'enrichir et de montrer à Isabel qu'il était un homme capable et qu'elle regretterait de l'avoir rejeté car cela lui donnait le courage de continuer. D'un pas ferme, il entra dans l'avion, s'installa et, en montant, regardant la ville qui disparaissait lentement de sa vue, il sentit qu'il était temps de changer. Il rentrait en Europe, entamant une nouvelle étape loin de tout et de tout le monde, seul, dans cette grande aventure. Que lui réserverait le destin ? Cela n'avait pas d'importance, il était prêt à se battre et à gagner. Avec courage, il ferait face à tous les défis surgit, il serait assez fort pour aller de l'avant avec la réalisation de ses projets d'avenir.

✳ ✳ ✳

Cela faisait une semaine que Carlos était à Paris et le mouvement rafraîchissant qu'il ressentait dans cette ville l'excitait. Pendant la guerre, il n'était venu à Paris qu'en passant et n'avait pas eu le temps d'en voir beaucoup. Malgré cela, il admirait les progrès et la reprise de la ville, où le mouvement touristique remplissait les hôtels, les théâtres et les musées, les agendas culturels bouillonnaient et les nouveautés apportées par les défilés de mode attiraient des journalistes du monde entier. Il avait déjà rendu visite à certains des futurs clients de Nicolai. Il y avait un certain intérêt, mais Carlos n'était pas satisfait. Il sentait qu'il pouvait faire beaucoup plus. Il a décidé d'étudier de nouvelles possibilités. Il ne parlait pas le français, seulement le russe et l'anglais.

Il a approché des clients plus accessibles à l'hôtel où il séjournait. Parmi eux, il y avait deux vendeurs, l'un de tissus et l'autre de cuir, tous deux italiens, bavards, joyeux et, comme lui, désireux de gagner de l'argent. Les deux étaient amis et étaient à Paris depuis plus de six mois, ils connaissaient le marché, ils lui

La Vie Sait Mieux

donnaient d'excellentes informations sur l'entreprise et sur les entreprises impliquées dans le commerce de la joaillerie. Avec cette information, Carlos a commencé à planifier des visites pour présenter ses produits. Il était particulièrement intéressé par un importateur de bijoux qui achetait en grande quantité à New York. Bien que le secrétaire ait déclaré que le patron ne le verrait pas, Carlos n'a pas abandonné. Ana était jeune, jolie et Carlos a commencé à provoquer des rencontres « occasionnelles » avec elle en dehors de l'entreprise. Elle a esquivé, mais il a insisté, disant qu'il était très seul et qu'il voulait parler. Peu à peu, elle s'est intéressée et il a commencé à l'attendre après le travail. Il n'a jamais parlé de son intérêt à présenter ses produits au propriétaire de l'entreprise. Jusqu'au bout de quelques rencontres, c'est elle qui a abordé le sujet :

-Tu es très audacieux de venir ici pour vendre des bijoux. Le Brésil, pour autant que je sache, ne fabrique pas de bijoux. D'où votre entreprise importe-t-elle ces produits ?

—Mon entreprise n'importe pas, nous sommes des fabricants. Ils sont beaux, le prix est très bon et nous les avons exportés dans plusieurs pays. Tu qui travailles dans l'industrie, ne le sais pas ?

Remarquant sa provocation, elle se mordit les lèvres et défia :

- Eh bien, j'aimerais beaucoup les voir.

—Elles sont conservées dans le coffre-fort de l'hôtel, mais, si tu le souhaites, nous pouvons y aller, je serai très heureux de tes les montrer.

-À l'heure actuelle ?

-Pourquoi pas ? Ensuite, nous pourrons dîner et je te reconduirai à la maison.

La Vie Sait Mieux

- D'accord, j'accepte.

Carlos sourit de satisfaction. Une fois à l'hôtel, il a sorti la valise de bijoux du coffre-fort et l'a emmenée dans la chambre. Ana l'accompagna curieusement. Carlos a placé la valise sur une chaise, l'ouvrit, étendit une serviette de velours bleu sur la table et commença à les sortir lentement, une à une, en les plaçant sur le velours. Il pouvait voir que, même si Ana se contrôlait, ses yeux brillaient d'avidité à chaque morceau qu'il enlevait.

–Nous avons beaucoup plus, nous sommes des fabricants et nous pouvons nous permettre de fabriquer des pièces exclusives pour les grandes dames.

–Tu dois facturer un prix très élevé pour cette spécialité.

- Juste le bon prix. La satisfaction de nos clients vaut plus. Nous sommes des artistes, nous aimons la beauté.

Ana sourit :

- En effet, je suis ravie. Je vais parler à M. La Belle et lui dire ce que j'ai vu ici. Je pense qu'il acceptera de te recevoir.

Carlos fit une révérence et porta sa main à ses lèvres en disant :

-Merci beaucoup. Laissons maintenant les affaires pour plus tard. Dînons et célébrons.

- Il est encore tôt pour ça.

-Je sais qu'il est. Célébrons notre rencontre d'aujourd'hui et le début d'une merveilleuse relation d'affaires que nous allons nouer ensemble.

Elle sourit de bonne humeur. Carlos a mis les bijoux dans la valise, les a remis dans le coffre-fort de l'hôtel et, ensemble, ils sont allés au restaurant. Carlos se sentait particulièrement joyeux cette nuit-là. Pendant le dîner, Ana lui a parlé des endroits à la mode où l'on pouvait bien manger, danser et regarder avec succès films, et sur les cabarets. Il était plus de minuit quand Carlos la laissa à la maison. Alors qu'ils se disaient au revoir, elle a promis d'appeler dès qu'elle aurait eu l'interview promise. Carlos est rentré à l'hôtel satisfait. Fatigué, il se prépara à se coucher. En se couchant, il réfléchit à la manière dont il aborderait l'homme d'affaires pour l'entrevue. En raison de l'admiration avec laquelle Ana a reçu sa démonstration, il était sûr qu'il aurait bientôt l'interview. En y réfléchissant, il s'est endormi.

Il rêvait qu'il faisait nuit et il se promenait dans les rues de Montmartre. Certains passaient indifféremment, mais il avait l'impression de connaître les rues, même s'il n'y était jamais allé. Il se sentait anxieux, agité, comme s'il cherchait quelque chose. Alors qu'il tournait dans une rue, il vit une femme s'approcher. Leurs yeux se rencontrèrent et elle se jeta dans ses bras en disant avec excitation :

-C'est toi mon amour ! Enfin, nous nous rencontrons. Je te cherche depuis longtemps.

Carlos sentit le corps trembler, tandis qu'une forte sensation montait dans son cœur.

Il la pressa contre sa poitrine, en disant avec excitation :

- Quel désir ! Combien de temps !

Ils se sont embrassés longtemps pendant quelques minutes, puis elle a dit :

- Je sais que je rêve, et je ne veux pas me réveiller, me diras-tu où tu habites, je ne veux plus te perdre ! -Je veux aussi rester avec toi ! Je ne peux plus supporter notre séparation. Répondez-moi plus tard ! Je t'attends !

La Vie Sait Mieux

Ils se sont de nouveau embrassés et il a insisté :

-Où es-tu ? Dis-moi maintenant. Je viendrai te chercher !

- Je ne suis pas à Paris. Je vis en Italie, tu ne te souviens pas ?

Carlos se réveilla excité, entendant toujours la même phrase répétée. Il se sentait ému, amoureux, nostalgique. Comment cela pourrait-il être ? Pourquoi ressentait-il pour elle un amour qu'il n'avait jamais ressenti pour personne, pas même Isabel ? Il s'assit sur le lit, pensif. Cette femme n'existait que dans son imagination. Peut-être, pour avoir été rejeté par Isabel, aurait-il forgé cette histoire comme une compensation pour se sentir aimé. Il est allé à la salle de bain, s'est lavé le visage et est retourné au lit. Les scènes du rêve réapparurent dans sa mémoire, réveillant les mêmes émotions qu'auparavant. La sensation de réalité était très forte, lui donnant la certitude que cette rencontre avait effectivement eue lieu. Comment cela pourrait-il être? Carlos se coucha, essaya de dormir, mais les scènes du rêve revenaient sans cesse, le laissant intrigué.

Le jour commençait déjà à s'éclairer quand, fatigué, il s'endormit enfin. Cette fois sans rêves. Il s'est réveillé tard le lendemain matin, a pris une douche et est sorti chercher quelque chose à manger. Il se souvint d'Ana lui disant qu'elle appellerait dans la soirée pour lui faire savoir s'il avait eu l'interview. Il était presque midi et il avait besoin de profiter au maximum de son temps. Il est retourné à l'hôtel pour prendre ses notes et décider de ce qu'il ferait. Dans le hall, il rencontra Benito, le vendeur de cuir, qui, en le voyant, s'approcha de lui :

- Bonjour, comment ça va ? Avez-vous obtenu des contrats ?

-Bonjour. J'ai quelques possibilités. Et vous ?

La Vie Sait Mieux

-J'y travaille. Si ça se passe aussi bien que je l'espère, j'aurai une bonne coupe.

- Vous allez y arriver.

-Vous aussi. Je ne supporte plus de vivre loin de chez moi. Vous savez comment c'est, ma famille, ma ville, mes amis me manquent ! Si l'affaire est conclue, je retournerai à Milan. Ici, je suis un poisson hors de l'eau.

-En fait. Tout est très beau, la ville est magnifique, mais ce n'est pas chez nous, elle n'a pas nos coutumes. Au début, c'est excitant, mais après un certain temps, nous voulons rentrer chez nous.

- Je veux y aller dès que je pourrai apporter des cadeaux à tout le monde.

-Est-ce que ta famille est grande ?

-Il n'y a que quatre d'entre nous. Ma mère, mes deux sœurs et moi. Mon père est mort au début de la guerre dans un accident. Et toi ?

- Nous sommes aussi quatre : mes parents et une sœur. Quand j'ai expédié en Italie pendant la guerre, j'avais le mal du pays au début. Mais, au milieu des problèmes, luttant pour ma survie, je n'ai pas eu le temps de manquer ma famille et le Brésil.

-Je sais ce que c'est. Dieu merci, tout est fini et nous pouvons prendre soin de nos vies. Lors de la réunion, j'aurai ceci l'après-midi, si la réponse est positive, je reviendrai à Milan dans une semaine. J'ai hâte.

Carlos lui tapota doucement le bras de son ami en souriant :

–Ce sera positif !

La Vie Sait Mieux

Benito a dit au revoir et Carlos est allé dans sa chambre. Il voulait profiter de l'après-midi pour tenter sa chance dans une autre entreprise. Il y en avait deux autres sur sa liste et il passait son temps à leur rendre visite, sans obtenir ce qu'il voulait. Il eut faim, attrapa une collation, retourna à l'hôtel, prit une douche. Il a immédiatement attrapé un livre de français qu'il étudiait, s'est installé dans le fauteuil et a commencé à lire en attendant l'appel d'Ana.

Il était neuf heures après qu'Anne a appelé pour dire qu'il avait un entretien avec M. La Belle à dix heures le lendemain matin. Elle a recommandé qu'il soit ponctuel car son patron était très exigeant sur le calendrier. Carlos a exulté, mais a répondu d'un ton neutre qu'il serait là à l'heure convenue. Il ne voulait pas montrer trop d'intérêt.

Plus tard, quand il s'est couché, il s'est souvenu du rêve. Cela se reproduirait-il ? Il ressentait une grande euphorie rien qu'en pensant à cette possibilité. Il s'installa et resta quelque temps à se souvenir de ces moments, jusqu'à ce qu'il s'endorme. Quand il s'est réveillé le matin, il s'est souvenu du rêve et a ressenti une certaine frustration que cela ne se soit pas reproduit.

- Je me fais des illusions avec ce rêve ! Comme c'est fou ! Tout est dans mon imagination. Je ne vais plus y penser.

Il se leva, prit une douche et choisit des vêtements classiques et élégants qui, selon lui, étaient bons pour l'occasion. Cinq minutes avant dix heures, il entra dans le salon d'Ana. Le voyant arriver, elle se leva et dit :

–Comment ponctuel ! Et comme c'est élégant !

Après les salutations, elle a continué:

- Es-tu nerveux, aimes-toi prendre un café ou de l'eau avant de vous rendre à l'entrevue ?

La Vie Sait Mieux

-Merci. Je vais bien.

- Je lui ferai savoir que tu es ici.

Anne revint peu de temps après et l'invita dans le bureau de M. La Belle. C'était un homme mince, d'âge moyen, élégant et sobre. Il l'a salué sérieusement. Carlos s'est présenté, il allait parler de l'entreprise qu'il représentait, mais il l'a interrompu en disant :

-Soit bref. J'ai peu de temps. Je ne t'ai reçu que parce qu'Ana l'a demandé.

Carlos ouvrit la valise, M. La Belle désigna une table d'appoint, et Carlos, après avoir étalé le velours bleu, comme il l'avait fait avec Ana, se mit à montrer les pièces en silence. M. La Belle regardait sans bouger un muscle. Lorsqu'il eut terminé, il demanda à Carlos de tout ranger et de laisser le plus de données possibles à sa secrétaire. Il a mis fin à l'entrevue. Carlos est parti un peu déçu. Il savait que ses produits étaient excellents. Il espérait avoir une réaction, ce qui ne s'est pas produit. Dans le salon d'Ana, seul, il se déchargea :

- Je m'attendais à ce que ce soit différent. Je ne pense pas qu'il ait même regardé mon matériel en détail !

Ana sourit :

- C'est ce que tu penses ! M. La Belle est la personne la plus observatrice que je connaisse. Aucun détail ne lui échappe. En bon homme d'affaires, il ne montre jamais ce qu'il pense. Crois-moi. Il a aimé ce qu'il a vu. J'ai remarqué.

- Tu ne dis pas ça juste pour me remonter le moral ?

-Pourquoi devrais-je le faire ? Il t'a laissé exposer tout ton matériel. S'il ne l'aimait pas, il aurait mis fin à l'interview beaucoup plus tôt.

La Vie Sait Mieux

- Est-il toujours aussi formel ?

- Il sait ce qu'il fait. Il est connu en Europe comme l'un des plus grands marchands et connaisseurs de bijoux au monde.

–Comment puis-je savoir s'il était intéressé ?

- M. La Belle ne trompe personne. Il est très honnête et ne tardera pas à vous donner une réponse. Tu peux attendre.

Carlos la remercia et lui dit au revoir. Comme il n'avait rien arrangé, il est retourné à l'hôtel et, après avoir placé la valise dans le coffre-fort, est allé dans la chambre en pensant à ce qu'il allait faire. Il appela Nicolaï et lui expliqua ce qu'il avait fait et achevé :

- C'est ce que j'ai eu ici à Paris. Je ne pense pas qu'il se passera autre chose. Il y a peu d'importateurs. Je leur ai rendu visite, mais aucun résultat. Je pense voyager dans d'autres pays.

- Ne fais pas ça ! Restes là et attends. Tu as ce que je n'ai jamais eu : une interview avec La Belle ! Il est le meilleur ! S'il achète, la porte de tout notre matériel sera ouverte dans toute l'Europe !

-Tu penses ? Il n'a rien commenté, il n'a pas l'air intéressé.

-Tu ne sais rien de lui ! Bien sûr, il est intéressé ! Il a regardé votre démonstration jusqu'au bout ! Cela n'arrive que lorsqu'il aime quelque chose. Ne pars pas avant d'avoir obtenu une réponse de lui et, s'il y a quelque chose de nouveau, appelles-moi immédiatement.

-D'accord.

Carlos raccrocha pensivement. A-t-il obtenu quelque chose d'important ? Il eut faim et descendit chercher quelque chose à manger. Dans le hall, il trouva Benito, qui dit avec euphorie :

- Je ferme ma facture ! Demain, je retournerai en Italie. La réponse a été positive, nous avons fermé nos portes.

La Vie Sait Mieux

- Tu ne vas pas rester une autre semaine ?

–Je l'étais, mais le client est pressé, je ne peux pas perdre de temps. Et comment cela s'est-il passé pour vous ?

–Je ne sais pas encore. J'ai pensé que je n'y arriverais pas, à tel point que j'ai pensé partir, essayer un autre pays. Mais, d'après ce que j'ai dit à mon patron, il pense que ça pourrait marcher. On verra.

–J'ai peu de temps et beaucoup de choses à faire. Puisque je ne sais pas si je te verrai avant de partir, je vais te dire au revoir maintenant.

Benito ouvrit son portefeuille, en sortit une carte et la lui tendit en disant :

- J'ai été très heureux de vous avoir rencontré. Si un jour tu vas à Milan, n'oublie pas de me chercher. Je veux te présenter ma famille et te montrer ma belle ville.

Carlos a pris la carte et a répondu :

- J'ai été ravi de te rencontrer aussi. J'ai l'intention d'aller en Italie, oui. Dès que j'arriverai, je te chercherai. Ça peut attendre.

Après le déjeuner, Carlos est retourné dans la salle et a passé en revue l'itinéraire de voyage prévu de Nicolai. En quittant Paris, il partira vers le sud et visitera trois villes jusqu'en Italie. Ana lui a assuré que M. La Belle lui donnerait une réponse. Une fois qu'il l'aurait, il quitterait la ville. Il aimerait se promener, voir les endroits à la mode, mais il a continué à attendre le téléphone sonner. Lorsque le téléphone a sonné, il était plus de trois heures et Ana lui a donné le message :

- M. La Belle veut vous voir demain à 14 heures pour revoir ton matériel, avec une chance de passer quelques commandes. Être ponctuel.

La Vie Sait Mieux

Carlos exulta, mais se maîtrisa. Il a répondu d'un ton neutre :

-Très bien. Je vais être à l'heure.

Il raccrocha le téléphone rayonnant. C'était sa première grande victoire. Il pensa appeler Nicolai, mais décida ensuite d'attendre pour savoir s'il passerait réellement la commande et combien cela coûterait. Il a attrapé la valise de bijoux, les a arrangés avec soin, puis a saisi le catalogue où se trouvaient des informations plus complètes sur les produits, y compris le bureau où les pièces étaient assemblées. Il avait déjà tout montré dans l'entretien avec La Belle, qui ne montrait aucun intérêt. Mais cette fois, il examinerait certainement tout plus attentivement. Après avoir mis la valise dans le coffre-fort, Carlos a décidé de se promener. En marchant le long des Champs-Elysées, il a imaginé ce que ça devait être de marcher sur Paris avec les troupes de la résistance française, sous le commandement du général de Gaulle. Ensuite, il est allé voir l'Opéra. Les lumières allumées, il semblait être devant une carte postale. Ce soir-là, Carmen de Bise allait monter sur scène. Pendant un moment, il a regardé les gens élégants qui venaient assister au spectacle. Observant le luxe et les yeux brillants d'attente et de plaisir qu'ils montraient, Carlos ressentit dans l'air une certaine euphorie, une volonté d'oublier le passé et de profiter de toutes les bonnes choses de la vie.

L'après-midi suivant, à deux heures, lorsqu'il arriva à la compagnie de La Belle, Ana l'attendait déjà. Après les salutations, elle l'a immédiatement emmené dans la chambre de son patron. Cette fois, La Belle semblait plus cordiale et amicale. Il a demandé qu'on lui montre à nouveau tout le matériel. Il a séparé quelques morceaux, et ils ont commencé à discuter des prix, de leurs différences par quantité. Après l'avoir soigneusement informé de leurs possibilités d'achat et les avoir soumis au prix qu'il souhaitait payer, il a finalement fait une proposition. Le prix qu'il voulait était

La Vie Sait Mieux

bien en dessous de ce que voulait Nicolai, mais la quantité était bonne. Carlos a dit qu'il avait besoin de consulter Nicolai.

- J'ai besoin d'une réponse au plus tard demain matin. S'ils n'acceptent pas mon prix, il n'y aura pas de travail. La livraison devra être strictement dans le délai que j'ai stipulé. S'ils sont en retard, je retournerai la marchandise. Dites-leur ça.

-Très bien. J'espère vous donner cette réponse aujourd'hui.

Dix minutes plus tard, Carlos quitta nerveusement l'entreprise. Nicolai n'a jamais baissé ses prix, j'ai donc eu peur qu'il n'accepte pas de verrouiller l'entreprise. C'était une grosse commande pour Nicolai, plus, a rapporté Ana, une petite commande pour La Belle. Alors, il est arrivé à l'hôtel, a appelé Nicolai et a passé la commande. Il a tout écouté et est resté silencieux. Après quelques secondes, Carlos a demandé :

- Et, alors, allons-nous accepter la commande ?

- Rappelle-moi dans dix minutes. J'ai besoin de faire des maths.

Carlos raccrocha et pensa :

–Il n'acceptera pas. Tant de travail pour rien.

Il prit un verre d'eau, attendit anxieusement que le temps passe et rappela :

- Alors, Nicolai, qu'avez-vous décidé ?

- J'ai parlé à Yuri et nous avons décidé d'accepter la commande.

Carlos soupira de soulagement :

La Vie Sait Mieux

-Excellent. J'enverrai une copie signée de la commande tôt demain matin. N'oubliez pas que la date de livraison ne peut pas être retardée.

–Je connais la réputation de La Belle. Je sais ce qu'il fait. Les marchandises seront livrées à la date indiquée. Félicitations, Carlos. Yuri t'envoie un câlin. Tu peux célébrer.

- Merci, Nicolai. Dites à Yuri que Paris est sympa. J'aimerais qu'il soit ici avec moi pour l'apprécier.

Carlos raccrocha, soulagé. Il avait fait son premier gros problème. Il pensa à Isabel. Elle regretterait toujours de l'avoir échangé contre quelqu'un d'autre. Sa grande victoire était en route. Une quinzaine de jours plus tard, Carlos est arrivé à Milan. Alors, il s'installe à l'hôtel, appelé Benito, qui, en entendant où il logeait, dit avec enthousiasme :

- Il faut qu'on se voie ! As-tu des plans pour ce soir ?

-Non. Je viens d'arriver.

-J'ai rendez-vous maintenant, mais je te verrai en fin d'après-midi. Es-tu déjà allé à Milan ?

- J'étais en Italie pendant la guerre, mais jamais à Milan.

–C'est une ville merveilleuse ! Tu l'adoreras. Je vais t'emmener dans de nombreux endroits, te présenter ma famille, mes amis, t'emmener manger. C'est le meilleur endroit au monde !

- J'ai hâte de le voir !

Benito a continué à parler avec excitation, et Carlos a été amusé par son euphorie. Ce qu'il voulait vraiment, c'était connaître le marché, vendre ses produits. Après avoir quitté Paris, s'est arrêté à Nantes, Monaco et Bergame, a pris des contacts, a présenté ses produits, mais n'a rien vendu. Déjà Milan était une grande ville et

La Vie Sait Mieux

il espérait obtenir quelque chose de plus. Il prit une douche, s'allongea sur son lit pour se reposer, finit par se détendre et s'endormir. Il s'est réveillé à la sonnerie du téléphone. Il répondit encore un peu endormi et entendit la voix d'Inès :

- Comment vas-tu, Carlos ?

-Bien. Comment va tout le monde là-bas ?

-Comme d'habitude. Maman se plaignait de ne pas avoir appelé, papa disant que tu n'aurais pas dû voyager si loin et moi essayant d'échapper à leurs deux mauvaises humeurs. Et toi, comment ça va ?

- J'apprends à connaître le marché, j'apprends à négocier. Mais je vais bien. Dis à maman que j'ai beaucoup voyagé et travaillé. Je ne téléphone pas parce que c'est cher. Je promets d'écrire et d'envoyer des nouvelles.

-Je lui dis. Quand comptes-tu revenir ?

-Je ne sais pas. Je suis au milieu du voyage. Pourquoi ?

–Isabel a fixé une date pour le mariage. Si tu veux empêcher ce mariage, tu dois revenir le plus tôt possible.

Carlos pâlit et resta silencieux pendant quelques secondes. Inés a insisté :

- Carlos, tu as entendu ce que j'ai dit ?

-J'ai entendu.

- Et qu'est-ce que tu comptes faire ?

-Ce ne sont pas tes affaires ! Tu n'as pas besoin de m'appeler pour me donner cette nouvelle. Je raccroche.

Avant qu'elle ne puisse répondre, il raccrocha et s'assit nerveusement. Une rage absurde contre sa sœur le saisit :

La Vie Sait Mieux

- Elle n'a fait cela que par méchanceté - pensa-t-il - À dessein, pour le contredire et prouver qu'elle avait raison de dire qu'Isabel ne méritait pas son amour.

Il passa sa main dans ses cheveux en essayant de se contrôler. Il ne voulait pas perdre Isabel ! Il avait envie de faire ses valises et de rentrer immédiatement au Brésil. Il prit une profonde inspiration, but un verre d'eau, essayant de réagir, mais les paroles d'Inés ne le quittèrent pas. Le souvenir des années heureuses qu'ils aient vécues ensemble revint fort et il laissa les larmes couler librement sur son visage. Puis une grande tristesse l'envahit. Il se souvint d'Adriano, son ami décédé. L'angoisse de le voir mourir sans qu'il puisse faire quoi que ce soit réapparut fortement. Le sentiment d'impuissance le rendit de nouveau mal à l'aise. La rage de ne pouvoir rien faire pour changer la situation le déprima. Souffrir de l'impact de ce qu'Inés lui a dit lui a fait oublier où il était et tous ses projets, plongé dans sa douleur. Il ne réalisa pas combien de temps il resta ainsi, assis sur le lit déprimé, presque anesthésié, emprisonné dans ses souvenirs. La sonnette retentit plusieurs fois et Carlos frissonna, se leva et alla l'ouvrir. Benito était devant lui, souriant, bien habillé et discrètement parfumé. Il le sera joyeusement dans ses bras, en disant :

–Bienvenue dans ma ville !

Remarquant la pâleur de Carlos, il demanda avec effroi :

-Qu'est-ce qui ne va pas ? Es-tu malade ?

-Non. Pardon. Je ne me sens pas bien ... J'ai de mauvaises nouvelles et je n'ai pas encore récupéré.

Benito le serra dans ses bras :

- Que s'est-il passé, est-ce que quelqu'un est mort ?

-Plus ou moins...

La Vie Sait Mieux

- Que veux-tu dire, plus ou moins ? Quelqu'un est-il vraiment mort ?

- Elle est morte pour moi.

- Je ne comprends pas.

- Je suis désolé. Je vais te l'expliquer.

Carlos lui a raconté en détail toute son histoire. En parlant, il semblait revivre les émotions de cette époque. Et il a terminé :

- C'est à cause d'elle que j'ai réagi, que j'ai voulu devenir une gagnante. J'ai rêvé du jour où elle reconnaîtrait qu'elle m'aimait et reviendrait vers moi.

- Je sais ce que ça fait. J'ai aussi eu une déception amoureuse. Mais lorsqu'une femme n'apprécie pas notre sentiment, il vaut mieux se mettre hors de son chemin pour ne pas causer de douleur encore plus grande.

– Isabel était l'amour de ma vie !

Benito secoua la tête négativement en disant :

- Ce n'est pas vrai. Nous pouvons aimer plusieurs fois. J'en suis témoin. J'ai rencontré une femme belle et délicate qui m'aime et, maintenant, je suis amoureux d'elle. Un jour, cela t'arrivera. Je suis sûr ! Ce que tu ne peux pas faire, c'est te donner comme ça ! Sortons. Je vais vous présenter quelques amis et tu auras oublié cette nouvelle désagréable !

- Pas aujourd'hui. Je ne suis pas en état de converser avec les gens et je n'ai pas non plus la disposition de sortir.

Benito se leva:

- Rien de cela! Tu vas prendre une douche, mettre tes plus beaux vêtements et nous sortirons, d'accord ?

La Vie Sait Mieux

- Crois-moi, je ne pourrai pas ...

- Allez, tu ne vas pas me lever ! Tu te mets dans la position de victime. Ne te maltraite pas comme ça ! Profitez de ta jeunesse car ça passe vite. Cela étant, que pense-toi que tu vas accomplir en restant ici, seul, souffrant ? Tu vas te retrouver avec un énorme mal de tête.

Benito a attrapé Carlos par le bras et l'a emmené dans la salle de bain en disant:

- Allons-y, dépêche-toi. Ils disent que l'eau aide à éliminer les énergies négatives du corps. Laisse-le t'envahir et tu te sentiras mieux. J'attends, fais vite ! - Puis referma la porte et, en attendant, alluma la radio, laissant une douce musique emplir l'air.

Carlos obéit, se plaçant sous la douche, se sentant soulagé alors que l'eau ruisselait sur son corps. En enfilant sa robe, il a eu des frissons et a pensé qu'il pourrait avoir de la fièvre. En sortant de la salle de bain, il trouva Benito installé dans le fauteuil et, sur la petite table en face de lui, un plateau avec une bouteille de vin, deux verres et une assiette pleine de tranches de pain grillé recouvertes de fromage, jambon, tomate et herbes. Le voyant s'approcher, Benito saisit l'assiette et l'offrit à Carlos:

–Ce sont des *bruschettas*, une spécialité de notre ville, essayez-en une!

Carlos n'avait pas faim, mais ne voulant pas être impoli, il en attrapa un et se mit à grignoter. Benito versa du vin et lui tendit le verre en disant:

- Fêtons notre rencontre, je suis sûr que ce sera une nuit magique qui va changer ta vie!

Carlos s'assit dans le fauteuil à côté de son ami. Benito voulait lui remonter le moral et s'efforçait de ne pas le décevoir. Il

La Vie Sait Mieux

mangea le pain, prit quelques gorgées de vin et ressentit une chaleur qui le détendit. Benito a parlé avec enthousiasme des visites touristiques qu'ils feraient et des gens que Carlos allait rencontrer. Quand toutes les *bruschettas* furent terminées et que la bouteille de vin était presque à la fin, Carlos se sentit mieux.

- Sortons un peu, promenons-nous.

Carlos a accepté et ils sont sortis. La nuit était froide mais agréable. Pendant qu'ils marchaient, Benito a parlé de la ville, racontant des faits amusants sur l'occupation américaine et la façon dont les Italiens géraient la situation. Sa narration humoristique et sa manière insouciante ont distrait Carlos, le faisant oublies ses soucis. Les gens élégants marchant dans les rues et remplissant les bars et les magasins, avec leurs fenêtres illuminées, ont fait observer à Carlos:

–Il ne semble pas que ce pays ait été en guerre pendant tant d'années!

- Nous traversons tous des situations douloureuses, nous subissons des pertes irréparables, mais elles finissent, et nous voulons oublier, effacer de notre mémoire les horreurs que nous avons dû endurer.

-Il est vrai. J'ai tout fait pour oublier, mais de temps en temps, je suis toujours effrayé par les fantômes laissés derrière.

Carlos se souvint bientôt d'Adriano et une ombre de tristesse l'envahit. Benito, le sentant, passa son bras sur celui de son ami en disant:

- J'espère qu'ils ne reviendront jamais. Nous avons tous payé notre dû pour la souffrance. Désormais, seule la joie vaut la peine. Nous sommes vivants, nous sommes jeunes, nous avons de nombreuses années devant nous. Nous avons le droit d'être heureux !

La Vie Sait Mieux

Carlos soupira et ne répondit pas. Benito a poursuivi :

–J'ai appris que la tristesse nourricière attire la souffrance.

- Personne n'est triste parce qu'il le veut.

-Ça dépend. Il y a des gens qui ne regardent que le mauvais côté, dramatisent les événements, exagèrent, pensant toujours au pire. N'as-tu jamais rencontré quelqu'un comme ça ? Benito fit une grimace triste et commença à parler d'une voix mince comme s'il était une vieille femme se plaignant de la vie, disant qu'elle était victime du mal des autres. Il a immédiatement approfondi sa voix en réponse à elle, voulant la faire changer. Carlos a ri de plaisir et, à la fin, a commenté :

- Tu es un bon comédien, tu n'as jamais pensé à être acteur ?

-Dans mes jours d'école. Mais la guerre est venue et ce rêve est passé. Malgré tout, je suis toujours de bonne humeur, ce qui m'a beaucoup aidé. Je suis sûr que la bonne humeur attire les bonnes choses.

-D'où tiens-tu cette idée ?

–J'ai observé que les personnes de bonne humeur sont celles qui vivent mieux, avec plus de santé et de disposition, sont acceptées et aimées. N'as-tu pas remarqué cela ?

-En réalité. Penser comme ça ... Mais la vie nous réserve des surprises désagréables et nous ne pouvons pas toujours être heureux.

Ils traversaient une place quand Benito s'arrêta devant un banc et suggéra :

- Asseyons-nous un moment. Je veux te dire ce qui m'est arrivé pendant la guerre.

La Vie Sait Mieux

Ils se sont installés et Benito a commencé :

–J'ai été envoyé à la guerre en octobre 1943, après quelques mois d'entraînement. Comme tu dois le savoir, le peuple italien a préféré que le Duce se soit allié aux Américains. Sachant cela, les Allemands ne nous ont pas fait confiance. Ils se sont installés dans notre pays et ont commandé plus que nos généraux, ce qui a poussé beaucoup de mes compatriotes à les haïr.

- Cela est devenu clair lorsque les Américains ont envahi l'Italie. Le peuple les a accueillis comme des libérateurs.

-C'est vrai. Par une nuit noire, on nous a mis dans un train, nous avons voyagé quelques heures, et je ne savais pas où j'étais. Nous avons traversé des villes dont je ne pouvais ni lire ni comprendre les noms. Nous avons débarqué dans un petit village où nous n'entendions que le bruit des mitrailleuses.

Benito fit une légère pause, puis continua :

- Dans une auberge de campagne, où il y avait aussi un hôpital, nous nous sommes préparés à aller dans les tranchées. Notre capitaine reçut les ordres d'un capitaine allemand et, sans au moins se reposer, nous partîmes.

« En arrivant à la première tranchée, nous nous installons et restons là. Le bruit s'était arrêté, mais nous savions qu'il pourrait recommencer à tout moment. Quelques minutes plus tard, nous avons reçu l'ordre de quitter la tranchée et d'avancer. Nous sommes sortis et avons commencé C'était tôt le matin, la nuit était froide et la fumée ne nous permettait pas de voir quoi que ce soit. Nous avançons et, tout à coup, nous avons été attaqués et encerclés par l'ennemi, qui nous a attaqués de tous côtés. Au milieu des cris de douleur, le flash des bombes et le sifflement des balles, j'ai été soudainement soulevé, et le bruit a cessé. Je me suis senti léger, j'ai baissé les yeux et j'ai vu les éclairs, les combats, tout, mais je n'ai

La Vie Sait Mieux

rien entendu. J'avais l'impression de rêver. Puis j'ai pensé : je suis mort ! J'ai commencé à toucher mon corps, mais je n'ai trouvé aucune blessure et je n'ai ressenti aucune douleur. À ce moment-là, j'ai vu un homme s'approcher. Il était grand, sombre, aux cheveux gris, vêtu d'un gilet blanc Il m'a pris par le bras et m'a dit :

- Je suis Mario. Je vais t'emmener quelque part pour récupérer votre énergie.

Je me laisse aller naturellement. C'était bon de sortir de cet enfer et je me sentais très bien. Au fur et à mesure que nous continuions, je me sentais de mieux en mieux, comme je ne l'avais jamais ressenti auparavant.

- Je pense que je suis mort ! - Je pensais.

Il a entendu ma pensée et a répondu :

- Ton corps est toujours vivant, ne t'inquiètes pas.

Ravie, j'ai baissé les yeux et, parfois, j'ai vu les lumières allumées dans une ville, jusqu'à ce que nous atteignions un bâtiment. La porte s'est ouverte et nous sommes entrés.

Benito fit une pause et Carlos demanda :

- Comment est-ce possible ? As-tu endormi et rêvé au milieu d'une bataille ?

- Je te raconte comment tout cela s'est passé. Quand je suis entré dans la maison, j'ai senti que je connaissais cet endroit. Et un grand bonheur a jailli dans ma poitrine. J'ai été embrassé par des gens que je connaissais, mais je ne me souvenais pas d'où. Ensuite, j'ai été conduit dans une pièce où une dame très jolie et délicate m'a parlé pendant un certain temps. Ses mots m'ont touché. À ce moment-là, j'ai tout compris, mais maintenant je ne me souviens plus de ce qu'elle a dit.

La Vie Sait Mieux

« En quittant la pièce, Mario m'attendait.

- Je vais te ramener.

- Je ne veux pas retourner dans cet enfer. Je veux rester ici !

- Ce n'est pas encore ton heure. Allons-y.

Il m'a pris par le bras et nous nous sommes éloignés. Le jour s'était déjà levé et nous descendions. J'ai reconnu l'hôpital à côté de notre gîte. Mario m'y conduisit et, effrayé, je vis mon corps couché entre deux lits.

-Ne t'inquiète pas, m'a-t-il-dit. Tout va bien. Tu vas te réveiller, te souvenir le plus possible, mais nous serons toujours à tes côtés pour t'aider dans ta tâche. Reste avec Dieu.

Il m'a conduit vers mon corps et j'ai eu l'air de tomber. J'ai senti un poids très lourd et j'ai immédiatement ouvert les yeux. Une infirmière m'a serré la main en disant :

- Tu te sens mieux ?

J'ai mis du temps à comprendre. J'étais un peu confus. Et j'ai demandé :

- Que s'est-il passé ? Comment suis-je arrivé ici ? Je ne me souviens de rien.

- On t'a trouvé inconscient et on t'a amené ici. Tu avais l'air mort ; tu respirais à peine. Mais tu n'avais aucune blessure. Tu étais en état de choc. Nous avons essayé de te faire revivre de différentes manières, mais tu n'as aucunement réagi. As-tu généralement ce genre d'absences ?

–Je n'ai jamais eu.

- C'était ton premier combat ?

–Je me bats depuis plus d'un an ! "

La Vie Sait Mieux

Benito fit une courte pause et continua :

- Plus tard, le médecin de l'hôpital m'a parlé et a essayé de m'expliquer : j'avais eu une dépression nerveuse provoquée par la situation. J'avais des hallucinations et j'avais besoin de rester quelque temps sous observation. Ce serait dangereux de revenir en arrière au combat, car quelque chose de pire pourrait arriver. Il m'a prescrit des analgésiques et je suis resté à l'écart des combats. Je me sentais très bien et j'ai continué à aider les médecins qui soignaient les blessés jusqu'à la fin de la guerre.

- Cela peut t'avoir sauvé la vie.

- Ce n'était pas que ça. Ma vie a radicalement changé après cette nuit.

-Pourquoi ?

–Je n'ai pas accepté les explications du médecin, ni pris les analgésiques. Les événements de ce petit matin réapparaissaient forts dans ma mémoire dans les moindres détails, provoquaient de fortes émotions et j'étais sûr qu'ils s'étaient réellement produits. J'étais avec Mario, j'ai voyagé avec lui dans l'espace, je suis allé dans un endroit familier, j'ai vu des amis. Je vois cette dame me parler, mais je ne me souviens pas de ce qu'elle m'a dit.

- Tu l'as rêvé. Il y a des rêves qui semblent réels. Cela m'est arrivé.

En quelques mots, Carlos a parlé de la mort d'Adriano, des rêves qu'il avait eus à son sujet, et a terminé :

–Notre réunion a été si forte que jusqu'à aujourd'hui, quand je me souviens, je deviens émotive. Mais il est mort, et ce doit être mon imagination.

- Ce n'était pas qu'un rêve. Tu étais vraiment avec l'esprit Adriano.

La Vie Sait Mieux

- Ça ne peut pas être ...

- C'est la vérité de la vie. Notre esprit est éternel et vit après la mort. Tu peux le croire. Après ce qui m'est arrivé, Mario m'a cherché et m'a appris beaucoup de choses. Il a parlé des autres dimensions de l'univers où vont ceux qui meurent ici. Il en fait partie. Nous sommes nés sur Terre pour développer notre potentiel et apprendre à gérer nos émotions. Nous sommes libres de choisir le chemin et nous choisissons les résultats. Ainsi, entre erreurs et succès, nous évoluons, apprenant à vivre dans les lois spirituelles qui régissent la vie.

- Est-ce vraiment comme ça ? Tu me dis qu'Adriano est toujours en vie ? Mais il était très blessé. Si c'était vrai, il pourrait souffrir. Ne serait-il pas préférable d'en finir ?

Benito sourit et répondit :

–Le corps est celui qui est mort. L'esprit a été libéré et ne ressent aucune douleur.

- Dans mon rêve, il était debout, appuyé contre un arbre. Il avait l'air très mauvais, maigre, abattu, souffrant.

- Ses blessures saignaient-elles ?

- Non, mais il était en mauvaise posture, il avait l'air malade, faible.

- D'après ce que tu me dis, il doit encore souffrir des impressions de ce qui s'est passé. Il est en détresse, déprimé, confus. Tu peux l'aider.

- De quelle manière ?

–Avant de te coucher, dis une prière. Demande à Dieu de l'aider à trouver la paix. Si tu rêves à nouveau de lui, dites-lui que l'esprit est éternel et qu'il est toujours vivant, mais il souffre et a

La Vie Sait Mieux

besoin d'aide. Certes, maintenant, les esprits aidants seront déjà à ses côtés. Dites-lui d'accepter d'aller chez eux pour un traitement. Quand il ira mieux, il pourra lui-même chercher la jeune femme et l'aider d'une manière ou d'une autre. Alors tout ira bien.

Benito parlait d'une voix ferme. Il était si sûr de ce qu'il disait que Carlos commença à penser que c'était peut-être vrai : Adriano était peut-être vivant dans un autre monde. Il était submergé par une forte émotion. Il voulait connaître les détails et Benito a expliqué ce qu'il savait.

Pendant que les deux amis parlaient, Carlos ne savait pas, mais deux esprits étaient à côté d'eux. Mario et une jolie dame, aux lignes délicates et au sourire léger. Elle posa sa main sur le front de Carlos avec affection, tandis que Mario, avec Benito, l'inspirait. Benito sentit la présence de l'ami spirituel et Carlos se sentit sensibilisé, absorbant les paroles qu'il entendait, tandis que de nouvelles enquêtes apparaissaient dans son esprit et il voulait en savoir de plus en plus.

Le lendemain matin, Carlos s'est réveillé pour entendre la sonnerie du téléphone. Il a répondu au téléphone dans un état second. C'était Nicolai, qui voulait savoir comment se passait le commerce de la ville et lui donner quelques indications sur les clients potentiels. Il a recommandé d'être très prudent avec le matériau, car Milan était célèbre pour ses voleurs de bijoux, toujours prêt à attaquer. Il a tout écrit, écouté les recommandations. Après avoir raccroché le téléphone, il se sentit somnolent, car il s'était endormi très tard la nuit précédente. Mais il a résolu de réagir, de se lever, de commencer à travailler, de profiter au maximum du temps. Il a pris une douche, s'est préparé, attrapa ses notes et descendit prendre un café. Le salon de l'hôtel était plein. Après le déjeuner, il s'est arrêté à la réception et a demandé un plan de la ville. Tout de suite, il s'est assis, a tracé un itinéraire pour ses visites et s'est mis au travail.

La Vie Sait Mieux

Il est allé visiter les adresses que Nicolai lui a données, ne portant que le catalogue avec lui. Le temps passa rapidement et, alors qu'il commençait à faire nuit, il fut surpris de voir qu'il était plus de huit heures. Le temps était agréable et les rues étaient pleines de gens élégants. Carlos a vu beaucoup de belles femmes. Il a commencé à penser qu'il avait besoin d'améliorer son placard. Il demanderait à Nicolai de lui envoyer plus d'argent pour mieux s'habiller. Il est retourné à l'hôtel pour prendre une douche, repartir et mieux connaître la ville.

Dès qu'il est entré dans la pièce, le téléphone a sonné. C'était Benito, disant que sa mère l'invitait à dîner chez elle le lendemain soir. Carlos a accepté.

–Tu vas découvrir la bonne cuisine italienne ! - il a dit- Je viendrai à sept heures pour te chercher. Comment s'est passée ta journée ?

- Je me suis lancé en affaires, mais je n'ai toujours aucune idée de ce que je pourrai obtenir. J'ai aimé le mouvement. J'ai remarqué que les clients que j'ai visités ont un goût raffiné, sont très exigeants et bons pour marchander les prix.

Benito éclata de rire et répondit :

- Ce sont les Italiens. Mais si tu sais comment nouer de bonnes relations, ils sont généralement loyaux et amicaux. As-tu quelque chose de prévu pour ce soir ?

–La ville est très attractive. Je pense faire une promenade, voir le mouvement.

-Tu fais cela. Tu aimeras. Je serai occupé ce soir. Je vais voir cette petite fille dont je t'ai parlé. Demain dans la journée, si tu as besoin d'informations ou quoi que ce soit, tu veux m'appeler. Je serai au bureau toute la journée. N'oublie pas que je serai à l'hôtel pour venir te chercher à sept heures du soir.

La Vie Sait Mieux

- Je n'oublierai pas. Si j'en ai besoin, je t'appellerai. Merci à ta mère pour l'invitation.

Carlos raccrocha, se prépara et sortit dîner. Il choisit un petit restaurant élégant, mangea des pâtes, prit un verre de vin, puis alla se promener. Mais le sommeil est devenu fort et il est retourné à l'hôtel pour dormir.

Le lendemain, après avoir travaillé jusqu'à la fin de l'après-midi, il est retourné à l'hôtel pour attendre Benito. Il avait acheté des roses à offrir à la mère de son ami et un élégant blazer bordeaux, qui irait bien avec son pantalon en cachemire beige et une chemise en soie de la même couleur. Benito était très ponctuel, il louait l'élégance de Carlos. Ils sortaient et montaient dans la voiture de leur ami. Pendant le trajet, Benito a expliqué:

- Tu vas rencontrer les femmes de ma famille. Ma mère est Lucia, mes sœurs s'appellent Gina et Marta. Ce n'est que nous quatre. Mon père est mort pendant la guerre.

–Je remercie ta mère de m'avoir invité.

- Elle pense que tu dois-toi sentir loin de la maison.

Carlos ne savait pas quoi dire. Il n'avait pas vraiment le mal du pays. Il a quitté la maison très tôt, a été absent pendant une longue période et, à son retour, il n'a pas trouvé le soutien et l'affection auxquels il s'attendait.

- Elle doit être une mère formidable - dit-il pensivement.

-Elle est la meilleure au monde ! Ça y est, nous y sommes.

Ils se trouvaient devant un appartement à l'ancienne, avec des jardinières et deux portes. Benito s'arrêta devant la porte de fer derrière laquelle il y avait un escalier et sonna. Il y eut un déclic et la porte s'ouvrit.

La Vie Sait Mieux

- Allons à l'étage – invité Benito.

Lorsqu'ils atteignirent l'étage supérieur, une jeune femme, encore jeune, aux cheveux noirs, aux beaux yeux verts, le sourire aux lèvres, les embrassa. Elle rougit en recevant les fleurs, les remercia et dit :

- Allons à l'intérieur, fais comme chez toi.

La maison était spacieuse et avait un plafond haut, ce qui n'était pas perceptible de l'extérieur. Une odeur agréable flottait dans l'air. Carlos a aimé ce qu'il a vu. Le mobilier classique, le salon, les peintures, tout était vraiment agréable. Il admirait l'environnement, quand Benito a dit :

- Ce sont mes sœurs : Gina et Marta.

Carlos se retourna, vit les filles et pâlit. Ses yeux sont devenus troublés et il a pensé qu'il allait s'évanouir. Toutes les personnes présentes, effrayées, l'ont entouré. Lucia alla chercher un verre d'eau, tandis que Carlos luttait pour retrouver son calme. Il a reconnu l'une des jeunes femmes comme celle avec qui il rêvait et échangeait des serments passionnés d'amour. Petit à petit, il a commencé à se contrôler. Alors que tout le monde essayait de l'aider, Carlos, désormais plus sûr de lui, pensait : c'est elle ! Mon Dieu ! Est-ce que je suis en train de rêver ? Que m'arrive-t-il ? Comment est-ce possible ? Il ne pouvait pas dire qu'il la connaissait, qu'il la rencontrait dans des rêves passionnés. Il faisait face à une terrible coïncidence ! Il attrapa le verre avec des mains tremblantes, prit quelques gorgées voulant gagner du temps et dit :

-Pardon. Je ne sais pas ce qui s'est passé. Je pensais que j'allais perdre la raison, mais ça passe.

Benito attrapa la main de Carlos, qui ferma les yeux pendant quelques secondes et commença à mieux respirer, se sentant soulagé.

La Vie Sait Mieux

–Est-ce que vous présentez généralement ces symptômes ? - demanda Lucia avec inquiétude.

-Non. C'est la première fois que cela m'arrive ! C'est déjà passé.

Benito l'attrapa par le bras et l'emmena sur le canapé :

- Asseyez-vous, reposez-vous un peu.

Les deux jeunes femmes avaient l'air sérieuses. Benito a poursuivi :

- Tu as regardé mes sœurs et tu t'es senti mal. Que s'est-il passé ?

Carlos ne répondit pas immédiatement. Il ne voulait pas dire la vérité. Il a essayé d'être condescendant :

- La façon dont tu le dis, qu'est-ce qu'ils vont penser de moi ? - Et, en les regardant tous les deux, il continua - Faisons semblant que rien ne s'est passé.

Carlos se leva, s'approcha d'eux et leur tendit la main en disant :

- Je suis Carlos, et c'est un plaisir de te rencontrer.

–Je suis Marta, c'est un plaisir de te rencontrer !

Après avoir serré la main, elle lui a offert, Carlos s'est tourné vers Gina et, quand il a fixé ses yeux sur elle, il a senti son cœur battre fortement. Il se maîtrisa et tendit la main en disant :

- Et vous devez être Gina, je suis ravie de vous rencontrer !

Gina serra la main qu'il lui tendit et, le regardant droit dans les yeux, demanda :

- On se connaît de quelque part ?

La Vie Sait Mieux

Carlos sentit l'excitation monter. Elle se souvenait de lui aussi. Il eut envie de lui demander si elle rêvait aussi de lui, mais il se retint. Lorsqu'il sentit la chaleur de sa main dans la sienne, l'attirance qui lui revenait dans ses rêves réapparut avec force et il dut faire un effort pour agir naturellement. La conversation s'est généralisée.

Lucia était très curieuse et a posé des questions sur le Brésil. Elle a raconté comment, lorsqu'elle était encore enfant, une tante, la sœur de sa mère, était tombée amoureuse, la famille n'a pas approuvé et elle s'est enfuie avec son amant. Plus tard, ils ont découvert qu'ils vivaient au Brésil. Depuis, elle s'est intéressée au pays.

Petit à petit, Carlos est revenu à la normale, mais de temps en temps il a remarqué que Gina le regardait avec intérêt. Il sentait qu'il avait besoin de lui parler seul, de lui poser les questions qui le mettaient mal à l'aise. Il voulait comprendre ce qui se passait, comment aurait-il pu rêver d'elle avant de la rencontrer, et même ressentir autant d'excitation ?

Le dîner fut servi et la conversation se déroula joyeusement. Carlos, désormais plus aux commandes, appréciait l'atmosphère qui y régnait. Lucia était une femme intelligente, cultivée et élégante, et les deux jeunes femmes étaient très polies et amicales. L'ambiance était très agréable. Après le dîner, Benito et Carlos ont bu de l'alcool dans le salon et, tandis que Lucia et les deux jeunes filles s'occupaient de la cuisine, Carlos ne s'est pas retenu :

–Je comprends pourquoi tu as quitté Paris et préféré rentrer chez toi. Tu as une famille spéciale, très charmante.

-Je le pense aussi. C'est mon paradis. Parfois, je pense à me marier, à fonder une famille, mais en même temps, je pense que je suis si bien ! Je n'ai besoin de rien !

La Vie Sait Mieux

- Tu ne ressens pas le manque d'amour ?

- Comme je te l'ai dit, je commence à tomber amoureux. Tomber amoureux est très bien, mais se marier et se séparer peuvent mettre fin à toute relation.

Carlos a ri et a répondu :

-C'est vrai. En regardant les choses de cette façon ...

- C'est pourquoi, quand tu m'as dit que tu avais perdu ton grand amour, je t'ai dit que ça pourrait être mieux ainsi. Un jour, tu me donneras raison.

- Sur quelle base dis-tu cela ? J'ai beaucoup souffert d'avoir été rejeté, de voir tous mes rêves détruits.

- J'aime respecter ce que la vie veut. Je n'aime rien forcer. Si la vie a éloigné cette jeune femme de ta vie, c'est qu'elle te réserve quelque chose de mieux, de plus adapté à tes besoins.

-D'où tiens-tu cette idée ? La vie est le résultat de ce que nous faisons. Il n'a aucun pouvoir d'intervenir. Je décide quoi et comment je veux faire les choses.

–Alors comment expliques-tu que les résultats ne se sont pas déroulés comme prévu ?

- C'était sa faute, de ne pas avoir eu la patience d'attendre, de m'oublier et de préférer être avec quelqu'un d'autre.

- La blâmer ne clarifie rien, cela ne fait que tu faire une victime, ce qui n'est pas vrai.

–Comment n'est-ce pas vrai ? Je suis revenu prêt à remplir ma part de notre engagement. Elle n'en voulait pas.

Benito hocha la tête et dit :

La Vie Sait Mieux

–Les gens changent et elle a changé. Cela arrive avec nous tous. Elle était honnête, elle ne vous a pas trompé. Elle doit être une bonne fille.

- Au moins, elle a dit la vérité. Mais cela a jeté un seau d'eau froide sur mon enthousiasme. Pendant tout mon absence, j'ai rêvé du jour où je reviendrais et réaliserais mes projets. C'était une horrible déception. J'avais envie de faire quelque chose de fou !

-Veux-tu savoir quelque chose ? Tu n'aimais pas vraiment cette jeune femme. Ce que tu avais n'était qu'une crise d'orgueil blessé !

Carlos resta silencieux pendant quelques secondes. Il a ensuite dit :

-Est-ce vrai ?

–Bien sûr, ça l'est. Ce n'est pas facile d'être rejeté, d'être changé par quelqu'un d'autre. Mais je suis sûre qu'un jour tu t'apercevrai que c'était mieux ainsi, que la vie s'est occupée de ton bonheur mieux que tu ne l'as fait toi-même.

Carlos a ri et a répondu :

- Tu es la première personne qui me parle bien de la vie. Autant que je sache, ce monde est une vallée de larmes. La religion elle-même le proclame. En regardant toutes les souffrances du monde, la violence, les maladies, la mort, le mal, il ne suffit pas de voir la vie comme une bonne chose.

- Il suffit de regarder autour de vous pour savoir que vous êtes trompé. Tu dis cela pour cacher la vérité.

Benito regarda fermement dans les yeux de Carlos et répondit :

La Vie Sait Mieux

- Celui qui est trompé, c'est vous et tous ceux qui ne connaissent pas les mystères de la vie. Et savez-vous pourquoi ? Parce que la vie est si sage qu'elle ne les révèle qu'à ceux qui sont déjà capables de comprendre sa langue. La plupart des gens ne vivent qu'avec ce qu'ils semblent avoir, peur d'aller plus loin, de lever le bout du voile. Les religions préfèrent garder le mystère pour dominer les masses.

- Je vois que vous n'êtes pas religieux.

- Je ne le suis vraiment pas. Après ces expériences dont je vous ai parlé, j'en suis venu à croire en la spiritualité. Mario m'a beaucoup appris.

Carlos voulait poser quelques questions de plus, mais Lucia s'est approchée avec un plateau en disant :

- Voudriez-vous plus de café ?

Ils ont tous les deux accepté, elle a servi et, pendant qu'ils buvaient, elle a continué :

- Aimeriez-vous écouter de la musique ou préférez-vous parler ?

C'est Benito qui a répondu :

-Certainement ! - et, se tournant vers Carlos, dit-il - Tu aimes la musique ?

-Beaucoup !

- Alors viens avec moi, ça te plaira !

Carlos l'accompagna dans une autre très belle pièce, meublée très classe, où il y avait un piano et un violon. Benito indiqua un fauteuil à Carlos pour s'asseoir. Lucia s'assit au piano et Marta prit le violon, tandis que Gina restait à ses côtés.

La Vie Sait Mieux

- Qu'est-ce que tu aimerais écouter ? - demanda Lucia.

- Cela dépend de toi - répondit Carlos.

- Montre-lui une partie de notre musique - dit Benito - Voyons ce que nous pouvons faire.

Elle a commencé à jouer une vieille chanson italienne. Marta l'accompagna au violon puis Gina se mit à chanter. Carlos a ressenti beaucoup d'émotion. Il semblait qu'il avait déjà vécu cette scène. Gina chantait avec son âme et il semblait hypnotisé. Il ne pouvait pas la quitter des yeux, il était fasciné. Après la première chanson, Lucia a joué des chansons à la mode en Europe. Quand elle s'arrêta, Carlos ne dit rien, et tous les trois le regardèrent avec admiration.

Elle a commencé à jouer une vieille chanson italienne. Marta l'accompagna au violon puis Gina se mit à chanter. Carlos a ressenti beaucoup d'émotion. Il semblait qu'il avait déjà vécu cette scène. Gina chantait avec son âme et il semblait hypnotisé. Il ne pouvait pas la quitter des yeux, il était fasciné. Après la première chanson, Lucia a joué des chansons populaires en Europe. Lorsqu'elle s'arrêta, Carlos resta sans voix et tous les trois le regardèrent avec admiration.

- Vous êtes resté silencieux. Il me semble que vous n'avez pas aimé les chansons que nous avons présentées - a déclaré Lucia.

Carlos essaya de contrôler son émotion et répondit avec un sourire :

–Il y a longtemps que je n'ai pas assisté à un si beau spectacle ! Excusez-moi, mais j'étais en état de choc, c'était merveilleux ! Vous êtes des artistes et de très bons artistes !

Benito a ajouté :

- Eh bien, j'ai vu ta visage surpris ! Je ne m'attendais pas à ce qu'ils soient aussi bons.

La Vie Sait Mieux

- Ne prennes pas ce qu'il dit au sérieux. Comme d'habitude, il exagère ! - commenta Gina en souriant.

Elle est restée discrète tout le temps, ne parlant que de l'indispensable, mais dès qu'elle a commencé à chanter, son visage et sa posture ont changé. En prononçant ces mots, elle avait le visage expressif et rougissant, ses yeux vert brillant, elle était charmante. Carlos avait envie de la serrer dans ses bras et d'embrasser ses lèvres charnues. Avec un grand effort, il se retint :

-Ce n'est pas vrai. Tu chantes comme une déesse ; ta voix est magnifique ! - Puis, s'apercevant que les trois le regardaient malicieusement, il essaya de cacher ses sentiments et continua - Le spectacle était merveilleux ! Mme Lucia joue divinement et Marta a l'âme d'un artiste.

Ils ont continué à parler un peu plus, jusqu'à ce que Carlos se lève, regarde sa montre et dit :

- Je vais partir maintenant. Il se fait tard. J'abuse de votre hospitalité.

- Ne dis pas ça. Nous avons été ravis de votre visite. Cela m'a rappelé les soirées que nous avions avant la guerre - a commenté Lucia avec des yeux pétillants d'émotion.

-J'ai perdu la notion du temps. Je ne m'attendais pas à ce soir. Cela m'a fait sentir que la vie peut être tellement meilleure qu'elle ne l'a été.

- Tu es sûr de vouloir vraiment partir ? - Gina a demandé.

–Je ne veux pas abuser. J'ai l'intention de revenir vous voir plus souvent.

- Combien de temps comptes-tu rester à Milan ? - demanda Lucie.

La Vie Sait Mieux

–Je ne sais pas encore. Cela dépendra des affaires. Mais j'ai adoré la ville et j'essaierai de rester le plus longtemps possible.

- Ce soir était très agréable et doit être célébré - dit Benito - Avant de te ramener, je vais ouvrir une bouteille de vin et nous porterons un toast à l'avenir. Je sens que notre amitié vient d'autres temps, peut-être d'autres vies !

Carlos le regarda avec surprise, est-ce que Benito ressentait la même chose que lui ?

Il a osé dire :

- Pendant qu'ils jouaient, j'ai eu la sensation d'avoir vécu cette scène avant. Comment cela pourrait-il être ?

Benito le regarda dans les yeux et répondit :

- Nous croyons que nous avons déjà vécu d'autres vies avant celle-ci.

-Est-ce que ça pourrait être ? Quoi qu'il en soit, ce qui nous arrive est très étrange. Nous nous sommes rencontrés récemment et j'ai rencontré votre famille aujourd'hui. Mais, quand je suis arrivé ici, j'ai eu le sentiment de revoir de vieilles connaissances.

- J'ai ce sentiment depuis que je t'ai rencontré. Je n'ai aucun doute là-dessus. C'est pourquoi je vais ouvrir le vin. Je pense que nous devrions célébrer notre rencontre.

Ils retournèrent dans l'autre pièce. Benito ouvrit le vin, remplit les verres, offrit un verre à chacun d'eux, puis, levant son verre, dit :

- Que la joie de cette soirée se multiplie dans nos vies et que notre amitié soit éternelle !

Ils ont tinté des verres, ont pris quelques gorgées. Carlos posa son verre sur la table :

La Vie Sait Mieux

- Je voudrais parler de cette question, comprendre un peu plus. Mais laissons ça pour un autre jour. Tu dois être fatigué ; Je ne veux pas abuser.

Carlos ne leur laissa pas le temps de répondre, il tendit la main à Lucie et continua :

- Merci beaucoup, madame, pour la gentillesse. Cela fait longtemps que je n'ai pas passé un si bon moment.

Carlos lui baisa la main, qui sourit :

- Tant que tu es à Milan, tu es invité à venir dîner avec nous tous les soirs et, après, tu es jeune, tu peux sortir, promener. Les filles auront le plus grand plaisir à toi emmener voir notre ville.

Le visage de Carlos s'éclaira. Être aux côtés de Gina était tout ce qu'il désirait le plus. Il avait hâte de savoir si elle rêvait aussi de lui. Benito est intervenu :

-Fais-le. Même si tu as un certain engagement, ils te tiendront compagnie.

Serrant la main de Marta, Carlos dit :

- Ce sera un plaisir de sortir avec toi.

En prenant la main de Gina, Carlos frissonna et, avec un grand effort, contrôla le désir qu'il ressentait de l'embrasser. Il regarda ses yeux verts et son cœur sauta un battement. Il remarqua qu'elle frissonna et son visage rougit. Sans la quitter des yeux, il dit avec excitation :

-À demain. Tu peux compter sur ma présence ici.

- Nous attendrons - répliqua.

Benito est intervenu :

- Allez, je vais t'emmener à l'hôtel.

La Vie Sait Mieux

- Ne t'en fais pas, Benito. Je peux prendre un taxi.

- Ça ne me coûte rien de t'emmener. A cette heure, tu n'obtiendras pas de taxi. Allons-y.

Ils sont sortis et, pendant le voyage, ils ont parlé avec animation des endroits que Carlos devrait voir. Lorsqu'il entra dans sa chambre à l'hôtel, Carlos se laissa tomber dans un fauteuil, pensant à la rencontre de cette nuit-là. Même si les rencontres avec Gina dans ses rêves étaient assez fortes et lui faisaient passer des journées entières à ne penser qu'à elle, il n'avait jamais imaginé que cette femme existait dans la vraie vie. L'enquête a surgi et Carlos a formulé des hypothèses, sans parvenir à aucune conclusion. Cela semblait impossible, mais c'était arrivé. Soudain, il se souvint que, dans le dernier rêve, elle lui avait dit : "Je ne suis pas à Paris, je vis en Italie, tu ne te souviens pas ?" Tout ce qu'elle lui avait dit dans le rêve était vrai. Comment n'aurait-il pas pu y penser avant ? Ému, excité et curieux, Carlos se coucha. Le souvenir des rêves et des événements de la nuit ne lui permettait pas de se détendre et de dormir. Il se jeta et se retourna dans son lit, pensant. Le jour commençait à s'éclaircir quand, enfin, fatigué, il parvint à s'endormir.

Il était plus de onze heures lorsque Carlos se réveilla le lendemain. Il se leva précipitamment, prit une douche, eut faim. Il s'est habillé et est descendu. Le café de l'hôtel était déjà fermé et il est donc sorti. Il trouva une cafétéria, où il commanda un sandwich et un café, et s'assit pour manger. Les événements de la nuit précédente lui revinrent à l'esprit et Carlos essaya de les repousser. Il se souvint que Nicolai lui avait donné des adresses à visiter. Il a de nombreuses recommandations et il est nécessaire d'élaborer un plan de travail.

La veille, Benito lui avait parlé d'autres possibilités, et il devait le vérifier. Après le café, il est retourné dans la salle avec un

La Vie Sait Mieux

plan de la ville, s'est assis, a programmé les trois premières visites, a attrapé la mallette avec le catalogue et est sorti. Il a visité deux magasins. Dans la première, il a été accueilli par le directeur, qui semblait intéressé et a promis d'appeler après avoir parlé avec le propriétaire. Dans le second, après avoir attendu plus d'une heure, parce que le propriétaire était en train de déjeuner, il a été assisté par la secrétaire, qui, une fois qu'elle savait ce qu'il voulait, l'a informé que son patron était en réunion et a dit qu'elle appellerait lui s'il était intéressé.

Carlos se promenait dans le centre commercial de la ville, admirait les célèbres magasins, les vitrines, les produits exposés avec bon goût et classe, l'élégance des passants, habillés d'aplomb. De passage dans un café, il décida d'aller manger un morceau. Puisqu'il avait un café tard et pas de déjeuner, il avait faim, mais il était encore trop tôt pour dîner. Les tables étaient pleines et l'agitation des gens remplissait l'atmosphère. Carlos regarda autour de lui : il ne vit aucune table disponible. Il se tourna vers la sortie quand quelqu'un lui toucha le bras en disant :

-Carlos ! Que c'est bon de te voir !

C'était Marta, souriante. Elle a continué :

- Tu es sur le point de partir ?

- Oui, j'allais chercher un autre endroit. Quel plaisir de te croiser !

- Nous sommes assis là-bas, dans le coin, en train de prendre une glace. Je t'ai vu quand tu es entré. Viens t'asseoir avec nous.

Carlos l'accompagna jusqu'à la table où Gina, devant une tasse de glace, les attendait. Après l'avoir saluée, Carlos s'assit satisfait. Comme ils l'ont recommandé, il a commandé une tasse de glace et, en attendant, a commenté :

La Vie Sait Mieux

- Ce fut un grand plaisir de vous rencontrer tous les deux. La nuit dernière a été magique pour moi, merveilleuse. Je suis toujours ravi.

Gina le regarda droit dans les yeux quand il dit :

- J'ai ressenti quelque chose de différent. Il y avait vraiment quelque chose dans l'atmosphère qui me rendait nostalgique sans savoir quoi. J'ai eu l'impression de rêver !

Carlos a essayé de contrôler l'émotion et a répondu :

- Rêves-tu généralement de bonnes choses ?

Gina soupira, ferma les yeux, puis dit :

–Les rêves font partie de la vie et nous aident à passer le temps, que serions-nous sans eux ?

- Comment te sentirais-tu si un jour ces rêves se réalisaient ?

- Eh bien, j'aimerais bien, mais je pense que c'est difficile, voire impossible. Dans le rêve, nous pouvons tout faire, nous réalisons nos désirs. Dans la vie de tous les jours, nous devons contrôler nos émotions, suivre les règles, entrer dans le rôle social.

- Eh bien, je pense que la réalité vaut mieux que les rêves - intervint Marta - Je ne suis pas une rêveuse comme toi, je préfère garder les pieds sur terre. Et toi, Carlos, qu'en penses-tu ?

–J'essaie de transformer les bons rêves en réalité. C'est mon chemin.

Le serveur s'est approché, a placé la tasse de glace et un verre d'eau glacée devant Carlos qui l'a remercié. Gina le regarda sérieusement et dit :

La Vie Sait Mieux

- Si je pouvais surmonter les barrières, je ferais exactement cela.

Ils se regardèrent en silence et Marta sourit malicieusement :

–Gina, toujours rêveuse ! Elle vit en rêvant d'un inconnu et jure qu'un jour il se présentera pour la chercher ! Le temps des contes de fées est révolu depuis longtemps. Elle a systématiquement rejeté tous les prétendants. Si elle continue comme ça, elle va rester seule.

Gina rougit et répondit :

- Tu n'y crois pas, mais je suis sûre de ce que je fais.

Carlos a terminé :

- J'étais comme toi, Marta, je ne croyais pas que mon rêve se réaliserait, mais aujourd'hui je sais que j'avais tort. Dans ce monde, tout est possible !

- Qu'est-ce qui t'a fait changer d'avis ? - Marta a demandé.

- Des choses que je pensais impossibles sont arrivées. Je rêvais toujours d'une personne que je ne connaissais pas et j'échangeais des serments d'amour avec elle. Jusqu'au jour où je l'ai rencontrée et j'ai découvert qu'elle existe, qu'elle est une vraie personne.

Gina pâlit. Elle posa sa main sur son bras en disant sérieusement :

- C'est exactement ce qui m'arrive ! Comment est-ce possible ?

Carlos attrapa la main de Gina et dit avec enthousiasme :

La Vie Sait Mieux

- Gina, c'était toi dont je rêvais. Quand je t'ai vu hier, je t'ai reconnu et me suis excité, je pensais que j'allais perdre la raison, je n'avais jamais imaginé qu'un jour je te rencontrerais ! Nous devons parler, essayer de clarifier ce qui nous est arrivé. Allons dans un endroit calme et je te dirai tout.

Gina tremblait et Marta, le regardant avec surprise, réfléchit :

- Vous avez vraiment besoin de parler, pourquoi n'allez-vous pas sur la place ? Je vais rester ici, prendre ma glace et payer l'addition. Je te retrouverai plus tard.

Carlos prit la main de Gina et ils marchèrent en silence vers la place voisine. Ils ont trouvé un banc dans un endroit calme et se sont assis vers le bas. Ils se regardèrent dans les yeux et Carlos l'étreignit, l'embrassant passionnément. Elle a correspondu. Puis elle s'écarta un peu et dit :

- Carlos, que se passe-t-il entre nous ? Nous nous sommes rencontrés hier et j'ai l'impression de t'attendre toutes ces années. J'ai peur.

-Je suis heureux ! N'est-ce pas ?

Elle le regarda et ses yeux pétillèrent en disant :

-Oui. Mais, tout ce bonheur me fait peur. Je ne peux pas le comprendre ! Cela n'a pas de sens.

Carlos la serra à nouveau dans ses bras et l'embrassa avec amour.

- Ce qui compte, c'est que nous soyons ensemble ! J'ai l'impression de te connaître, je suis excité, je sais juste que c'est toi que j'aime !

La Vie Sait Mieux

Ils se sont embrassés plusieurs fois, puis sont restés en se serrant dans leurs bras en silence, sentant leurs cœurs battre. De temps en temps, Carlos caressait le visage de Gina et l'embrassait avec amour. Au bout d'un moment, Marta se rapprocha et, les voyant s'embrasser, ne se retint pas :

- Vous vous entendez bien ! Avez-vous réussi à découvrir ce qui se passe ? Je n'arrive toujours pas à y croire.

- C'est comme un miracle, ça ne peut pas être expliqué - dit Carlos - Ce que nous ressentons est très fort.

Marta secoua la tête avec hésitation :

-Calmer. Se pourrait-il que vous ne vous laissiez pas emporter par une impulsion momentanée ? Vous rêviez tous les deux de rencontres amoureuses, mais cela pourrait être juste une coïncidence, la manifestation d'un désir, une illusion. Cela ne signifie pas que vous vous aimez réellement et que vous êtes les personnages de ces rêves.

Ce fut Gina qui répondit :

-Ce n'était pas une coïncidence. Je suis sûre qu'à un moment dont je ne me souviens plus, nous étions ensemble comme nous le sommes maintenant. Le sentiment est très fort.

- Il vaut mieux rester calme. Vous pouvez être trompés tous les deux. Tu as toujours été romantique.

- Comment je souhaite qu'il en soit ainsi, un fantasme.

Gina secoua la tête négativement :

- Tu ne comprends pas. Tu ne peux pas ressentir ce que nous ressentons.

Martha s'assit à côté d'elle et commenta :

La Vie Sait Mieux

- Attention, Gina. Carlos est juste de passage. Ensuite, il partira et vous ne pouvez pas vous tromper comme ça.

Carlos lui serra la main, qu'il tenait entre la sienne, et dit :

—Je n'ai pas encore pensé à l'avenir. Je sais seulement que je ne veux plus être séparé d'elle.

Marta secoua la tête avec inquiétude. Que diraient Benito et sa mère quand ils le sauraient ? Carlos était un étranger et ils ne le connaissaient pas bien, et ils ne savaient pas non plus quelles étaient ses valeurs et ses croyances. Elle s'est levée et a dit- Il est tard, Gina. Nous devons partir. Maman doit être inquiète maintenant.

-C'est vrai. Pour moi, j'aimerais rester ici toute la nuit, mais nous devons y aller.

Gina se détourna de lui et se leva. Carlos l'a accompagnée :

- Je resterais ici toute la nuit aussi. Mais je comprends. Je voudrais t'accompagner, parler avec Mme Lucia et Benito. Dites-leur tout.

Gina posa sa main sur son bras en disant :

-J'adorerais. Mais ce n'est pas la meilleure chose à faire. Ne soyons pas précipités. Je veux le dire moi-même à maman et lui faire comprendre ce que nous ressentons. Je dois d'abord la préparer.

Carlos était d'accord. Ils marchaient en se serrant les uns les autres, les visages radieux, le cœur battant, jusqu'à l'endroit où ils se disaient au revoir et prendraient un bus. Carlos rentra à l'hôtel pensif, excité. Les émotions étaient mitigées et il ne pouvait pas retrouver son calme. Il s'assit sur le lit en essayant de se détendre. Cette situation inhabituelle était troublante. Alors qu'il ressentait un très fort sentiment d'amour pour Gina, un sentiment de peur le mettait mal à l'aise, comme si quelque chose allait se passer qui les empêcherait d'être ensemble. Il passa sa main dans ses cheveux, essayant de repousser les pensées désagréables. Ils étaient tous les deux libres et aucun obstacle ne pouvait les séparer. La famille de Gina était classe. Ils vivaient bien, mais ils n'étaient pas riches. Pour le moment, sa situation financière n'était pas très favorable, mais il était convaincu qu'avec le temps, il réaliserait ses projets et deviendrait assez riche pour pouvoir penser au mariage.

Le lendemain, il aurait une bonne conversation avec Mme Lucia et Benito et demanderait la permission de tomber amoureux de Gina. Il voulait qu'ils sachent qu'ils s'aimaient et voulaient se marier. Devoir attendre quelque temps le mariage serait une bonne occasion pour la famille de mieux le connaître. Ils l'avaient reçu chaleureusement, ce qui, d'ailleurs, leur permettrait d'approuver plus facilement la demande. Après avoir réglé cela, il s'assit à la table, prêt à planifier son travail pour le lendemain.

Au même moment, Gina était assise dans le salon et parlait à sa mère de l'affaire. Elle lui a raconté les rêves d'amour qu'elle a eu avec un inconnu qui ont provoqué de fortes émotions qui sont restées les jours suivants. Lucie écoutait avec admiration. Gina ne lui dirait jamais rien. Elle regarda sa fille avec inquiétude, voulant savoir ce qu'elle cherchait. Gina a poursuivi :

- Dans le rêve, je le connaissais et je l'aimais beaucoup, mais quand je me suis réveillée, je me suis souvenue qu'en vérité, nous ne nous étions jamais rencontrés. J'en suis venue à penser que le rêve était un fantasme dans ma tête et que l'homme n'existait pas. Mais il existe vraiment et nous nous sommes rencontrés.

Lucia leva les yeux avec admiration :

-Qu'est-ce que tu dis ? Es-tu sûre ?

La Vie Sait Mieux

-Oui. Quand je l'ai rencontré, je ne l'ai pas reconnu tout de suite. Dans le rêve, il était un peu différent, avec de vieux vêtements et ses cheveux étaient plus clairs. Malgré cela, j'ai senti que je le connaissais de quelque part et je l'ai donc vu. Mais aujourd'hui nous nous sommes rencontrés par hasard, et il m'a confié qu'il avait les mêmes rêves que moi sans jamais penser que je pourrais aussi exister. À tel point que lorsqu'il m'a vu pour la première fois, il était tellement excité qu'il a failli s'évanouir.

Lucia se rassit, le regardant avec suspicion :

- Par hasard, tu ne parles pas de Carlos, non ?

-Oui. Il a fait les mêmes rêves que moi.

- De quoi parlaient ces rêves ?

–Nous avons échangé des baisers et des caresses passionnés, en disant que nous voulions être ensemble pour toujours.

Lucia passa la main dans ses cheveux en pensant : ces rêves étaient-ils le fruit d'un fantasme ou se passait-il quelque chose qui dépassait les barrières du monde physique ?

Elle prit une profonde inspiration et demanda :

- Quelle conclusion en tirarie-tu ?

- Que nous voulons être ensemble. Carlos voulait venir ici pour parler à toi et Benito et demander la permission pour que nous soyons ensemble.

Lucia resta réfléchie pendant quelques secondes, puis dit :

- Aussi étrange que cela puisse paraître, je suis impatiente d'entendre ce que Carlos a à dire. Il peut venir parler.

La Vie Sait Mieux

Gina se leva et embrassa le visage de sa mère avec effusion :

- Merci, maman, d'avoir compris notre moment.

-Sois calme. Nous allons analyser tout cela et découvrir si cet amour spécial existe vraiment ou s'il est le résultat d'une illusion ou d'une coïncidence.

Gina soupira et répondit d'une voix ferme :

- Cette fois, rien ni personne ne nous séparera !

Ses yeux brillaient et Lucia demanda :

-Pourquoi dit-tu que ?

Gina leva les épaules :

-Je ne sais pas. J'ai juste senti que cette fois c'était pour de vrai.

Lucia la regarda sérieusement. Ses paroles l'ont intriguée. Gina disait parfois des choses inattendues et, quand cela arrivait, cela avait toujours à voir avec un événement futur. Se pourrait-il que cet amour soit une réalité en soi ? C'est ce qu'elle essaierait de découvrir et elle savait quoi faire à ce sujet.

Le lendemain matin, Lucia se leva tôt, se prépara et sortit. Elle a pris un taxi et s'est arrêtée devant un immeuble. Elle monta au deuxième étage, s'arrêta devant une porte et sonna. Une jeune femme a ouvert la porte et, en la voyant, l'a accueillie avec joie et l'a invitée à entrer.

- Entrez, Mme Lucia, la mère est dans le salon.

–Juliana, si elle travaille, je ne veux pas vous interrompre. Je peux attendre.

-Non. Elle trie quelques papiers.

La Vie Sait Mieux

Elle frappa légèrement à la porte, l'ouvrit et Lucia entra. Giovana était une grande femme potelée, cheveux courts, grande des yeux et un sourire joyeux. Voyant Lucia, elle la serra chaleureusement dans ses bras :

-Comme c'est agréable de te voir ! Comment vas-tu ?

- Bien, mais j'ai besoin de te parler.

- Assieds-toi, parlons. Comment puis-je t'aider ?

- Quelque chose d'inhabituel s'est produit. J'ai besoin de savoir s'il y a une base à cela.

-Parle-moi de ça.

- Le problème concerne Gina. Tu connais. Depuis qu'elle était petite, elle était toujours sensible, rêveuse, et tu m'as toujours dit de faire très attention avec elle.

-Qu'est-il arrivé ?

En quelques mots, Lucie a relaté les faits et a terminé :

- Elle prend ça au sérieux. Benito a rencontré ce jeune homme récemment et nous l'avons rencontré il y a seulement deux jours. Nous ne savons rien de lui. Je ne sais pas quoi faire. J'ai besoin d'aide.

- Même si c'est un cas inhabituel, j'ai l'impression qu'il se passe quelque chose. Nous allons jeter un coup d'œil.

Giovana ouvrit le tiroir de la table, attrapa une boîte et une serviette rouge, l'étala sur la table, ouvrit la boîte, prit un jeu de cartes et dit :

-Quel est son nom ?

- Carlos.

La Vie Sait Mieux

- Voyons ce que disent les cartes. Coupe trois fois avec sa main gauche.

Lucia obéit, tandis que Giovana, les yeux fermés, se concentra. Puis elle a lentement commencé à ranger les cartes sur la table. Elle ne ressemblait pas à la même personne que quelques instants auparavant. Ses yeux étaient brillants et elle se mit à parler :

- Cette affaire avait commencé il y a longtemps.

À cet instant, elle posa sa main sur le jeu de cartes sur la table et continua :

- C'est en Espagne que tout s'est passé. C'était une noble, fille d'un riche noble. Encore très jeune, son père l'a forcée à épouser un homme plus âgé pour mettre sa fortune en commun. Mais elle n'a jamais accepté le mariage. Carlos l'a rencontrée et est tombé follement amoureux. Même s'il savait qu'elle était mariée, il a tout fait pour la convaincre.

Giovana, les yeux perdus dans le temps, n'a même pas regardé les cartes sur la table :

–Carlos appartenait à une famille renommée. Son père était un ministre du roi et sa mère était liée à la famille royale. Ils étaient extrêmement fiers de leur lignée et ont promis d'épouser Carlos à la fille d'un riche seigneur, mais il a refusé. Ils ont tout fait, menaçant même de le déshériter, mais il n'a pas cédé et a quitté son domicile.

Giovana fit une légère pause. Elle soupira profondément et continua :

- Passionné par la passion, Carlos a tout fait pour conquérir Gina, qui, faute d'amour, finit par devenir son amante. Pendant quelque temps, ils se sont livrés à la forte passion qui les dominait. Carlos ne s'est pas contenté de la partager avec son mari.

Fou de jalousie, il a tout fait pour qu'elle accepte de s'enfuir avec lui. Mais elle a refusé à cause d'un petit fils qu'elle aimait beaucoup.

Giovana frissonna sur sa chaise, passa sa main dans ses cheveux, puis dit :

- C'est tout ce que je peux dire pour le moment.

Lucia écouta avec enthousiasme, les yeux humides, sentant son cœur battre, comme si elle avait participé à cette histoire, et demanda :

- S'il vous plaît, Giovana, continuez. Je sens que j'ai aussi vécu cette histoire. Je suis émue.

-Je suis vraiment désolée, ma chère, mais je n'ai aucun moyen. Mon guide spirituel se manifeste quand il le veut et je ne peux rien y faire. Mais tu as déjà eu ta réponse : leur amour n'est pas un fantasme ; il existe en fait et remonte à d'autres vies. C'est tout ce que je peux dire.

- Je reviendrai un autre jour. J'espère qu'il reviendra et tu pourras m'en dire plus.

- Viens quand tu veux, mais je ne peux rien promettre. Cependant, s'il vient et me révèle autre chose, je te le dirai.

-Merci beaucoup mon cher. Tu as un merveilleux cadeau. Pendant que tu parlais il me semblait que je regardais les scènes. Où étais-je à ce moment-là ?

- Parfois, il vaut mieux l'ignorer. La vie n'agit que pour t'aider à aller mieux et ne révèle que ce qui est nécessaire.

La Vie Sait Mieux

Sur le chemin du retour, Lucia n'arrêtait pas de penser à ce qui pourrait se passer ensuite. Quoi qu'il en soit, elle prierait fort pour que Gina, cette fois, soit heureuse.

Quand elle est revenue de la maison de Giovana, Lucia a mis Benito au courant. Il n'a pas été surpris. Après l'avoir écouté attentivement, il a dit :

- Je savais que la rencontre avec Carlos n'avait pas été le fruit du hasard. Lorsque nous nous sommes rencontrés pour la première fois, j'ai eu le sentiment de le connaître de quelque part.

- Tu verras que tu as également fait partie de cette histoire.

- C'est peut-être le cas. Mais pendant que tu parlais des révélations de Giovana, j'ai eu très peur.

-De quoi ?

- Je ne peux pas vraiment mettre le doigt dessus. C'est le sentiment qu'une grande tragédie est sur le point de nous arriver.

Lucia resta réfléchie pendant quelques secondes, puis dit :

- Cela peut être le reflet de ton passé. Si tu as un lien avec les événements de cette époque, ils sont toujours dans ton subconscient.

-Oui c'est possible. Je pense que je vais parler à Giovana. Peut-être qu'elle peut nous éclairer.

- L'important est que ce n'est pas une illusion. Par conséquent, il est préférable de tout regarder avec bon sens. Analyse la situation telle qu'elle est aujourd'hui. Quoi qu'il soit arrivé avant, la vie d'aujourd'hui nous rassemble pour le mieux.

-Il est vrai. La vie ne fait ressortir que le meilleur. Voyons ce que Carlos a à dire.

La Vie Sait Mieux

Le lendemain soir, quand Carlos est arrivé chez Lucia, il a trouvé la famille rassemblée dans le salon qui l'attendait. Gina le conduisit dans le salon et, après les salutations, il se mit au travail :

- Vous avez déjà pris connaissance de la situation. Gina et moi nous comprenons, nous nous confions nos sentiments, nous reconnaissons qu'ils sont profonds, vrais. Même si nous nous sommes rencontrés si récemment, nous n'avons aucun doute sur l'amour qui nous unit. Nous voulons être ensemble pour toujours et nous vous demandons votre approbation et votre soutien :

Lucie a répondu sérieusement :

- Je crois en ce que tu dis, mais je pense que nous devons agir avec bon sens. Vous ne vous connaissez pas bien. Nous ne nous souvenons pas clairement du passé. Vous vous êtes peut-être aimés dans d'autres vies, mais ce temps est passé. Nous ne savons même pas à quoi ressemblait votre relation. Nous n'allons pas nous précipiter dans les choses. Nous devons agir calmement.

- Maman a raison - commenta Benito - Il faut mieux se connaître. Seul le temps montrera quelle est la meilleure chose à faire.

– Je comprends. Je sais que nous devrons attendre un certain temps car pour le moment je n'ai rien à offrir. Tu sais que je recommence ma vie. Mais j'ai l'intention de travailler dur, de conquérir une bonne situation financière pour donner à Gina une vie égale ou meilleure que celle qu'elle a actuellement.

Carlos prit la main de Gina et, regardant les yeux brillants des deux, Lucia dit émue :

- D'accord, vous avez ma permission de mieux vous connaître.

La Vie Sait Mieux

Benito a accepté et Marta, à la demande de sa mère, a cherché un vin pour célébrer. Il ouvrit la bouteille, versa le vin et leva le verre en disant :

- J'espère que cet amour apportera joie et bonheur.

Tout le monde a bu et Marta a demandé :

- Que comptes-tu faire, vas-tu vivre ici en Italie ou souhaites-tu retourner au Brésil ?

Les trois le regardèrent avec inquiétude, mais Carlos sourit et répondit :

- Je n'y ai pas encore pensé. Cela dépendra de l'évolution de mon entreprise. Mais j'affirme déjà que mon plus grand souhait est de contribuer à ce que nous ayons une vie bonne, heureuse et joyeuse. Je ne ferai rien qui puisse vous apporter de la tristesse. Tu peux me faire confiance.

- Prions pour que nous puissions tous rester ensemble - dit Marta.

C'était une nuit heureuse. Carlos ne se souvenait pas d'avoir eu de si bons moments auparavant. La proximité de Gina l'a touché et le soutien de la famille l'a encouragé. Il se sentait plus fort que jamais et dans son cœur il y avait la certitude que dans cet amour il trouverait le bonheur. En quittant la maison de Gina, Carlos se sentait bien dans la vie. Il était sûr que le cauchemar des temps récents était terminé. Excité, il a fait des plans pour l'avenir.

Allongé sur son lit d'hôtel, il a imaginé ce qu'il ferait pour réaliser ses rêves. L'amour de Gina était tout ce qu'il voulait les plus. À ce moment-là, le souvenir d'Isabel était lointain et il ne pouvait plus se souvenir de l'amour de longue date qu'il jugeait ressentir pour elle.

La Vie Sait Mieux

Après que Carlos a eu quitté la maison de Lucia, Marta et Gina sont allées dans la chambre. Benito resta un peu plus longtemps pour parler avec sa mère :

- Demain après-midi, je parlerai à Giovana. Peut-être qu'elle peut m'éclairer. Quand je pense au mariage de Gina et Carlos, je ressens un certain malaise et je dois lutter contre la peur.

-Tu fais cela. Je vais l'appeler pour organiser un moment de rencontre. Nous irons ensemble. Il se peut que son guide spirituel lui ait donné plus d'informations sur ce qui s'est passé dans le passé.

Le lendemain matin, Lucia a parlé à Giovana. Elles ont accepté d'être là en fin d'après-midi.

A cinq heures précises, ils sonnèrent tous les deux la cloche de leur maison. Juliana l'ouvrit et les invita à entrer. Giovana était dans le salon en train de lire et, dès qu'elle les vit, elle se leva et les serra chaleureusement dans ses bras :

- Je savais que tu viendrais.

- As-tu découvert autre chose ?

- Oui, allons dans mon salon.

Lorsqu'ils étaient déjà assis devant elle, devant la table, elle continua :

- Cette nuit-là, quelque chose d'inattendu s'est produit. Quand je suis allée me coucher, je me suis endormie immédiatement, suis sortie de mon corps et j'ai vu l'esprit José qui m'attendait.

- Qui est Jose ?

–Mon guide spirituel. Il m'a emmené dans un magnifique parc, où il y avait un banc où nous nous sommes assis. Je me suis sentie léger et heureuse et j'ai commenté :

La Vie Sait Mieux

- Nous sommes au paradis ! Que c'est merveilleux ! J'aimerais rester ici pour toujours.

- Merci mon Dieu, ce n'est pas ton temps. Tu as beaucoup appris avec ta médiumnité, mais tu peux progresser encore plus. Nous devons parler, m'a dit Jose.

- Tu peux parler, j'écoute.

- Savez-vous bien de ce que je vais vous dire. Il s'agit du cas de Carlos et Gina. Comme je vous l'ai dit, les parents de Carlos, contrariés qu'il ait refusé d'épouser la fille qu'ils voulaient, l'ont déshérité. Mais il avait des biens et s'en moquait. Il n'avait d'yeux que pour Gina et, chaque jour de plus en plus, il insistait pour qu'elle s'enfuie avec lui. Pendant la nuit, il rôdait dans sa maison avec angoisse, fou de jalousie en l'imaginant dans les bras de son mari.

Giovana, les voyant tous les deux attendre anxieusement, dit :

–José a fait une pause et je lui ai demandé de continuer. Il m'a regardé sérieusement et a dit : "Je ne sais pas ce qui s'est passé. Je sais seulement qu'il y a eu une tragédie. Le mari de Gina a été retrouvé mort. Il y a eu un scandale et sa famille a vendu la propriété et a déménagé dans une autre ville, emmenant Gina et son fils. Carlos ne pouvait plus la trouver. Je sais seulement qu'après la mort, Carlos a cherché Gina et a réussi à la retrouver, mais ils ne sont pas restés ensemble comme ils le voulaient. Ils avaient tous les deux besoins d'améliorer leurs conditions spirituelles pour pouvoir un jour vivre côte à côte. "

Giovana se tut et Benito dit avec excitation :

- J'ai l'impression que nous avons créé cette histoire. Parfois, je regardais Gina et ressentais une oppression dans ma poitrine sans savoir pourquoi. Quand j'ai appris qu'ils se rencontraient en rêve et s'aimaient, j'ai eu très peur. J'ai le sentiment d'avoir été impliqué d'une manière ou d'une autre. José ne vous a pas parlé de nous ?

-Non. Lorsque vous étiez dans l'astral, avant de vous réincarner ensemble dans la même famille, il est probable que vous ayez pris conscience de tout. Mais maintenant, il n'est pas possible d'en savoir plus. De quoi as-tu peur ?

- C'est une sensation désagréable, comme si je savais qu'une tragédie allait se produire, accompagnée d'un sentiment de culpabilité - informa Benito.

- Quoi qu'il en soit, il vaut mieux ne pas donner de force à ces pensées. Même si vous avez contribué à cette tragédie, tout est fini. Vous avez mûri, vous vous êtes compris et vous vivez aujourd'hui à une époque très différente, avec d'immenses possibilités de réussite. Laissez-le passé derrière vous. Il ne revient pas. Vous n'avez que le moment présent pour vivre, choisir vos attitudes, faire de votre mieux et vivre une vie plus heureuse.

- Eh bien, je voudrais rester seulement dans le présent - dit Lucia - Mais, quand ces sentiments inattendus de peur et d'inquiétude surgissent et que je ne sais pas d'où ils viennent, j'ai du mal à garder la paix.

-Je vois ce que tu veux dire. Mais cela vaut la peine de réagir, de faire un effort pour ne pas donner d'importance à tout ce qui est négatif. La peur nous paralyse, nous limite, nourrit les illusions, nous fait souffrir avec des choses qui n'arriveront jamais. C'est le reflet de situations difficiles vécues dans d'autres vies, dont nous gardons encore les marques dans notre inconscient. Mais cela ne signifie pas que ces situations se reproduiront. Réfléchissez : combien de fois avez-vous eu peur de choses qui n'arriveraient jamais ?

La Vie Sait Mieux

-Vous avez raison. Concernant Gina, je ressens de l'insécurité, j'ai peur qu'elle soit malheureuse.

–Essayez d'accepter les choses naturellement. Je suis sûre qu'en connaissant mieux le jeune homme, vous vous sentirez plus confiant. Que prévoient-ils de faire ?

C'est Benito qui a répondu :

- Ils veulent se marier. Carlos a servi pendant la guerre, était prisonnier et n'a recommencé à travailler que maintenant, mais il fait un effort et promet d'offrir une belle vie à Gina.

-Tu peux lui faire confiance. Je suis sûre que vous vous entendrez très bien.

- Je l'aime vraiment bien - reconnut Lucia.

- Moi aussi - ajouta Benito.

- Prenons la main et prions pour une aide spirituelle.

Ils ont obéi et elle a continué :

- Fermez les yeux, imaginez que nous sommes assis dans un jardin fleuri et qu'une lumière très blanche descend du haut de nos têtes. Respirez lentement, détendez-vous. Nous sommes des personnes protégées par les forces divines et Dieu est notre pourvoyeur. Il est la source de tous nos approvisionnements et veut nous donner le meilleur.

Giovana fit une légère pause et continua :

–Maintenant, imaginez que vous écrivez une lettre relatant toutes vos peurs et vos doutes. Signez-le, éclairez-le et dites : « Je remets cette question entre les mains de Dieu ». C'est une bonne manière d'apaiser le cœur et de recevoir l'inspiration divine. Nous sommes reconnaissants pour tout ce que nous avons reçu à propos de cette affaire.

La Vie Sait Mieux

Giovana laissa tomber ses mains et demanda :

-Comment allez-vous ?

-Mieux. J'ai ressenti du soulagement et du bien-être - a rapporté Lucia - je me sentais léger, fluctuant. Une brise douce et agréable m'a entouré, m'apportant un grand bien-être - a commenté Benito.

–La bonté divine nous offre lumière, paix, inspiration. Il nous suffit d'ouvrir nos cœurs pour recevoir.

- Je voudrais garder ces énergies - dit Lucia.

- Chaque fois que des pensées négatives vous dérangent, réagissez, ne soyez pas impressionné ou ne leur accordez pas d'importance. Changez-les pour des choses positives et croyez qu'elles se matérialiseront.

- Je n'ai jamais pensé écrire une lettre à Dieu - a commenté Benito.

–Lorsque vous écrivez une lettre à Dieu demandant de l'aide pour vos problèmes, vous formalisez une attitude, vous reconnaissez que Dieu est la source de toutes les fournitures. En lui donnant des choses que vous ne savez pas comment résoudre, vous faites une démonstration de confiance et de foi. Ensuite, évitez de vous préoccuper à nouveau de la question, car si vous le faites, cela enlèvera la force de votre demande. Confiance. Si vous restez ferme, des changements importants pourraient bientôt commencer à se produire, apportant des réponses à vos demandes.

Benito réfléchit un peu et répondit :

–Je voudrais en savoir un peu plus sur ces énergies.

–Je peux vous prêter des livres qui analysent cette question. Mais, pour découvrir comment fonctionne la vie, il est nécessaire

La Vie Sait Mieux

d'expérimenter, d'observer comment les choses se passent, d'analyser vos croyances et de les interroger afin de découvrir dans quelle mesure elles sont vraies. Pour obtenir un bon résultat, il faut mettre de côté les préjugés et chercher la vérité où qu'elle se trouve.

- Depuis quelque temps, je suis plus sensible. Pendant la nuit, je rêve que je suis hors de mon corps, je rencontre des gens qui me sont inconnus, mais qui à ce moment-là me semblent amis. Il y a une femme qui me prend par le bras, et nous glissons ensemble dans les airs, au-dessus des maisons, des villes.

- Comment te sentes-tu dans ces moments ?

-Très bien. J'entre dans un état de sérénité, de joie, de bonne volonté. Ces émotions sont si fortes qu'elles restent vivantes pendant des jours.

- Et cette femme ne t'a pas dit son nom ?

-Je ne sais pas. Quand nous sommes ensemble, je suis conscient, mais quand je me réveille, je veux me souvenir de ce dont nous avons parlé, mais je ne peux pas.

–À chaque fois que nous dormons, notre esprit quitte le corps pour se ressourcer. La façon dont il réagit pendant cette expérience dépend du niveau spirituel qu'il possède. La sensation agréable que vous avez ressentie nous montre que votre esprit a déjà conquis un bon niveau de connaissance.

Lucia, qui écoutait attentivement leur conversation, est intervenue :

–Je rêve toujours que je suis devant une stalle en train de converser et de jouer du piano.

Giovana sourit et répondit :

La Vie Sait Mieux

- C'est parce que tu as l'âme d'un artiste, tu utilises la musique pour ouvrir la sensibilité des gens, puis t'en profites pour donner ton enseignement.

-Enseignement ? Je passe juste quelques expériences que j'ai vécues. Mais j'ai toujours ces rêves, je me sens très bien. J'ai le sentiment que je suis très aimé et je me réveille très bien disposé. L'endroit semble familier, c'est presque toujours le même, mais les gens sont différents. Tout est si réel. Je sais que cet endroit existe. Mais où en sera-t-il ?

- C'est très bien d'avoir des amis pour échanger des expériences enrichissantes comme la nôtre. La médiumnité a ouvert la porte à la spiritualité et nous a fait découvrir que nous sommes éternels et que, malgré notre immersion dans les limites du monde matériel, notre esprit est libre et peut voyager dans le monde spirituel. En plus d'embrasser des amis et d'entendre les conseils des esprits de lumière, nous avons toujours la possibilité de raconter nos expériences à ceux qui attendent le moment pour naître dans ce monde. Nous pouvons nous considérer comme des personnes bénies.

Les mots émouvants de Giovana les touchaient tous les deux. Ils se sont levés et l'ont embrassée chaleureusement. Quand l'émotion s'est calmée, Giovana a dit en souriant :

- Allons maintenant à la salle à manger pour prendre un bon café. Juliana a fait un délicieux gâteau. Je suis sûre que vous l'aimerez.

Dans la salle à manger, Juliana les a accueillis avec joie et la conversation s'est déroulée agréablement. Juliana s'était inscrite à un cours de biologie à l'université et suivait ses premiers cours. De bonne humeur, elle a raconté avec grâce et humour ses premières expériences avec ses collègues, provoquant le rire de tout le monde. Une heure plus tard, lorsque Benito et Lucia se sont dit au revoir,

La Vie Sait Mieux

ils se sont sentis sereins et confiants. Toute l'angoisse de Benito était passée. Pendant le trajet, ils bavardaient et Lucia a commenté avec satisfaction :

C'était une excellente idée de venir. Giovana est une femme merveilleuse et Juliana est adorable.

- Tu as raison, elle est lucide, éclairée et nous a aidés toute notre vie. Quant à Juliana, je pense qu'elle s'est trompée de carrière. Elle devrait étudier la psychologie. Elle est observatrice et a un sens de l'humour enviable.

- En pensant à ce que nous savions du passé, il n'est peut-être pas si simple de résoudre les problèmes laissés derrière nous. Même si nous oublions ce qui s'est passé, il y a toujours le risque que des blessures et des ressentiments persistent dans notre subconscient et nous empêchent de nous comprendre.

- Dans quelle mesure serons-nous impliqués dans ces événements ?

- Giovana a dit que le temps a passé, que nous avons tous changé et qu'aujourd'hui les choses sont différentes. Je pense qu'il est raisonnable d'oublier ce passé et de s'efforcer de mieux vivre aujourd'hui. En fin de compte, ce qui est concret, c'est que nous n'avons que le présent. Le passé est révolu, nous ne pouvons pas revenir en arrière, et l'avenir dépendra de ce que nous choisissons aujourd'hui.

- Je suis d'accord. Je vais bien maintenant et je ne veux plus avoir ces mauvais sentiments.

- Changeons de sujet pour éloigner ces énergies.

Benito acquiesça et ils continuèrent à parler de choses plus agréables. De retour à la maison, ils trouvèrent Marta, Gina et

La Vie Sait Mieux

Carlos en train de discuter dans le salon. Après les salutations, Marta dit : "Vous êtes en retard !

- Ils étaient en retard ! Où sont-ils allés ?

- Parler avec Giovana. Et vous, qu'avez-vous faite cet après-midi ? - demanda Lucia.

- J'ai étudié le violon, répondit Marta.

- J'ai arrangé ma chambre. Après l'arrivée de Carlos, nous avons parlé de la façon dont nous aimerions vivre à l'avenir - dit Gina.

Lucia réfléchit :

- Vous devez avoir faim. Je vais préparer le déjeuner. Il sera prêt dans quelques minutes.

Peu après, assis autour de la table et savourant les délicieuses friandises servies par Lucia, ils continuèrent à bavarder, chacun parlant de ce qu'il pensait de la vie, de ses rêves et de ce qu'il ferait pour conquérir le bonheur. L'ambiance est agréable, tout le monde semble détendu, à l'aise. Carlos se sentait très bien là, au milieu d'eux. Il lui semblait qu'il avait trouvé sa vraie place. Tous les malheurs qu'il avait vécus pendant la guerre, la frustration de son amour avec Isabel et le manque de soutien de leurs familles, qui lui donnaient l'impression d'être un étranger parmi eux, ne le dérangeaient plus. S'il ne tenait qu'à lui, il resterait là pour toujours.

* * *

L'après-midi est chaud et Isabel descend les escaliers en vitesse. En la voyant arriver, Laura lui demande :

- Où vas-tu si vite ?

La Vie Sait Mieux

- Gilberto doit arriver et je suis en retard. Nous allons visiter une maison qu'il veut acheter.

- N'aviez-vous pas convenu de rester dans son appartement les premiers jours ?

- Il trouve l'appartement petit. Il préfère une maison plus grande.

- Le mariage n'est plus très loin. Vous êtes occupés par les préparatifs. Il vaudrait mieux remettre cela à plus tard.

- Presque cinq mois, c'est vraiment trop court. Mais les préparatifs sont en bonne voie et sous contrôle. Il ne reste plus grand-chose à faire. Il aimait beaucoup cette maison, j'ai hâte de la voir.

La cloche sonna et Isabel alla l'ouvrir. Gilberto entra, l'embrassa affectueusement et salua Laura, qui lui dit en souriant :

–J'ai fait du jus d'orange, viens en prendre.

- Merci, mais nous l'aurons pour plus tard. L'agent immobilier est déjà à la maison et nous attend et nous sommes en retard. Quand nous reviendrons, nous parlerons.

Ils partent en parlant avec animation. Lorsqu'ils sont arrivés à la maison, Gilberto a déclaré :

–J'ai aimé cette maison. Le quartier est neuf et la maison est nouvellement construite. C'est un peu loin du centre, mais c'est spacieux et beau.

- Tu es très excité ! Et le prix ?

- C'est dans mon budget. Si tu l'aimes, je conclurai l'affaire.

La Vie Sait Mieux

Le courtier les attendait déjà. La maison était belle, isolée des deux côtés et entourée d'un jardin. Il y avait un garage, trois chambres, deux salons et d'autres divisions, tous très élégants. Isabel était ravie et Gilberto a fermé l'entreprise. La maison était prête et la clé serait disponible dès que les affaires seraient terminées. Les deux sont repartis heureux et ont imaginé comment ils aimeraient le décorer. Ils retournèrent chez Laura, qui était contente de leur enthousiasme.

–Avez-vous encore du jus d'orange que vous nous avez offert ? - Gilberto a demandé.

–Je vais en faire un bon savoureux, très vite.

Elle a quitté le salon et ils ont continué à échanger des idées sur la décoration de la maison. Ils ont bu le jus d'orange, et la conversation a continué jusqu'à après le dîner, quand Sonia les a rejoints et a voulu tout savoir. Il était onze heures passées lorsque Gilberto arriva à l'appartement. Il était fatigué mais satisfait. L'achat de la maison prendrait presque tout l'argent qu'il collectait, et la décoration devrait se faire progressivement, ce qui prendrait du temps, car il préférait acheter des pièces de qualité. Il s'apprêtait à se coucher lorsque le téléphone sonna. C'était Nivaldo :

- Excusez-moi d'avoir appelé à cette heure. J'ai essayé de te parler plus tôt, mais personne ne l'a décroché.

-Je viens juste d'arriver. Ta voix est différente, est-ce qu'il s'est passé quelque chose ?

- Ce que nous craignions est arrivé. Papa a dépensé beaucoup plus qu'il ne le pouvait et la situation est grave.

-Qu'est-ce qu'il a fait ? Expliquez-le mieux.

La Vie Sait Mieux

- J'aimerais que tu viennes ici. Je sais que c'est difficile et que tu dois être très occupé avec les préparatifs de mariage, mais maman ne va pas bien et nous avons besoin de toi.

-Est-elle malade ?

- Elle est très déprimée, indignée. J'ai peur qu'elle ne s'aggrave.

-Elle va bien. Je vais voir si je peux obtenir la permission de l'hôpital et j'irai demain.

- Elle pleure et ne peut pas en parler. J'ai besoin d'aide.

- J'irai aussi vite que possible. Tiens bon.

Gilberto raccrocha et s'assit sur le lit inquiet. Si cela ne tenait qu'à lui, Gloria aurait mis fin au mariage il y a longtemps. Il ne comprenait pas pourquoi elle avait insisté là-dessus. Il s'est couché, mais a eu du mal à dormir. Quand il s'est endormi, il a eu des rêves confus, où il se voyait sous pression et effrayé. Il s'est réveillé tôt le lendemain matin, son corps lui faisait mal. Il a pris une douche, s'est habillé et a préparé des vêtements pour le voyage. Puis il est allé à l'hôpital et a demandé à un collègue de le remplacer. Avec tout réglé, il est allé à la maison d'Isabel. Laura l'emmena dans la salle à manger, où elle prenait un café. En le voyant arriver, elle était stupéfaite :

-Gilberto ! Quelque chose est arrivée ?

En quelques mots, il lui parla de l'appel téléphonique et de son voyage à Pouso Alegre, et termina :

- Je m'inquiète pour ma mère.

-Je voudrais aller avec toi.

La Vie Sait Mieux

-Ce n'est pas nécessaire ; Tu dois travailler. Une fois sur place, je découvrirai ce qui se passe réellement, je t'appellerai et t'informerai. Je n'ai pas l'intention de rester longtemps.

Il l'embrassa sur la joue d'adieu. Laura, qui a entendu la conversation, s'est approchée :

- Quoi qu'il arrive, ne vous laissez pas prendre par ce à quoi il ressemble et essayez de rester calme. Nous allons prier et demander à Dieu de vous accompagner et de vous inspirer. Si vous avez besoin d'une aide plus directe, veuillez appeler et nous viendrons là-bas pour vous aider.

- Merci, Mme Laura. Mais j'espère que ce ne sera pas nécessaire.

Il partit et Isabel s'assit pensivement. Laura a demandé :

- Viens, ma fille. Prions et demandons à Dieu de les aider. Je sens qu'ils vont en avoir besoin. Ils se sont tenus la main, ont fermé les yeux et Laura a fait une prière sincère pour Gloria et sa famille. Quand elle a fini, elle a remercié Dieu pour son aide.

- J'ai senti que nous étions entendus - commenta Isabel - La peur a disparu.

- L'union avec Dieu renforce et rassure tout. En pensant à eux, bénissons-les et imaginons que seul le meilleur arrivera à toutes les personnes impliquées. Dieu veille sur eux et tu peux aller travailler en paix. Ne t'inquiète pas et ne t'attardes pas à imaginer quelque chose de mauvais pour ne pas alourdir davantage le problème.

- Je ferai de mon mieux, maman. Tu as raison. Dieu s'occupe de tout mieux que nous.

La Vie Sait Mieux

Il était plus de deux heures lorsque Gilberto entra dans la maison de ses parents à Pouso Alegre. Nivaldo le reçut sur le balcon et, après un câlin affectueux, il demanda :

- Et alors, comment va maman ?

- Elle est dans sa chambre depuis hier matin, date à laquelle nous sommes arrivés, et elle a découvert le problème. Je ferais mieux.

- Premièrement, j'ai besoin de savoir ce qui s'est passé.

- Parlons au bureau.

- Et papa, est-il à la maison ?

-Non. Il a disparu il y a plus d'une semaine.

Ils s'assirent au bureau et Nivaldo continua :

–Avant-hier, nous avons remis en paiement un chèque de grande valeur. Plus tard, nous avons reçu un appel téléphonique de la banque nous informant que tout l'argent de réserve appliqué à notre compte avait été retiré et qu'il n'y avait pas de solde sur le compte courant pour encaisser le chèque. Paniquée, maman a parlé au directeur, qui était autorisé à utiliser l'argent chaque fois qu'il en avait besoin et a appris que papa avait retiré la totalité du montant appliqué il y a trois jours.

- Il ne vous en a rien dit ?

- Nous avons essayé de lui parler, mais Dete a dit qu'il avait voyagé et qu'elle ne savait pas où il n'allait ni quand il reviendrait. Jusqu'à présent, il venait de donner des nouvelles. Quand nous sommes arrivés ici hier matin, j'ai appris qu'Alda avait également voyagé. Nous avons pensé qu'elle était partie avec lui.

Gilberto passa sa main dans ses cheveux, nerveux :

La Vie Sait Mieux

- Papa a perdu la tête ! Combien d'argent a-t-il pris ?

—Tout ce que nous avons collecté au cours des trois dernières années à la ferme. Le pire, c'est que nous nous retrouvons sans conditions pour maintenir désormais notre activité. Je ne sais pas quoi faire. Nous devons peut-être vendre la ferme.

Gilberto prit une profonde inspiration. Il se souvint des paroles de Laura, essaya de se calmer et dit :

- Nous n'allons pas sombrer dans le désespoir. Nous devons garder notre calme et trouver une meilleure solution. Pour le moment, il est plus urgent de s'occuper de maman.

Ils sont allés dans la chambre, sont entrés et se sont approchés du lit où Gloria était couchée. En les voyant entrer, elle se mit à pleurer, et Gilberto l'embrassa avec affection :

—Maman, réagis. Ne te laisse pas décourager. Ta santé est plus importante que tout le reste.

- Ce que je craignais le plus est arrivé. Il était inutile de rester ici pour défendre notre patrimoine. Bienvenue à tout !

—Le mal est fait et maintenant nous devrons nous en occuper et essayer de sauver ce qui reste. Ta santé et notre bien-être sont plus importants pour nous maintenant.

- C'est vrai, maman - intervint Nivaldo - Nous avons besoin de toi. Notre bonheur n'est pas dans les choses matérielles, qui sont transitoires, mais dans le fait d'être ensemble et de faire avancer notre vie.

—Nous devrons vendre la ferme que nous aimons tant et où vous avez fait un travail formidable ! Que deviendrons-nous maintenant ?

La Vie Sait Mieux

Nivaldo resta sérieux pendant quelques secondes, puis il souleva le menton de sa mère en disant :

- Regardez-moi dans les yeux et écoutez ce que j'ai besoin de vous dire: le travail à la ferme était bon et nous a aidés à endurer une situation douloureuse que nous n'aimions pas, mais nous n'étions pas heureux. Vous avez vécu déprimé et j'ai souffert impuissant en étant témoin de votre malheur. Je pensais beaucoup à ce qui nous était arrivé. J'en suis venu à la conclusion que ce changement, aussi effrayant et désagréable soit-il, nous donnera l'occasion de vivre une vie plus heureuse.

Gloria le regarda avec admiration et Gilberto, ému, observa :

-C'est vrai. Maintenant, tu es libre de ce poids. Le temps passera, tu comprendre que c'était mieux ainsi et peu à peu tu pourras reprendre le plaisir de vivre. Quand j'étais enfant, tu étais une femme joyeuse, une femme qui était bonne avec la vie, tout à fait différente de ce que tu es aujourd'hui.

–Après tant d'années à travailler et à se sacrifier pour que notre famille ait un domaine, ça faisait très mal de le voir s'évaporer comme ça. Alberto va payer cher pour cela.

–Maman, un acte répréhensible n'en justifie pas un autre. Si papa a fait une erreur, nous n'allons pas faire la même erreur et devenir comme lui. Si nous voulons avoir une vie meilleure, nous ne le jugerons pas et encore moins le condamnerons - a ajouté Nivaldo.

-Tu es une très bonne personne ; vous ne méritez pas ce qu'il nous a fait !

Nivaldo a répondu :

La Vie Sait Mieux

- Essaies de mieux voir les choses. Nous avons travaillé dur, c'est vrai, mais ce n'était pas un sacrifice, car nous aimions ce que nous faisions. En plus de ça, j'ai eu l'opportunité d'apprendre beaucoup avec lui. Maman, toutes choses ont une vie d'expiration. Rien ne dure éternellement. Il est temps de changer, d'apprendre d'autres choses. Ne te laisse pas emporter par l'orgueil. Tu as des raisons de t'indigner, mais ne te laisse pas emporter par l'orgueil. Reconnaisse que papa est comme il est et que nous ne pouvons rien faire pour changer cela. Nous allons le laisser suivre le chemin qu'il a choisi et, à partir de maintenant, nous prendrons soin de nos vies.

Gloria prit une profonde inspiration :

- C'est difficile d'accepter ça.

- Il y a des années, face à ce que papa a fait, j'ai suggéré une séparation. Nous ne pouvons pas attendre d'une personne ce qu'elle n'a pas à donner. Essaie d'accepter l'inévitable, oublie ce qui s'est passé. Tu as notre soutien et nous sommes ensemble. Soie à l'aise dans votre cœur - répondit Gilberto.

- Nous n'avons plus d'argent, nous avons des dettes, comment allons-nous payer nos fournisseurs ?

-Je vais m'en occuper. J'ai réfléchi à la situation et ce n'est pas aussi grave qu'il y paraît. L'important est que tu prennes soin de toi. - Nivaldo voulait la calmer.

–Nivaldo a raison.

Gilberto vérifia le pouls de Gloria pendant quelques secondes, puis dit :

- Tu es très agité. Tu as besoin de te reposer.

Il s'est assis, a prescrit une ordonnance et a demandé à Dete d'aller l'acheter. Puis il l'installa sur le lit, attrapa une chaise, s'assit à côté d'elle et la retint par la main. De temps en temps, Gloria

La Vie Sait Mieux

tremblait et recommençait à pleurer. Gilberto serra légèrement la main qu'il tenait et elle essaya de se contrôler. Après avoir pris le médicament, Nivaldo a posé des questions sur les préparatifs du mariage. Gilberto a poursuivi la conversation d'une manière légère et agréable. Gloria a écouté avec intérêt, est devenue plus calme et a fini par s'endormir. Les deux frères se regardèrent soulagés et Gilberto commenta :

–Elle dormira quelques heures et se réveillera mieux. Sortons pour parler.

Les deux sont allés au bureau du père et Nivaldo a clarifié :

–Le coffre-fort est ouvert. Il a tout pris.

- Y avait-il beaucoup d'argent dedans ?

-Je ne sais pas. Il laissait beaucoup d'argent à la maison.

-Je veux tout savoir.

- Nous étions à la ferme. J'ai fait un gros chèque pour payer un fournisseur et la banque ne l'a pas accepté faute de fonds. Nous avons pensé que c'était une arnaque car nous en avions assez sur notre compte courant pour couvrir le montant. Le directeur nous a dit qu'il y a une semaine, papa avait retiré tout l'argent, y compris ce qui était investi. Nous sommes immédiatement venus ici. Dete nous a dit qu'il y a une semaine, papa avait voyagé, sans dire où, ne prenant que les vêtements les plus récents. Ne voulant pas y croire, je suis allé à la banque et le gérant m'a montré les reçus. C'était ça.

- Je savais qu'un jour il nous botterait le cul, mais je ne m'attendais pas à ce qu'il soit si cruel.

-Il y a plus. Je suis allé au club et j'ai entendu qu'Alda était parti avec lui.

La Vie Sait Mieux

- J'espère qu'ils sont partis pour de bon, pour ne plus jamais croiser notre chemin. Maman a besoin de vivre en paix. Alors, comment les affaires vont-elles continuer ?

–Je n'ai pas encore eu le temps de faire une étude plus détaillée. Pour autant que je sache, nous devrons peut-être vendre la ferme. Sans capital, nous ne pourrons pas payer nos fournisseurs et équilibrer nos comptes.

Gilberto réfléchit un moment, puis dit :

- Vous adorez la ferme. Vous avez fait un excellent travail et cela a bien payé. Mais s'il ne suffit pas de le garder, vous pourrez vivre à São Paulo. J'aiderai de toutes les manières possibles.

–Je vais évaluer toutes les possibilités. Papa était la cause de cette crise, mais je sais que si nous n'avions pas eu besoin de vivre cette expérience, Dieu nous aurait sauvés. S'il nous a fait ça, il doit y avoir une bonne raison. J'ai besoin de ressentir ce que la vie veut nous apprendre avec ce défi, pour pouvoir y faire face avec succès.

Les yeux de Gilberto étaient en larmes lorsqu'il répondit :

- Ton attitude m'émeut. Je suis sûr que tu trouvas le meilleur moyen. Hier, j'ai conclu le marché avec la maison. Si j'avais su ce qui se passait, j'aurais attendu. Je n'ai presque plus d'argent. Peut-être que je peux me retirer de l'affaire.

- Tu n'as pas besoin de faire ça. Maman et moi avons de l'argent sur notre compte personnel qui nous permettra de bien vivre jusqu'à ce que nous résolvions les difficultés. Ce dont nous avons besoin maintenant, c'est la valorisation de nos actifs, pour savoir si nous pouvons en disposer. De tous nos actifs, seule la ferme dont maman a hérité avant le mariage est à son nom.

–Je ne sais pas s'ils pourront le vendre sans la signature de papa. Ils sont mariés en communautés des biens.

La Vie Sait Mieux

- La meilleure chose à faire est de convaincre maman d'essayer de légaliser la séparation.

–Elle ne pourrait pas l'accepter.

–Nous devrons la convaincre de porter plainte devant le tribunal, alléguant l'abandon du logement et demander la séparation. C'est la meilleure solution. En plus de régulariser la situation de fait, elle aura les ressources pour survivre. Je peux parfaitement prendre soin de ma vie, comme vous l'avez fait. Le plus difficile sera qu'elle accepte d'aller en justice. Aucune femme n'aime devenir une femme méprisée.

- C'est un préjugé odieux, mais personne n'est obligé de tolérer une union qui n'est pas satisfaisante. Nous avons tous le droit de prendre soin de notre bien-être et de vivre en paix. Un jour, la société devra le reconnaître.

-Tu as raison.

- Combien de temps peux-tu rester ici ?

- J'ai laissé un ami s'occuper de mes patients à l'hôpital, mais je ne pourrai pas rester longtemps.

- Dans ce cas, nous ferions mieux d'aller parler au Dr Lentini pour dissiper tout doute juridique.

- Est-ce un bon avocat ?

- Je ne le connais pas personnellement, mais j'ai entendu de bonnes références à son sujet. Nous ne pouvons pas chercher le Dr Eurico.

-Certainement pas. De plus, je ne lui ai jamais fait confiance.

Nivaldo sourit et commenta :

La Vie Sait Mieux

- C'est un signe que ton intuition est bonne. On ne peut vraiment pas lui faire confiance, mais papa a toujours préféré qu'il s'occupe de ses affaires. Si tu n'es pas fatigué, nous pourrions aller le voir maintenant. Nous gagnerions du temps.

-Bien sûr que oui. Maman dormira environ deux heures. Nous demanderons à Dete de s'occuper d'elle. Pendant que tu appelles et organise la réunion, je monte prendre une douche rapide.

Peu de temps après, les deux frères sont entrés dans le cabinet de l'avocat, qui s'est levé pour les saluer. Il avait l'air d'avoir une quarantaine d'années, très élégant, les cheveux clairs, le visage serein, et il les a salués avec courtoisie. Assis à table à côté de Gilberto et Nivaldo, il raconta rapidement les événements et termina :

- Dans cette situation, nous avons pensé qu'en officialisant la séparation et en divisant des biens, ma mère pourrait reconstruire sa vie. Nous sommes venus vous consulter pour savoir comment traiter ce cas de manière légale.

-Vous avez raison. Vous devez d'abord savoir s'il n'y a aucune possibilité pour eux de vivre à nouveau ensemble. Les faits sont récents, vous ne savez pas où il est. Qu'est-ce qu'il rentre à la maison dans quelques jours ?

- Connaissant mon père comme moi, je ne pense pas qu'il ferait ça. S'il ne s'agissait que d'une escapade, il n'aurait pas pris tout l'argent de la banque, sachant que nous avions des obligations de paiement. Ce que nous voulons, c'est savoir résoudre les problèmes sans qu'il soit présent.

- Vous pourrez intenter une action en justice alléguant l'abandon de la maison, et le juge enverra certainement un décret et

La Vie Sait Mieux

fixera un délai. Une fois ce délai écoulé, s'il n'apparaît pas, tout peut être résolu par contumace.

- C'est un soulagement de connaître cette possibilité - commenta Gilberto.

–Ma mère est très dévastée, déprimée. Gilberto est médecin ; il lui a donné un analgésique et elle a réussi à dormir. Nous ne lui avons pas encore parlé de la séparation de corps.

- Elle peut rafuser - a rappelé l'avocat.

- C'est une hypothèse - devenu Nivaldo - mais je pense que nous pourrons la convaincre. Pendant des années, ils vivaient séparément à la maison, mais elle n'a jamais voulu se séparer pour de bon. Elle croyait que si elle le quittait, il finirait avec tout le patrimoine familial. Elle a vécu tristement et plusieurs fois nous lui avons suggéré de le quitter, mais elle a jugé injuste de nous priver des biens de la famille. Maintenant, elle devra s'installer.

- Malheureusement, beaucoup de femmes supportent une telle situation, sacrifiant leur propre bonheur et croyant ainsi éviter ce qu'elles craignent, mais la vérité est qu'en nourrissant un problème, elles finissent par attirer exactement ce qu'elles essayaient d'éviter.

L'avocat a expliqué en regardant fermement dans les yeux des deux, ce qui leur a fait sentir qu'il parlait avec connaissance. Remarquant qu'ils le regardaient tous les deux pensivement et silencieusement, il continua :

–Les attitudes des gens révèlent leur vision de la vie. Lorsque nous nous intéressons à quelqu'un, il est bon de prêter attention à la façon dont cette personne pense et d'évaluer s'il est dans notre intérêt de maintenir une relation. C'est une illusion de penser qu'il ou elle pourrait changer plus tard. Cette façon de penser coûte toujours cher. Les gens ne changent que lorsqu'ils le souhaitent.

- C'est vrai, docteur - répondit Nivaldo, satisfait.

- Parlons à notre mère et, si elle accepte de porter plainte, nous aimerions que vous soyez notre avocat - dit Gilberto.

- Moi aussi - ajouté Nivaldo - Combien vous doit-on pour la consultation ?

Le Dr Lentini sourit et répondit :

–Je suis intéressé par l'élevage bovin et je suis vos recherches depuis longtemps. J'admire vos idées. Quand des jours meilleurs viendront, j'aimerais vous en parler. J'accepterai d'être l'avocat de votre famille, mais je ne vous facturerai pas la consultation. Ce fut un honneur de vous rencontrer. Indépendamment de toute autre chose, vous pouvez compter sur moi.

Les deux ont senti qu'ils avaient trouvé un ami. Ils ont été touchés et ont dit au revoir, promettant de revenir dès qu'ils auraient une réponse. Sur le chemin du retour, ils se sentiraient plus confiants et rassurés. La tempête s'est calmée et ils étaient convaincus que tout finirait bien.

Le lendemain après-midi, quand Isabel rentra du travail, Laura lui dit que Gilberto avait appelé.

- Est-ce qu'il va bien ? A-t-il dit comment les choses allaient ?

- Il voulait te parler. Il t'appellera plus tard.

-Quel dommage ! J'ai hâte d'avoir des nouvelles. Le bus a pris trop de temps et j'ai été retardé. Il n'a pas dit quand il reviendra ?

La Vie Sait Mieux

-Non. Il a dit qu'il avait fait un bon voyage et qu'il appellerait plus tard. C'est tout ce qu'il a dit.

- As-tu remarqué qu'il se sentait nerveux ?

–Je n'ai rien remarqué d'inhabituel. Nous avons parlé naturellement. J'ai essayé de contrôler mon anxiété. Dans une situation comme celle-là, ce qui aide, c'est toujours d'imaginer le meilleur.

-Tu as raison.

Isabel est allée dans sa chambre, a changé ses vêtements, s'est lavé les mains et est descendue en même temps que le téléphone a sonné. Elle répond rapidement

–Gilberto ? J'attendais impatiemment ton appel. Comment ça va ?

-Sous contrôle. Je n'ai pas appelé hier soir parce que nous n'avions pas décidé quoi faire et je ne savais pas quand je pourrais rentrer à la maison. Si tout va bien, j'y serai demain après-midi.

-Génial ! Comment va ta mère ?

–Déprimé, larmoyant, très nerveuse. Nivaldo et moi avons décidé d'essayer la séparation légale, nous avons consulté un avocat qui nous a guidés dans cette voie, qui est la meilleure. Le plus dur était de convaincre maman de déposer une plainte et de demander le divorce. L'avocat nous a aidés à la convaincre. Demain matin, je vais laisser une procuration pour qu'elle puisse signer pour moi chaque fois qu'elle en aura besoin, puis je pourrai revenir.

- Et Nivaldo, comment va-t-il ? Va-t-il vraiment devoir vendre la ferme ?

La Vie Sait Mieux

- Nous ne savons pas encore. Il doit d'abord étudier les détails, mais il est prêt à faire tout ce qui est en son pouvoir pour aider maman à traverser cette phase de la meilleure façon possible.

- Je n'attendrais aucune autre attitude de sa part. Envoie-lui un câlin et pour Mme Gloria. Dites-leur que nous prions pour que tout se passe bien. Nous nous rendons disponibles pour aider de toutes les manières possibles.

Les deux ont parlé pendant quelques minutes de plus et, après avoir raccroché le téléphone, Isabel a informé Laura des événements. Après les avoir entendus, elle a commenté:

- La meilleure chose qui puisse arriver à Gloria est de rendre la séparation officielle. Divorcer de son mari est déjà une libération. Je sens qu'à partir de maintenant, elle sera plus heureuse.

–Pourquoi est-ce qu'elle n'a pas voulu se séparer légalement ? Est-ce qu'elle l'aime toujours malgré tout ?

-Non. Cet amour est fini depuis longtemps. Il arrive qu'aucune femme ne veuille être traitée de mépris. Notre société a beaucoup de préjugés. Lorsque le mari de Lenita l'a quittée et qu'elle a divorcé, elle a traversé des situations désagréables. Nos amis sont restés loin d'eux.

-Pourquoi ?

–Les épouses craignaient qu'elle aille chez leurs maris et l'un d'eux a commencé à la harceler, mais heureusement, elle a pu sortir de la situation avec dignité. Trois ans plus tard, elle a rencontré Renato et ils se sont mariés à l'étranger.

- Ils vivent très bien. Elle était courageuse.

- Elle a fait les choses à sa manière. Elle ne se souciait pas de ce que les autres pensaient, elle agissait avec son cœur.

La Vie Sait Mieux

- Merci mon Dieu, Mme Gloria a accepté. De cette façon, elle sera libre de faire de sa vie ce qu'elle veut. Avec le temps, elle pourra peut-être se débarrasser de cette tristesse qui, de temps en temps, se reflète dans ses yeux. Auront-ils besoin de vendre la ferme ?

–Je sais qu'elle et Nivaldo aiment beaucoup la ferme, mais j'aimerais qu'ils viennent vivre à São Paulo. Ils seraient plus proches de nous. Ensuite, en restant là-bas, il sera plus difficile pour Gloria d'oublier les moments désagréables qu'elle a traversés. Il est temps de bouger, de tourner la page et de changer de scénario.

Isabel sourit et répondit :

-C'est vrai ! Une nouvelle vie a besoin de nouveaux scénarios, plus joyeux, de nouvelles amitiés, de nouveaux projets. Je vais prier pour qu'ils déménagent ici !

À Pouso Alegre, Gloria, accompagnée de ses deux fils, s'est rendue au cabinet du Dr Lentini. Assis devant l'avocat, Gilberto a signé la procuration de sa mère. Nivaldo a remis à l'avocat les documents qu'il avait demandés et a déclaré :

–Les actes relatifs aux propriétés sont manquants. Ils étaient gardés au fond du coffre-fort, mais ils ont disparu. J'imagine que papa les a emmenés avec lui, y compris l'acte original où maman est répertoriée comme héritière de la ferme.

- Dans ce cas, nous devrons en demander une copie au bureau d'enregistrement. Faites cela aujourd'hui - a dit l'avocat.

- Je veux terminer cette affaire le plus tôt possible - répondit Gloria d'une voix ferme.

- J'irai aujourd'hui - répondit Nivaldo.

Quand ils ont quitté le bureau de l'avocat, regardant le visage contracté de Gloria, Gilberto a déclaré :

La Vie Sait Mieux

- Maman, tu es pressée de résoudre ce problème. Malheureusement, cela peut prendre un certain temps. Si papa était là, tout serait résolu plus rapidement.

- Il n'a pas eu le courage de nous faire face. Il faisait toujours tout sous couverture. C'est typique de son caractère. La nouvelle s'est déjà répandue, tout le monde doit parler du scandale. C'est douloureux et humiliant. Dès que je pourrai, je retournerai à la ferme et j'y resterai. Quand ce sera fini, j'ai l'intention d'effacer ce temps de ma tête.

- Tu n'as pas à avoir honte - dit Nivaldo - Ne te laisse pas emporter par ce que les autres disent. Le mal ne mérite pas d'attention.

Nivaldo a laissé sa mère et son frère à la maison et est parti pour le bureau de l'état civil pour fournir la copie des documents. Gloria était sur le point de monter dans sa chambre, mais Gilberto la prit par le bras en disant :

- Viens t'asseoir un peu dans le salon, parlons-en.

- Je suis fatiguée, tout mon corps me fait mal. Tu ne peux pas imaginer ce que cela m'a coûté d'aller voir cet avocat. Je vais m'allonger.

- Je serai rapide. Allez.

Ils s'assirent sur le canapé. Gilberto la prit par la main avec affection et lui dit :

- Maman, je ne pense pas que ce soit une bonne idée pour toi de rester à la ferme maintenant.

- Ce sera pire ici. La ville est petite, nous sommes très connus.

La Vie Sait Mieux

- Le mieux serait que tu restes avec moi pendant un certain temps à São Paulo. Personne ne te dérangera là-bas. Outre ma compagnie, l'amitié d'Isabel et Mme Laura t'aidera à traverser tout cela de manière plus légère.

Gloria secoua la tête négativement :

- Je ne peux pas laisser Nivaldo seul pour tout résoudre. Nous ne connaissons toujours pas l'ampleur du problème.

- Tu dois prendre soin de ta santé. Nivaldo a les compétences pour tout résoudre. En plus de cela, il peut t'appeler chaque fois que nécessaire.

- Pourtant, je ne veux pas le quitter.

-Tu a besoin de te relaxer. Viens avec moi. Restes au moins deux ou trois jours, car cela te fera du bien. Tu peux revenir quand tu le souhaites. Je te ramènerai moi-même.

Gloria baissa la tête en pensant. Deux larmes coulèrent, elle se leva rapidement, prit le sac qu'elle avait laissé sur la table, en sortit un mouchoir et essuya ses larmes et se rassit la tête baissée. Gilberto leva le menton en disant :

- Maman, affronte la vérité avec courage. Suppose ce qui s'est passé et n'aies pas honte. Plus vite tu le fais, plus vite les gens l'oublieront.

Gloria le regarda et répondit :

-Tu as raison. Merci pour l'invitation, mais pour le moment, je ne peux pas voyager. Quand les choses seront plus claires, je resterai quelques jours avec toi. As-tu l'intention de revenir aujourd'hui ?

La Vie Sait Mieux

-Dès que Nivaldo revient. Outre le travail à l'hôpital, j'ai les préparatifs du mariage. Nous avons un peu plus d'un mois pour tout arranger.

- Tu as acheté une maison. C'est un bon début.

- Oui, mais maintenant nous devrons le fournir lentement, et il ne sera pas possible de tout acheter.

Alors qu'il parlait des projets qu'il avait faits avec Isabel, le visage de Gilberto s'illumina. Son enthousiasme fit oublier à Gloria son drame pendant quelques instants et se sentit plus calme. Quand Nivaldo est arrivé, les deux parlaient encore dans le salon. Plus tard, Gilberto a dit au revoir, après avoir recommandé à sa mère de continuer à prendre les médicaments qu'il lui avait prescrits et de le tenir informé. Après son départ, Nivaldo s'assit à côté de sa mère :

- La conversation avec Gilberto t'a fait du bien. Tu as l'air mieux.

–Nous avons parlé de son mariage. Il est plein de projets, très content de l'achat de la maison. Il voulait que je reste quelques jours avec lui à São Paulo, mais je ne veux pas être absent maintenant. Il y a des choses à résoudre, des décisions à prendre. Nous irons pour le mariage.

-Certainement.

–Je voudrais retourner à la ferme aujourd'hui.

- Malheureusement, ce ne sera pas possible. Nous devrons rester ici jusqu'à ce que le Dr Lentini ait mis la main sur les informations et les documents qu'il a demandés.

- Crois-tu que cela prendra du temps?

La Vie Sait Mieux

-J'espère que non. Pour planifier quoi faire, nous devrons vérifier les livres de l'administration agricole, mais ils sont là-bas. Pour voir sur quoi nous pouvons compter et planifier nos prochaines étapes, nous devrons nous y rendre le plus tôt possible.

- Si nous pouvions vendre cette maison, tout serait résolu. Nous paierions les fournisseurs et nous aurions un moyen de maintenir la ferme.

–Il n'est pas possible de vendre la maison sans la signature de papa. Mais même s'il se présente, je ne sais pas s'il voudra le vendre. Il l'a toujours aimée.

- Eh bien, je le vendrais volontiers. Je n'étais pas content ici.

Nivaldo posa sa main sur son bras, la regarda dans les yeux et dit sérieusement :

–Nous aimons la ferme, mais il vaut peut-être mieux la vendre et vivre ailleurs. Rester peut rendre difficile d'oublier ce qui s'est passé. À la ferme, même si tu étais enthousiasmée par le travail, tu n'as jamais cessé de te sentir triste.

- Tu te trompes, j'étais heureuse à la ferme.

- C'était ce que tu voulais montrer, mais, plusieurs fois, quand je t'ai approché, j'ai ressenti ton énergie de tristesse.

Gloria resta silencieuse pendant quelques secondes, puis elle dit :

–Je sens que bouger ne changera rien, car cette douleur est en moi. Partout où je vais, ça m'accompagnera.

-C'est vrai. Mais si tu te rendes dans un endroit différent, tu auras plus de conditions pour réagir, d'intéresser à d'autres sujets, ouvrir ton esprit à d'autres possibilités.

La Vie Sait Mieux

Gloria secoua la tête :

- Je ne pense pas. Je veux juste vivre en paix les années qu'il me reste. Je veux que vous réalisiez ce que je n'ai pas fait. Avoir un mariage et une famille heureux et, bien sûr, une belle vie.

–Je pensais que papa était à blâmer pour ta dépression constante. Quand tu as refusé de le quitter, j'ai imaginé que tu restais ici juste pour l'empêcher de détruire notre propriété. Mais maintenant je sens que c'est toi qui te détruis, incapable de construire une vie meilleure.

Gloria le regarda avec surprise. Il a continué :

–Je sens que tu t'es mis dans la position confortable d'une victime pendant toutes ces années, comme une créature gâtée, pour couvrir ton manque de confiance en toi. J'imaginais que, lorsque l'heure de la liberté sonnerait, tu briserais les chaînes du passé et en sortirais renouvelée, belle, libre de choisir de nouveaux chemins, comme un bourdon qui s'ouvre à la vie et se transforme en une fleur merveilleuse.

Nivaldo parla doucement, les yeux plissés, la voix un peu modifiée. Des larmes coulaient sur les joues de Gloria, qui n'osait pas l'interrompre. Il a continué :

- Réveille-toi, Gloria ! Il est temps de se débarrasser des illusions et d'accepter la réalité. Tu es un esprit éternel et créé à la ressemblance de Dieu, puissant et beau, et tu dois voir la beauté de la vie et la grandeur de l'opportunité que tu as eu à vivre dans ce monde. Tu as un plan divin pour ta vie et tu dois l'exécuter. La nature travaille en faveur de ton évolution, mais elle respecte tes décisions. Je veux que tu y réfléchisses : tu peux choisir de continuer dans cette position malheureuse, mais, si tu réagis et que tu mets ta force intérieure dans la conquête d'une vie meilleure, tu recevras tout le soutien de l'univers.

La Vie Sait Mieux

Gloria fixa Nivaldo, elle sentit une chaleur agréable, une énergie différente traversa son corps. Nivaldo a continué :

– Maintenant, allongez-vous sur le canapé.

Gloria obéit. Il posa sa main sur son front en disant :

- Maintenant tu vas te reposer un peu. Au réveil, tu te sentiras mieux. Mais ce soulagement sera temporaire. Tu vas te souvenir de tout ce dont nous avons parlé et décider comment tu vas vivre à partir de maintenant. C'est ta décision. Que Dieu soit avec toi.

Nivaldo prit une profonde inspiration, ouvrit les yeux et vit que Gloria dormait. Il s'assit sur le fauteuil à côté d'elle et fit une prière remerciant Norma pour son aide, un esprit qu'il s'était habitué à voir depuis qu'il était enfant. C'était une femme d'âge moyen dont les yeux vifs et magnétiques l'enchantaient. Chaque fois qu'il se sentait triste ou inquiet à propos de quelque chose, elle apparaissait, lui donnait des conseils et il irait bien. C'est elle qui lui a apporté l'esprit qui l'a aidé à développer ses expériences génétiques réussies à la ferme. Toujours discret, il n'a jamais parlé à personne de ces expériences. Il les accepta naturellement, avec respect et gratitude, et préféra les garder pour lui. Malgré les problèmes auxquels ils étaient confrontés, il faisait confiance à l'aide spirituelle et n'avait pas peur de l'avenir. Il se sentait fort et déterminé à relever les défis et à aller de l'avant à la recherche d'une vie meilleure.

Même s'il était la plupart du temps éloigné de son père, il sentait que la situation familiale devenait de jour en jour plus tendue. Il essaya de soutenir sa mère, essayant de lui faire oublier un peu les problèmes familiaux et éveillant son intérêt pour ses recherches, lui demandant son avis, lui faisant découvrir d'autres intérêts et percevoir que la vie avait encore beaucoup de bonnes choses à lui offrir. Mais Gloria était très résistante et, malgré tout le bien que Nivaldo essayait de lui donner, elle continuait à être obsédée par la trahison de son mari, sans même se séparer.

Pour la première fois, Nivaldo a pris conscience que Gloria, en refusant de quitter son mari et en se mettant à la place de la victime, essayait vraiment de se venger de lui. Elle l'ignorait peut-être elle-même, mais en endurant la trahison et en étant considérée comme une femme digne et dévouée, qui continuait aux côtés de son mari par amour pour la famille, elle le condamnait. Les vertus de Gloria ont rendu les glissades d'Alberto encore plus terribles. Elle était la martyre ; lui, le bourreau. C'est le sentiment de rage qui a fait vivre ce rôle à Gloria. Elle n'a jamais exprimé sa colère, ce qui n'était pas naturel dans la situation dans laquelle elle se trouvait, mais le sentiment était toujours là, influençant ses attitudes. Elle n'était pas la victime, comme elle voulait faire croire, elle punissait son mari tout ce temps. A ce moment, Nivaldo comprit que tant qu'elle ne comprendrait pas cela, elle continuerait d'être emprisonnée, souffrant de la trahison de son mari pour le reste de sa vie. Que pouvait-il faire pour l'aider ? La meilleure chose à faire était de demander l'inspiration divine. Avant de prier, elle sentit que l'esprit Norma était à ses côtés et attendit. Elle s'approcha et posa sa main sur son front en disant :

–Maintenant que tu as compris, tu seras en mesure d'agir plus efficacement. Ne t'inquiète pas. Confiance en Dieu.

–Je sens que la relation entre nous et papa est terminée et qu'il n'y a pas de retour. Mais je sais que tant qu'elle ne comprendra pas la vérité, elle continuera à être emprisonnée par lui, nourrissant le malheur. Je veux faire quelque chose, mettre fin à cette souffrance. Mon plus grand souhait est qu'elle oublie ce moment et puisse vivre plus heureuse.

- Je voudrais rendre heureux aussi tous ceux qui souffrent. Mais cela ne dépend pas de nous. Chacun a son propre processus

La Vie Sait Mieux

pour avancer et nous n'avons aucun moyen de le précipiter. Faisons confiance à la vie, qui sait mieux que nous comment conduire les gens là où ils doivent aller. La conquête du bonheur et de la responsabilité personnelle n'est pas transférable. Faisons confiance à l'avenir. Je sais que vous continuerez à la soutenir, comme toujours, et nous, vos amis spirituels, ferons de notre mieux pour les aider.

Elle fit une pause. Nivaldo sentit une énergie douce et agréable l'envelopper, et l'atmosphère devint claire et légère. Ressentant une grande sensation de bien-être, il soupira de contentement. Norma a poursuivi :

–Malgré ce dont nous avons parlé ; nous considérons le cas de Gloria comme résolu. Je dois te dire qu'il est temps de commencer à réaliser les projets personnels que tu as amenés avec toi pour la journée.

- Tu m'en a parlé. Tu parles des expériences génétiques à la ferme ? Allons-nous pouvoir continuer ?

–Il y a toujours de nombreux chemins à suivre. Nous ne pouvons pas interférer dans tes décisions. Pour cette raison, je ne peux rien révéler maintenant. Tu as oublié, mais tu sauras quand le moment sera venu. Maintenant, je dois y aller. Que Dieu te bénisse.

Elle disparut et Nivaldo ouvrit les yeux, sentant toujours l'énergie agréable qui l'environnait. À ce moment, Gloria se réveilla et le regarda, comme si elle voulait retrouver ses esprits. Puis il dit :

- Je me suis endormie involontairement, tu m'as donné un sédatif ?

Nivaldo sourit et répondit :

-Non maman. J'ai juste prié. Comment te sens-tu ?

La Vie Sait Mieux

-Soulagée. Je n'ai pas pu dormir comme ça depuis longtemps. Je pense que tu as une bonne relation avec Dieu. Tes prières me font toujours du bien.

-Tu peux faire la même chose. La prière nous relie aux esprits de lumière, apporte la paix, le bien-être.

- Parfois j'essaye, mais je n'obtiens pas le même effet que toi.

- Tu peux le faire, croie-le. J'ai faim. Allons-nous manger quelque chose ?

Ils allèrent tous les deux chercher Dete dans la cuisine.

- As-tu oublié le dîner ? - a demandé Gloria.

-Non. Quand je suis allé t'appeler, vous dormiez et j'ai décidé d'attendre. Tout est prêt, je vais le réchauffer rapidement.

Pendant qu'ils se lavaient tous les deux les mains, elle a réchauffé la nourriture et, en quelques minutes, ils mangeaient tous les deux avec appétit.

✯ ✯ ✯

Carlos a quitté l'aéroport avec ses bagages et est parti à la recherche d'un taxi. Sur le chemin du retour, il s'est senti joyeux, satisfait de pouvoir compter ses victoires. Pendant les quatre mois où il était parti, sa vie avait radicalement changé. S'il réussissait à faire de bonnes affaires, il gagnait de l'argent. Benito lui a présenté quelques bijoutiers, apportant son livre d'échantillons, mais il n'a pas réussi à faire de bonnes affaires. Ils voulaient des nouveautés, mais Nicolai ne voulait pas innover. Voyant que Carlos était inquiet, Benito suggéra :

–Pourquoi tu ne crées pas toi-même des bijoux différents ?

La Vie Sait Mieux

Au début, Carlos l'a ignoré, mais Gina et Marta ont insisté pour qu'il le fasse. Pour l'encourager, les deux ont conçu des pièces, et lui, plus pour leur plaire, a fait de même. Tout le monde était enthousiasmé par le résultat et a suggéré à Carlos de les montrer aux acheteurs. Carlos a aimé les pièces mais n'était pas enthousiaste. Cependant, pour ne pas les décevoir, il a accepté de les montrer aux acheteurs qui, à sa grande surprise, les aimaient et voulaient les acheter. Carlos a promis de revenir avec des prix pour conclure l'affaire. Il était probable que Nicolai n'accepterait pas cette demande parce qu'il ne voulait pas innover. Alors, que doit-il faire ? Benito connaissait deux orfèvres et a emmené Carlos voir leur travail, car il savait qu'ils pouvaient accepter les commandes. Ils étaient tous les deux très bons, ils allaient donc former un partenariat et démarrer une nouvelle entreprise prometteuse. Carlos et les deux jeunes femmes concevaient les modèles, les faisaient fabriquer et les vendaient. Carlos avait proposé l'entreprise à Nicolai, mais comme prévu, il n'a pas accepté. Il ne voulait pas s'aventurer à lancer les bijoux et à les faire fuir ce qui était considéré comme classique.

Pendant près de deux mois de travail, ils ont découvert qu'ils étaient sur la bonne voie. Les quatre d'entre eux ont ouvert une joint-venture et les résultats ont dépassé les attentes. Excités, Carlos et Gina ont fixé une date pour le mariage. Déterminé à se marier et à vivre en Italie pour de bon, Carlos est retourné au Brésil pour parler à la famille et à Nicolai officialisant sa décision. Il était heureux. Il se sentait plus connecté à la famille de Gina qu'à la sienne. Avec eux, il pouvait parler d'art, de musique, de beauté, entre autres sujets qui lui procuraient du plaisir, ce qui ne se produisait pas lorsqu'il était avec sa famille.

En plus de cela, sa rencontre inattendue avec Gina a éteint l'oppression que le rejet d'Isabel lui causait. Benito disait : «La vie est sage et fait toujours ce qu'il faut». Si au retour de la guerre Isabel

La Vie Sait Mieux

l'attendait, il l'aurait épousée. Mais que serait-il arrivé lorsque Gina est apparue dans sa vie après le mariage ? Il se serait mis dans une situation désagréable. Il savait qu'il ne pourrait pas résister à la tentation qu'il ressentait pour Gina, qu'il céderait à la passion et qu'il ferait souffrir Isabel. Il parlait à Lucia, ouvrait son cœur sur sa déception amoureuse et comment il s'identifiait à elle et à toute sa famille, au point de se sentir plus heureux à ses côtés qu'avec ses propres parents. Il a dit :

–Notre rencontre n'a pas été le fruit du hasard. On ne se fait pas facilement des amis. Avec toi, c'était différent. Vous êtes entré chez nous et dans nos cœurs comme si vous y étiez depuis toujours. Je suis sûre que notre amitié vient d'autres vies.

Ils ont parlé de la vie après la mort, de la réincarnation et de la communication avec ceux qui sont partis naturellement, ce qui fait que Carlos se souvient d'Adriano et a commencé à éveiller sa spiritualité. Un soir, il a été invité à assister à une réunion chez Giovana. Carlos préféra ne pas y aller, mais Lucia lui demanda si sérieusement de les accompagner qu'il accepta. Ce fut une rencontre inoubliable. Giovana les a chaleureusement accueillis et les a conduits directement dans l'autre salle, où se tiendrait la réunion. Outre la famille de Lucia et Giovana, il y avait leur fille Juliana et un couple à qui Carlos a été présenté.

- Asseyons-nous, il est temps de commencer.

Ils s'installèrent tous autour de la table, où il y avait des livres, des papiers, des crayons. Sur une table d'appoint, il y avait un vase avec des fleurs fraîches, un plateau avec un pichet d'eau et des verres. La pièce était éclairée par une douce lumière rouge et la musique était douce. Giovana commença à parler :

–Nous voulons remercier Dieu pour toutes les bénédictions que nous avons reçues et saluer nos amis spirituels qui sont ici, prêts à nous aider à trouver le chemin de la lumière. Enveloppés

La Vie Sait Mieux

par les énergies du monde matériel, nous ne nous souvenons souvent pas que nous sommes des esprits éternels séjournant temporairement ici, et nous ne parvenons pas à réaliser les projets de progrès que nous sommes venus ici chercher. Les leçons que nous avons reçues d'amis spirituels nous rappellent le monde spirituel et nous ont beaucoup aidés. Nous sommes prêts à écouter les leçons de ce soir avec affection et gratitude.

Tout le monde était silencieux et la musique continuait de vibrer dans l'air. Soudain, Carlos se sentit angoissé, il eut envie de se lever, mais il se maîtrisa. Assise en face de lui, l'une des femmes s'est renversée sur sa chaise, a pris une profonde inspiration et a dit :

-Carlos, enfin on peut parler !

Carlos frissonna, sentant des frissons traverser son corps. La peur le paralyse. Elle a continué :

- C'est moi, Adriano, tu ne te souviens pas ? Aujourd'hui j'ai pu venir te parler. Pendant longtemps, je t'ai cherché, mais tu as eu peur en me voyant. J'étais désespéré, ne sachant pas où aller, comment soigner les blessures qui me mettaient mal à l'aise. Les infirmières voulaient m'emmener, mais j'avais tellement peur. Une nuit, j'étais dans un endroit très triste, entendant les gémissements des blessés et le cliquetis des mitraillettes, ne sachant pas où me cacher, je me suis jeté à terre et j'ai demandé à Dieu de me faire sortir de cet endroit. Ensuite, j'ai été transporté dans un champ et, quand j'ai regardé autour de moi, j'ai vu Anete, une jolie fille, tendre la main.

Il s'arrêta de parler et, dans le silence qui suivit, outre la musique, j'entendais à peine la respiration émue des gens et les sanglots de Carlos, qui ne pouvait contenir son émotion. Il a continué :

La Vie Sait Mieux

- Je suis ici pour te remercier pour tout ce que tu as fait pour moi dans le moment le plus triste de ma vie et pour te dire que, bien que tu aies demandé de chercher Anete, cela ne sera pas possible car elle aussi avait déjà quitté la Terre. L'hôpital de campagne où elle travaillait a été touché par une bombe. Aujourd'hui, elle vit dans une communauté et moi dans une autre. Mais j'essaie de m'améliorer et, dans peu de temps, je pourrai vivre là-bas à côté d'elle. Elle me rend visite tout le temps et nous sommes heureux. Tu étais mon ami et compagnon et je prie pour que tu sois très heureux et que tu vives en paix.

Elle se tut et Giovana prit le relais.

–Nous voulons remercier les amis spirituels pour l'aide que nous avons reçue. Encore une fois, ils nous apporteront la preuve que nous sommes éternels et que la mort du corps n'est que l'usure d'une machine intelligente et parfaite, créée par la source divine pour nous donner les conditions pour vivre sur Terre et enrichir notre esprit. Nous avons remercié Dieu et avons terminé notre rencontre.

Juliana a allumé la lumière. Gina tenait la main de Carlos, qui avait du mal à contrôler ses émotions. Se souvenant de cette nuit, Carlos se sentit ému. L'assurance de l'immortalité a jailli dans son cœur, ouvrant les portes de l'éternité et donnant un sens plus large à sa vie. Chaque semaine, il assistait aux réunions chez Giovana. Avec son aide, Carlos se consacre à l'étude de la vie et de la mort, changeant radicalement sa façon de penser. Chez Lucia, où tout le monde partageait ces idées, il a commencé à se sentir plus à l'aise, plus intégré. Là, les conversations étaient toujours transcendantes, et l'atmosphère de respect et d'affection dans laquelle elles interagissaient l'ont inspiré à devenir plus optimiste et à ressentir plus de plaisir à vivre.

La Vie Sait Mieux

Le taxi s'arrêta devant sa maison et Carlos regarda autour de lui, satisfait. Il est sorti, a payé le taxi, a sonné. Albertina ouvrit la porte et, voyant son fils, son visage s'illumina :

-Carlos ! Tu es de retour ! - s'exclama-t-elle en le serrant dans ses bras avec excitation.

Quand elle se calma, elle recula un peu et le regarda avec une attention soutenue :

- Comme tu es beau, fringant !

- Je vais très bien, maman. Et vous les gars, comment allez-vous ?

-Vivant. Comme d'habitude. Tout est pareil ici. Il ne se passe rien.

Carlos a mis la valise à l'intérieur de la maison et Albertina a fermé la porte, le regardant avec curiosité. Elle ne s'est pas retenue :

- Qu'est-ce qui t'es arrivé, mon fils, tu ressembles à quelqu'un d'autre!

Il sourit de bonne humeur.

-Je le fais bien.

- Quand tu as appelé en disant que tu revenais, je n'y croyais presque pas. Tu m'as tellement manqué. J'ai réparé ta chambre.

- Et papa et Inés, comment vont-ils ?

-Comme d'habitude. Ils travaillent. Ils reviendront bientôt. Tu dois être fatigué du voyage. Tu voudras peut-être te reposer.

-Je vais bien. Mais prenons les sacs dans la pièce.

La Vie Sait Mieux

Ils montèrent tous les deux à l'étage. Carlos a ouvert l'une des valises, en a sorti quelques paquets et les a remis à sa mère en disant :

-Ceux-ci sont pour toi. J'espère que tu les aimes !

- Tu n'en avais pas besoin ! Ta présence me suffit !

Carlos posa ses deux mains sur ses épaules, la regarda fermement dans les yeux et répondit :

- Oui, j'en avais besoin. Tu as toujours pris soin de moi avec tant d'affection, tu mérites bien plus que ces choses.

Les yeux d'Albertina se remplirent de larmes et il la serra dans ses bras en souriant :

- Et tu ferais mieux de t'y habituer car, à partir d'aujourd'hui, j'ai l'intention de te donner beaucoup plus.

L'émotion l'a empêchée de répondre et Carlos a continué :

- Allons en bas et tu pourras préparer un café, ceux que tu seul sais le faire !

Ses yeux pétillaient en répondant :

- Tu dis ça juste pour me plaire ! J'ai imaginé les bonnes choses que tu as vécues en Europe ! Après ton voyage, j'ai acheté deux livres et j'ai lu sur les pays que tu as visités. J'étais curieuse, je voulais voir la France et l'Italie. D'après ce que j'ai lu ; il ne semble même pas qu'ils aient traversé cette guerre cruelle.

- Je ne savais pas que tu t'intéressais à ces pays.

–Je voulais avoir une idée de l'endroit où tu étais. J'ai vu comment certains des endroits ont été laissés après la guerre, tous détruits par les bombardements, j'ai été étonné de la vitesse de la reconstruction et des progrès !

La Vie Sait Mieux

–Un jour j'aurai le plaisir de te montrer tous ces endroits.

Les yeux d'Albertina le regardaient avec émotion :

-Moi ?! Pense-toi que c'est possible ?

-Bien sûr que oui. Maintenant, tu ne vas pas me faire un café ? Et nous pouvons nous asseoir, nous devons parler.

–Il n'a pas besoin d'être maintenant. Tu dois être fatigué. Repose. Nous parlerons plus tard.

-Non maman. Ça va mieux maintenant. Je préfère avoir cette conversation avec toi avant l'arrivée de papa et Ines. C'est une question pour nous deux.

Elle a accepté. Peu de temps après, ils étaient assis côte à côte sur le canapé, savourant un café et un gâteau qu'elle avait préparé pour l'attendre. Ils ont bu le café, Carlos a placé la tasse sur le plateau et lui a pris la main affectueusement en disant :

- L'histoire que je vais vous raconter devra rester entre nous. J'ouvrirai mon cœur parce que je sais que tu me comprendre.

Albertina le regarda sérieusement et répondit :

-Très bien. Tu peux me le dire.

Carlos a commencé à parler de sa souffrance avec le rejet d'Isabel, son désir de se venger, de lui prouver qu'il pouvait gagner dans la vie et la reconquérir. Puis il lui a raconté la mort d'Adriano, ses rêves passionnés d'une femme, son amitié avec Benito et la surprise de rencontrer la femme qu'il avait vue dans ces rêves, Gina. Il lui a parlé de son travail et de son partenariat d'affaires avec Benito et les sœurs, de Giovana et de la croyance en l'éternité de l'esprit. Enfin, il lui a révélé la décision de se marier et de partir vivre en Italie. Albertina a tout écouté attentivement, ressentant chaque émotion du fils bien-aimé, qui a continué à lui serrer la main. Lorsqu'il se tut, les yeux brillants d'émotion, elle le serra étroitement et silencieusement dans ses bras. Elle se méfiait de parler et de briser ces moments magiques qu'ils vivaient. Ils sont restés comme ça pendant quelques secondes, puis Carlos a dit :

-Merci de m'écouter. Je sens que j'ai été compris. Je savais que tu serais heureux de me voir si bien.

Albertina soupira et répondit :

-Tu as raison. Tu as parfaitement le droit de poursuivre ton bonheur. Je suis heureuse de savoir que tu as pu accepter les changements que la vie te réservait et que tu as compris que c'était mieux ainsi. J'avais espéré que tu serais venu pour rester un peu plus longtemps, mais d'un autre côté, j'aime déjà Gina et toute cette famille qui t'a reçu avec amour, comme un fils.

- Ne sois pas triste parce que j'ai décidé de vivre loin. Je viendrai toujours vous rendre visite et j'espère que toute la famille pourra venir à mon mariage. Je crois que nos liens d'amour continueront d'exister pour toujours. Tu m'as donné l'opportunité de naître de nouveau sur Terre. Je dois à notre famille une dette de gratitude que je ne pourrai jamais rembourser. J'aimerais que tu le sache.

-Je le sais, mon fils. Malgré l'incrédulité de ton père et d'Inés, j'ai toujours cru que la vie continuait. Parfois, quand les choses ne vont pas bien ici à la maison, sans que personne ne le sache, je vais dans un centre spirite pour prier, demander de l'aide. Et ça vient toujours.

- Ce serait bien si tu pouvais prendre papa aussi.

–Il dit qu'il ne croit en rien. Si je lui dis, il peut même m'interdire d'y aller.

La Vie Sait Mieux

- Laissez-le-moi. Je sais comment le faire. Je vais chercher un bon endroit pour les emmener.

- Ce serait bien pour eux de partir. Au centre, ils ne parlent que de bonté, donnent de bons conseils, aident tout le monde. Si Inés partait, peut-être qu'elle arrêterait de se plaindre autant, cesserait de penser mal aux autres. Elle pense toujours au pire.

–C'est pourquoi sa vie n'avance pas. Quiconque donne de la force à ce qui est négatif attire le mal dans sa vie.

-C'est ce que je pense. Si seulement elle pouvait être plus optimiste ...

- Voyons ce que je peux faire.

- Combien de temps comptes-toi rester ici ?

–Je ne sais pas encore, mais je ne peux pas retarder à cause des affaires. Donc, dès que je réglerai ce que je dois faire, j'irai. Maintenant je vais monter, prendre une douche.

- Et je vais préparer le dîner. Bientôt, ils seront là et, comme d'habitude, ton père n'aime pas attendre.

Albertina alla pensivement à la cuisine. Bien qu'elle ait été attristée par la décision de Carlos de vivre hors du pays, tout ce qu'il lui a dit lui a fait comprendre que les choses allaient au bon endroit. Dieu entendrait ses prières. Pendant les cinq années où il était absent, elle a prié chaque nuit en demandant à Dieu de le protéger. Son retour lui fit sentir que ses prières avaient été exaucées. Et, quand Carlos s'est révolté face au rejet d'Isabel, prévoyant de se venger d'elle, elle a eu peur qu'il donne suite à ce qu'il avait dit. Elle se rend au centre spirite pour demande de l'aide a Sonia, une médium qui la réconforte toujours avec des messages de ses guides spirituels. Ils lui ont demandé de faire confiance à la sagesse de la vie, qui fait toujours toutes les bonnes choses. Elle

La Vie Sait Mieux

avait confiance, et maintenant elle avait la preuve qu'ils avaient raison. Carlos était destiné à retrouver le grand amour des autres vies. Il était écrit que, cette fois, ils seraient heureux. Elle se souvint du guide spirituel de Sonia lui disant :

"Calmez votre cœur et faites confiance à la bonté divine. Pensez que votre enfant ne va pas bien, et cette phase est temporaire. Aidez-nous en mentalisant la lumière sur lui."

À partir de ce jour, Albertina s'est efforcée d'améliorer son schéma de pensée. Quand de mauvaises pensées, des sentiments de peur, surgissaient dans son esprit, elle se souvenait de ces mots et prenait une photo de Carlos, encore un adolescent, dans laquelle il souriait, heureux, puis elle priait, imaginant que des rayons de lumière tombaient sur lui d'en haut.

Inés est apparue dans la cuisine en demandant :

- Alors, maman, est-ce que Carlos est encore là ?

-Oui. Nous parlions il y a peu de temps, et maintenant il est allé prendre une douche.

Inés approché :

-Comment est-il ? A-t-il dit des nouvelles ?

-Oui il l'a fait. Il va très bien.

-Qu'est-ce qu'il t'a dit ?

- Il va vous le dire lui-même.

- Je veux juste voir son visage quand il apprend qu'Isabel se marie dans une semaine.

- Ne soit pas méchante.

-La vérité doit être racontée. Il a dit qu'il gagnerait beaucoup d'argent et la reconquerrait. Rien de tout cela ne s'est produit. Elle

La Vie Sait Mieux

va épouser ce médecin. Ils achèteront une maison, tout est prêt. Carlos a déjà perdu.

Albertina se mordit les lèvres et ne répondit pas. À quoi cela servirait-il ?

- Je vais monter et me laver. Le dîner va-t-il durer longtemps ? Papa devrait venir et il n'aime pas attendre.

- C'est presque prêt. Va te laver et reviens pour mettre la table. J'ai acheté des fleurs ; Je veux que tout soit beau.

–Il a toujours été ton favori. tu accordes toujours plus d'attention à celui qui vit toujours à l'extérieur, tandis que moi, qui t'aide toujours, je suis reléguée à l'arrière-plan.

Albertina a ri et a répondu :

- Arrêtes d'être un bébé. Pourquoi agisses-tu comme ça ?

Inés ne s'attendait pas à cette réponse et, irritée, monta à l'étage pour se laver. Quand elle est descendue peu de temps après et est allée mettre la table, elle a vu que sa mère avait mis de côté les sets de table qu'elle utilisait pour les visiteurs, les meilleurs verres en porcelaine et en cristal. Un peu plus tard, Albertina est allée vérifier l'arrangement, et, devant le regard sérieux d'Inés, elle a changé certaines choses. À ce moment-là, Antonio est entré, a raccroché son chapeau et est allé les saluer en leur demandant :

- Est-ce que Carlos est là encore ?

- Oui, papa, je suis là. Comment vas-tu ?

- Bien - répondit Antonio.

Carlos descendit inaperçu, et tous les regards se tournèrent vers lui, qui était très élégant dans un pantalon de flanelle cendré et une chemise en soie beige. Il serra son père et sa sœur dans ses bras, qui le regardèrent avec admiration. Puis il attrapa deux paquets qu'il avait laissés sur une chaise et les leur tendit.

-J'espère que tu aimes. C'est la dernière mode en Italie.

Ils ont tous deux ouvert leurs cadeaux. Pour Ines, un chemisier en laine vert foncé et, pour son père, un portefeuille et une ceinture en cuir véritable. Leur regard admiratif errait entre les beaux cadeaux et Carlos, qui semblait avoir été transformé en étranger. Tous deux remercièrent avec une sorte de révérence, ce qui fit sourire Albertina, entrevoyant leur surprise d'entendre ce que Carlos avait à leur dire. Carlos a remarqué un certain obstacle en eux et a essayé de ne pas les interrompre. Au cours du dîner spécial qu'Albertina a soigneusement préparé, il a parlé des pays qu'il visitait, de leurs coutumes, de leurs beautés et des progrès qui étaient partout. De temps en temps, ils posaient une question ou une autre, à laquelle Carlos répondait avec facilité. Après la conversation d'après-dîner, ils allaient au salon. Dès qu'ils s'assirent, Inés ne perdit pas de temps :

-Tu te débrouilles très bien. Je ne sais pas si c'était une bonne idée de venir au Brésil maintenant.

-Pourquoi ?

- Parce qu'Isabel se marie dans quelques jours.

Le visage de Carlos resta inchangé et répondit :

- Dans ce cas, c'était bien que je sois revenu. J'aurai le plus grand plaisir à leur souhaiter le bonheur. Je veux qu'elle soit très heureuse.

Inés ouvrit la bouche et la referma, ne sachant que dire. La bombe qu'elle avait gardée si longtemps pour exploser devant son frère n'avait aucun effet. Antonio ne savait pas quoi dire non plus. Seule Albertina sourit de satisfaction.

La Vie Sait Mieux

-Comment vont les affaires ? - demanda Antonio.

Carlos a parlé de la qualité de ses ventes et de l'entreprise qu'il a fondée avec un ami italien.

–Nous continuons à travailler dans la joaillerie. Cela m'a donné de bons résultats, à tel point que je suis venu vous dire au revoir. J'ai l'intention de vivre à Milan.

-Que veux-tu dire ? - s'exclama Inés, effrayée.

- Es-tu sûr que ça va marcher ? - a commenté Antonio.

-Oui. Cela se passe bien, et les progrès du commerce là-bas, avec des articles chics, des magasins de beauté et de luxe, sont très bons. Milan est la ville de la mode. C'est l'endroit où les touristes riches vont faire leurs courses. Les Italiens sont très capricieux, exigeants pour la qualité. Je suis sûr que nous allons gagner beaucoup d'argent.

Antonio ne savait pas quoi dire. Il n'avait jamais imaginé que Carlos réussirait à faire ce qu'il disait. Au fond, il doutait toujours que ce soit vrai. Mais la plus grande surprise était encore à venir. C'est quand Carlos a dit :

- Dans quelques mois, je vais épouser Gina, une des sœurs de Benito. C'est pourquoi je veux y vivre.

Cette fois, ils ont perdu leur envie de parler. Pendant que Carlos leur parlait des charmes de Gina, des moments d'art qu'il appréciait en famille, ils se sentaient fatigués et, peu de temps après, Antonio décida de s'endormir. Inés, sous prétexte de devoir se lever tôt le lendemain, se coucha également. Carlos et Albertina restèrent encore quelques minutes à profiter du plaisir de ces moments. Ensuite, il l'a aidé à fermer la maison et ils se sont également endormis.

La Vie Sait Mieux
✸ ✸ ✸

Tard dans l'après-midi, Isabel est entrée dans la maison avec des colis. En la voyant entrer, Laura a demandé :

- As-tu tout acheté ?

–Oui, il ne manque rien d'autre.

Elle posa les paquets sur la chaise et continua :

–Je suis fatiguée, mais j'ai terminé. Je pense que je vais monter, me reposer un peu jusqu'à l'heure du dîner.

- Vas-y, ne t'inquiète pas. Tu dois prendre soin de toi. Une mariée doit avoir l'air radieux le jour de son mariage.

Isabel sourit et répondit :

- Quand je pense que le moment est venu, je sens un peu de froid dans mon corps.

Laura sourit et répondit :

- C'est tout à fait normal. Ta vie va changer. Calme-toi. Tout ira bien.

- Je sais, Gilberto est l'homme de ma vie. Nous allons être très heureux. Je monte les escaliers. Faites-moi savoir quand le dîner est prêt.

Isabel alla dans la chambre et s'allongea sur le lit en pensant aux détails des arrangements qu'elle ferait dans la maison le lendemain. Le téléphone a sonné et elle a répondu :

-Bonjour ?

- Comment vas-tu, Isabel ?

La Vie Sait Mieux

Au son de la voix de Carlos, elle frissonna. Prise par surprise, elle resta silencieuse pendant quelques secondes. Carlos a poursuivi :

- C'est moi Carlos. Je suis arrivé hier et j'aimerais te parler.

Isabel prit une profonde inspiration et répondit :

- Je vais bien, Carlos. Je suis surprise que tu m'aies appelé.

- J'aimerais venir chez toi maintenant, pour te parler.

–Je ne sais pas si c'est possible ! J'ai un engagement à venir.

- Je sais que tu dois être très occupée avec les préparatifs de ton mariage, mais j'aimerais beaucoup que tu t'occupes de moi. Je ne vais pas prendre beaucoup de temps.

- Je pense qu'il vaut mieux ne pas le faire. Après tout, nous n'avons plus rien à nous dire. C'est fini entre nous.

- C'est juste que j'ai l'intention de partir dans quelques jours, et j'aimerais clarifier certaines choses.

Elle resta silencieuse pendant quelques secondes. Son cœur battait la chamade. Elle craignait qu'il ne soit revenu pour mettre en péril leur mariage. Carlos a insisté :

- Je vais déménager en Italie pour de bon. Au nom de notre bonne amitié, je te demande de m'accorder une dernière conversation.

Isabel réfléchit un peu et accepta. Il vaudrait mieux parler vraiment et savoir ce qu'il voulait, pour qu'elle évite une mauvaise surprise au moment du mariage. Alors, elle a raccroché le téléphone, est descendue et a annoncé la nouvelle à Laura.

- J'ai peur, maman ! Que veut-il ? Pourquoi est-il réapparu maintenant, juste comme ça, le jour de mon mariage ?

La Vie Sait Mieux

Laura, inquiète, attrapa la main de sa fille, essayant de ne pas laisser transparaître ses craintes :

- Il ne va rien faire ! S'il déménage dans un autre pays, c'est parce qu'il a déjà accepté la séparation. Il vaut mieux le recevoir et écouter ce qu'il a à dire. Tu as l'air pâle, Vas-y et prépare-toi. Calme-toi, recevons-le naturellement.

Isabel obéit. Un peu plus tard, Carlos, portant une boîte avec un arrangement de roses naturelles, sonna la cloche. Répondit Laura.

- Entre, Carlos. Ça fait longtemps !

Il entra, lui tint la main tendue, l'amena délicatement à ses lèvres, et lui tendit la boîte en disant :

–Toujours jeune et belle ! Ces roses sont pour vous.

Laura n'a pas caché sa surprise. Il ne ressemblait en rien au Carlos qu'elle avait vu lors de sa dernière visite. Il avait pris forme, il était souriant, beau, élégant. En le regardant, elle sentit toutes ses peurs s'évanouir.

-Merci beaucoup mon chéri ! Ils sont très beaux ! Viens, asseyons-nous et parlons. Isabel sera tout de suite en bas.

Ils se sont installés dans le salon et Laura a demandé s'il était vraiment en Europe. Carlos, à l'aise, a parlé des pays qu'il a visités et des progrès partout. Isabel est allée en bas et, avant d'entrer dans le salon, écoutèrent un peu leur conversation. Percevant le ton naturel et joyeux, elle prit une profonde inspiration et entra. Carlos se leva et, souriant, lui tendit la main en lui demandant :

- Tout va bien avec toi ?

-Oui merci. Tu as l'air très bien - répondit-elle en serrant sa main tendue - Mais assieds-toi, mets-toi à l'aise.

La Vie Sait Mieux

Il s'assit, la regarda dans les yeux et dit :

- Quand j'ai appelé, j'ai remarqué que tu n'aimais pas m'écouter et que tu ne voulais pas que je vienne.

Elle fit un petit geste pour le nier, mais il continua :

- Je comprends tes raisons. Quand je suis revenu, après tant d'années, et que j'ai découvert que tu ne voulais plus continuer avec moi, je ne voulais pas l'accepter. J'étais très indigné. J'ai même proféré des menaces.

Carlos fit une pause, mais voyant qu'ils l'écoutaient en silence, il continua :

- Aujourd'hui, je sais pourquoi j'ai agi de cette façon. Pendant tout le temps que j'étais absent, souffrant de l'horreur de la guerre, prisonnier, loin de tout le monde, dans le besoin, ne sachant pas si un jour je pourrais revenir, je me suis senti blessé. Cette guerre avait emporté les meilleures années de ma jeunesse, les rêves de bonheur que j'idéalisais. J'ai visualisé comme une récompense pour toute cette souffrance la réalisation du rêve d'amour que nous avions construit ensemble. J'ai mis le poids de mes frustrations sur vous, en vous plaçant comme le prix que je méritais. C'est pourquoi je ne pouvais pas accepter que tu aies changé et que tu sois amoureux de quelqu'un d'autre.

Il se tut alors que les deux, qui avaient les yeux humides, essayaient de contrôler leurs émotions :

- Cela a dû être très difficile pour toi ! - dit Laura.

-C'était. Mais, d'un autre côté, ce fait m'a poussé en avant. Mon orgueil était blessé et, en ces jours troublés, je me suis juré de ressusciter, de gagner beaucoup d'argent et de te prouver, Isabel, que je pouvais être meilleure que l'homme pour qui j'étais changé. J'ai gagné en force ; J'ai profité des connaissances que j'ai acquises

La Vie Sait Mieux

en Europe. J'ai rencontré Nicolai, le propriétaire d'une bijouterie, et depuis que j'ai appris le russe, j'ai pu converser avec lui dans cette langue, qui a gagné sa confiance.

Carlos a parlé avec enthousiasme, les yeux brillants, et les deux ont commencé à s'intéresser à ce qu'il disait. Il a parlé de ses expériences, de l'amitié avec Benito et sa famille, de l'amour qui est né entre lui et Gina, sans évoquer les rêves qu'il a eu avec elle, mais annonçant le partenariat d'affaires et leur mariage à venir. Et il a terminé :

—Ma relation avec cette famille a radicalement changé ma vie. Ce sont des spirites et ils m'ont prouvé qu'il y a plus dans la vie que ce que les yeux peuvent voir. J'ai compris que nous sommes éternels et que cette connaissance m'a permis de mieux voir la vie. J'ai choisi de me marier et de vivre à Milan. Aujourd'hui, je suis une personne différente. Je veux commencer une nouvelle vie de manière ordonnée et productive, sans rien laisser de côté. J'ai parlé avec ma famille, et je suis ici pour dire que je garde du passé que nous n'avons vécu ensemble que les bons moments d'affection et d'amitié, et que je les garderai pour toujours. J'aimerais que tu te souviennes de moi d'une bonne manière. C'était ce que j'avais à te dire.

Carlos se leva et Laura le serra dans ses bras avec émotion :

—Je suis heureuse de découvrir que tu as évolué, que tu es devenu entier, serein tu sais ce que tu veux. Tes paroles resteront toujours dans ma mémoire. Toutes nos félicitations.

Isabel, les yeux humides, s'approcha de lui, le serra dans ses bras et l'embrassa doucement sur la joue :

—Maintenant, je reconnais l'homme dont je suis tombée amoureux dans ma jeunesse. Tu es fort, tu as su transformer une frustration en levier de progrès. Aujourd'hui, tu t'es donné une excellente leçon. Je suis sûre que tu seras incroyablement heureux avec la femme que tu as choisie.

–Je te souhaite également tout le bonheur du monde et bien plus encore. Maintenant je peux y aller.

- Mais pas avant de porter un toast au mariage de nous deux - dit joyeusement Laura.

Ils rirent joyeusement et Laura quitta la pièce. Peu de temps après, elle est revenue apportant un plateau avec des verres et une bouteille de porto. Elle les servit et leva le verre en disant :

-Quel soulagement ! Comme c'est agréable de sentir que nous pouvons surmonter nos défis et vivre en paix.

- J'ai l'impression qu'un poids énorme a été soulevé de mon cœur. Même si j'étais sûre de ce que je voulais et que je savais que je faisais la bonne chose, quand j'ai pensé à Carlos, j'ai ressenti un sentiment de culpabilité désagréable. Maintenant c'est fini.

- Viens, ma fille. Prions et remercions Dieu pour cette autre bénédiction.

Elles se sont assises sur le canapé, se sont tenus la main et Laura a dit une prière de remerciement sincère.

Cette nuit-là, quand Gilberto est arrivé, il s'est assis dans le salon à côté d'Isabel, et, se tenant la main, elle lui a parlé de la visite inattendue de Carlos, se terminant :

- Quand il a appelé, j'ai eu peur. Mais c'était bon de l'entendre. Tu ne peux pas imaginer à quel point je suis soulagée.

- Tu as été sincère. Tu as agi en fonction de tes sentiments. Tu as fait ce que tu aurais dû faire. L'orgueil blessé l'a fait réagir, a mis toutes ses forces pour avancer dans la vie et a fini par trouver un chemin meilleur et plus adapté à ses besoins.

La Vie Sait Mieux

—Carlos a toujours été un bon garçon, mais il ne s'entendait pas bien avec son père et sa sœur parce qu'ils étaient trop critiques et voyaient toujours le mauvais côté de tout. Il s'entend bien avec la famille de la fille qu'il va épouser. Ce sont des gens cultivés, éduqués, sensibles à l'art, plus condescendants à son tempérament. Il déménage définitivement en Italie.

-Il a raison. Les liens familiaux ne sont pas toujours apparentés. Vivre à côté de personnes sensibles et élevées d'esprit est très bien. Dans ma famille, le manque d'affinité a été la cause de beaucoup de souffrances.

Ma mère, qui était une femme pleine de vie, joyeuse et heureuse de la vie, a fini par devenir fermée, triste et déprimée pour cette raison.

Laura, qui écoutait tranquillement, intervint :

—Il est difficile de vivre avec quelqu'un qui pense très différemment de nous. Mais le pire, c'est qu'au lieu de réagir, de nous libérer émotionnellement de la situation, nous nous y plongeons presque toujours davantage.

- Tu dis ça parce que ma maman, malgré tout ce qui s'est passé, ne réagit pas ?

Laura réfléchit un peu et répondit :

- J'ai beaucoup pensé à elle. Malgré ce qui s'est passé, elle reste là en essayant par tous les moyens de garder la maison, la ferme sans rien faire, attendant que quelque chose se passe et faire bouger tous les faits.

Gilberto baissa la tête pensivement, puis dit :

- Malheureusement, c'est vrai. Il semble qu'elle soit même ravie de le punir pour ce qu'il lui a fait. Je ne peux pas comprendre. J'ai insisté pour qu'elle vienne vivre ici, renouer des amitiés, donner

La Vie Sait Mieux

une vie tordue. Mais elle refuse et, avec ça, elle fait que Nivaldo reste également prisonnier de cette situation.

- Nous ne perdrons pas espoir. La vie a ses manières. D'un moment à l'autre, tout peut changer. Tu veux qu'ils viennent ici, mais nous ne savons pas ce qui sera mieux pour eux maintenant. Dieu veut peut-être autre chose. J'ai confiance en la sagesse de la vie ; il fait toujours ce qu'il y a de mieux.

- Hier, j'ai parlé à Nivaldo. Jusqu'à présent, il n'y a pas de nouvelles de papa. Le pire, c'est que sans lui, les mains sont liées, ils ne peuvent vendre aucune propriété. Nivaldo négocie un prêt avec la banque pour payer les créanciers et payer les dépenses agricoles, mais c'est difficile sans la signature de papa.

–Comment vivent-ils ? - demanda Isabel.

–De quelques économies personnelles, mais ce ne sera suffisant que pour ce dont ils ont le plus besoin. Je ne sais pas ce qui va se passer. Si les créanciers faisaient pression sur eux, ils pourraient hypothéquer certains biens, ce qui serait encore pire.

Laura réfléchit un moment, puis dit :

–Ils traversent une période difficile. Mais quand on ne peut rien faire, la meilleure chose à faire est de demander l'inspiration divine. Dieu est notre fournisseur et peut tout faire. Unissons-nous dans la foi, remettons cette situation entre Ses mains et demandons-Lui d'inspirer toutes les personnes impliquées à faire ce qui est le mieux en ce moment.

Ils se sont unis et Laura a fait une prière émouvante, demandant à Dieu de bénir Alberto et toute sa famille, déversant sur lui des énergies de sérénité et de paix, inspirant chacun à faire sa part dans la solution efficace pour la libération des problèmes. Tandis qu'elle parlait, une douce énergie les enveloppait et peu à

La Vie Sait Mieux

peu ils se sentaient mieux. Gilberto se détendit, et l'angoisse qui l'oppressait disparut et il se sentit plus calme. Quand elle se tut, il dit :

- Merci, Mme Laura. Je me sens mieux.

–Après avoir remis cette situation entre les mains de Dieu, il faut faire confiance. Nous n'allons plus nous inquiéter pour elle. Dans trois jours, tu vas te marier. Pensez à l'avenir, aux projets de bonheur que vous ferez. Profitez de votre lune de miel, profitez de toute la joie d'être jeune et de vivre des moments d'amour. Il est temps de profiter du bonheur.

Gilberto s'assit à côté d'Isabel sur le canapé, passa son bras autour de son épaule et l'embrassa amoureusement sur la joue.

-Tu as raison. C'est un moment unique et nous allons en profiter pleinement.

L'atmosphère est devenue agréable et ils ont continué à parler avec plaisir.

Carlos a quitté la maison d'Isabel avec son âme régénérée. Le fait d'avoir réussi à exprimer ses sentiments lui a donné un agréable sentiment d'accomplissement et le fait d'avoir surmonté ses défis lui a donné un certain pouvoir et une certaine confiance en l'avenir. Il croyait être capable de prendre sa propre vie en main et de réaliser ses projets de bonheur et de progrès. Il savait qu'il avait fait le bon choix. Mais en même temps, il a reconnu que l'aide spirituelle qu'il a reçue, lui offrant la preuve de la spiritualité et de l'éternité de l'esprit, a ouvert sa conscience et lui a fait réévaluer ses valeurs éthiques, s'efforçant d'être une meilleure personne. Sur le chemin, il s'est arrêté dans un magasin et a acheté une bouteille de vin et des friandises pour le déjeuner. Il est arrivé chez lui et a placé les paquets sur la table de la salle à manger. Il a éveillé la curiosité

La Vie Sait Mieux

de son père qui, assis, lisait le journal et se plaignait de devoir attendre quelques minutes pour manger.

Il posa le journal et s'approcha et demanda :

- Combien de choses ! Qu'est-il arrivé, as-tu gagné à la loterie ?

Carlos a ri et a répondu :

-Rien de tel. Je suis heureux et j'ai hâte de célébrer. Regarde, ce vin italien est merveilleux ! Tu dois l'essayer, tu verras que c'est un délice !

Inés s'était approchée et avait commenté, tout en regardant avec admiration :

- Tu n'avais pas besoin de faire ça. Nous allons servir le dîner maintenant !

Carlos se dirigea vers la verrerie, attrapa quelques verres et les tendit à Inés en disant :

–Lave-les.

De mauvaise humeur, elle obéit. Pendant ce temps, Carlos a ouvert les paquets, arrangé magnifiquement les saucisses, les pains et autres délices. Il est allé dans la cuisine et a dit à sa mère :

–Eteigne le poêle et vienne. D'abord, nous allons manger l'antipasto, comme ils le font en Italie, puis nous dînerons.

Albertina, qui avait déjà éteint le poêle et était sur le point de mettre la nourriture dans les assiettes, s'arrêta, regardant avec admiration. Carlos la tira par la main jusqu'au salon, versa le vin et proposa :

- Asseyons-nous et mangeons agréablement.

Puis Carlos leva son verre et continua :

La Vie Sait Mieux

- Que notre vie soit de mieux en mieux, plus prospère et plus heureuse !

Remarquant la timidité des trois, il continua :

- Dans la vie, il faut croire aux bonnes choses pour qu'elles viennent nous bénir. Comment allons-nous progresser si nous ne croyons pas que nous méritons ce qu'il y a de mieux ? Dieu est un père riche qui nous a donné la vie, et tout ce dont nous avons besoin est de désirer notre bonheur. Mais chacun doit faire sa part, croire, s'efforcer de faire de son mieux, ouvrir son cœur pour recevoir tout ce qu'il veut nous donner.

Carlos leva son verre en disant :

- Maintenant, portons un toast ! Qu'aimeriez-vous recevoir de la vie ? Chacun de vous pense à ce que vous aimeriez porter un toast.

Carlos ferma les yeux, attendit quelques instants, puis dit :

- Que nos souhaits soient exaucés.

Il fit tinter les verres de tous ceux qui, les yeux brillants, le regardaient avec admiration.

–Maintenant, bon appétit.

Ils ont commencé à manger, à goûter des choses auxquelles ils n'étaient pas habitués, tandis que Carlos leur disait qu'en Italie, le moment de manger était toujours l'événement le plus important de la journée. Albertina, fière de la sagesse de son fils, sourit de ravissement. Inés regardait son frère avec admiration et respect, et le père, après le verre de vin, avait un visage détendu, un sourire satisfait, tandis que Carlos lui faisait essayer des choses qu'il n'avait jamais expérimentées auparavant. Bien sûr, il restait presque tout le dîner d'Albertina, mais, en compensation, l'ambiance familiale n'avait jamais été aussi joyeuse et insouciante.

La Vie Sait Mieux

–Maintenant je comprends pourquoi tu as décidé d'aller vivre en Italie ! La vie est tellement meilleure qu'ici - dit Antonio.

- Tu te trompes. La vie n'y est pas meilleure qu'ici. La différence est que la société est plus ancienne que la nôtre et que les gens sont plus instruits. Ensuite, le pays est beaucoup plus petit et il est plus facile à administrer. Notre pays est merveilleux et un jour il sera aussi important que le leur. Je suis sûr que notre Brésil restera l'un des pays les plus importants du monde !

Antonio secoua la tête négativement :

- Je ne pense pas ! Les gens ici sont arriérés, ils ne respectent rien. Au bureau, l'un veut faire du mal à l'autre. Il n'est pas possible de vivre ensemble. Il faut être vigilant pour ne pas se blesser.

- Papa, tout cela est un manque de connaissances. C'est de l'ignorance. Les gens ne savent pas encore que, pour bien vivre, il faut bien agir. L'éducation est fondamentale pour qu'ils apprennent à bien vivre ensemble, à respecter les autres pour être respectés.

Inés est intervenue :

- Papa a raison. Au bureau, je suis aussi toujours sur la défensive. L'envie est toujours là et, si je ne fais pas attention, je finis par avoir des ennuis. Je n'ai pas d'amis, je ne fais confiance à personne.

- En pensant ainsi, tu es malveillant, en jugeant les gens avec préjugés. En outre, tu vois toujours la pire partie des gens - a déclaré Carlos.

- Je me protège.

-Non. Tu attires la méchanceté des autres. Je parie que tes collègues ne te considèrent pas bien.

Elle leva les épaules :

La Vie Sait Mieux

- Je n'en ai pas besoin. Je n'ai pas de problème avec ça.

Carlos secoua la tête :

- Tu te prives d'un des plus grands plaisirs de la vie : l'amitié. Nous voulons tous être aimés, soutenus, appréciés. Je ne pense pas que tu ne ressenties pas cela. Il est dans notre nature de vouloir être loué, aimé. L'esprit veut briller, être heureux, être respecté.

Les yeux d'Inés se sont remplis de larmes et elle n'a pas répondu. Carlos la regarda fermement et continua :

- Tu n'as besoin de rien de tout ça. Il n'est pas possible de savoir ce qui se passe à l'intérieur de chacun. Arrête de juger les autres. Pense à toi, percée ce que tu dois faire pour bien vivre, progresser, être heureux.

- Je ne crois pas que quiconque puisse bien vivre dans ce monde pervers.

- Tu es prétentieuse, critique Dieu.

Inés écarquilla les yeux d'irritation et protesta :

- Je n'ai pas dit ça. Je parle des gens.

- Tu dis que Dieu a tout mal fait, qu'il a créé de mauvaises personnes.

Pris par surprise, Inés ne savait que répondre. Carlos a poursuivi :

-Ce n'est pas vrai. Bien sûr, vivre n'est pas toujours facile, car nous avons encore beaucoup à apprendre pour devenir des personnes évoluées. Nous avons été créés simples et ignorants, et la Terre est une grande école où, chaque jour, nous sommes mis au défi de changer pour le mieux si nous voulons bien vivre. Tant que tu continues à être insatisfait, à critiquer les gens, à te plaindre, à

La Vie Sait Mieux

oublier que tu peux choisir quelque chose de mieux, tu restes tel que tu es.

Inès, les yeux mouillés, se leva nerveusement :

- Pourquoi dis-tu ça ? Pense-toi que je suis paresseuse, que je n'ai pas fait d'effort, que je ne réussis pas parce que je ne veux pas ?

Carlos se leva et la serra dans ses bras en disant :

-Calme-toi. Je ne te critique pas. Je veux juste que tu fasses attention à ta mauvaise façon de voir la vie. Bien sûr, tu veux être heureux et tu mérites de conquérir tout ce que tu veux. C'est juste que tu ne sais pas comment trouver le chemin. Viens ici.

Carlos la fit rasseoir et s'installa à côté d'elle, lui serrant la main avec affection. Avant qu'il ne puisse continuer, elle soupira et se mit à pleurer convulsivement. Les parents ont essayé d'intervenir, mais Carlos leur a dit de ne pas le faire. Albertina se leva, appela son mari et ils sortirent tous les deux de la pièce. Carlos attendit qu'elle se calme. Quand Inés, embarrassée, essuya ses larmes avec une serviette, Carlos demanda :

- Tu te sens mieux ?

- Je ne sais pas ce qui m'est arrivé. Je n'ai pas l'habitude de pleurer pour quoi que ce soit.

- N'ayez pas honte. Pleurer soulage la tension.

- Mais tu dis que je me trompe. Je ne sais pas comment être différent.

– C'est juste que tu ne regardes que ce qui se passe autour de toi et ne faites pas attention à ce qui se passe à l'intérieur de toi. Tu te fies sur ce que les autres disent ou font, au lieu de te fier à ce qu'il y a dans ton cœur. Réponse : qu'est-ce qui t'apporterait le bonheur selon toi ?

Inés réfléchit un moment et se remit à pleurer. Carlos la serra dans ses bras, lui caressa les cheveux avec affection, puis dit :

—Je sens que tu, de la même manière que tu critiques tout et tout le monde, tu es encore plus sévère par rapport à toi-même. Tu vis en te croyant moindre, tu ne crois pas en tes propres capacités. Tu vis dans un cercle vicieux et tu te bats constamment pour ne pas obtenir ce que tu voudrais, tout comme tu ne progresses pas parce que tu ne crois pas que tu es capable.

Inés le regarda pensivement et demanda :

- Est-ce que je fais vraiment ça ?

-Oui. Si tu mets les autres de côté, prenne soin d'utiliser ta pleine capacité et crois que tu le peux, tout serait différent.

-Vraiment ?

— Comment veux-tu qu'il t'arrive quelque chose de bien ? Pour avoir le meilleur, il faut choisir le meilleur et croire qu'on le mérite. Tu travailles depuis des années, mais tu le fais plus par obligation, comme s'il s'agissait d'un sacrifice. Tu n'étudies pas davantage, tu n'essaies pas d'acquérir plus de connaissances, tu ne cherches pas ta vocation, tu n'essaies pas de faire ce que tu aimes. On perd ainsi le grand plaisir de l'épanouissement professionnel, du travail bien fait, du sentiment de sa propre capacité. Comment vouloir s'améliorer si l'on n'a rien fait pour cela ? - Comment peux-tu vouloir t'améliorer si tu n'as rien fait pour cela ?

- Me reproches-tu de ne pas progresser dans mon travail ?

- Non. Tu ne dois pas te blâmer toi-même. Tu t'es laissé aller à ne pas réfléchir, à ne pas prêter attention à ce qui compte vraiment. Je veux juste que tu te réveilles, que tu te connaisses

La Vie Sait Mieux

mieux, que tu saches quoi faire, que tu fasses des projets et que tu essaies de les réaliser. Pourquoi as-tu arrêté tes études ?

- Les gens se moquaient de moi lorsque je faisais des erreurs ou que je ne connaissais pas le cours.

- Je comprends. L'orgueil a parlé plus fort et tu as abandonné.

– Ce n'était pas de la fierté. Papa pensait que je n'étais pas douée pour étudier parce que j'étais une femme. Ensuite, je me marierais, comme toutes les jeunes femmes, et je n'aurais plus besoin de travailler.

Carlos secoua la tête négativement et, sentant que les parents espionnaient curieusement et avec inquiétude, il dit :

– Le monde a changé, Inés. Aujourd'hui, les gens pensent différemment. Je vais rester encore quelques jours et je veux te parler à nouveau, parler de mes expériences, te dire ce que j'ai appris. Il est temps pour toi de découvrir que la vie est bien meilleure que tu ne le penses et que je pouvais être beaucoup plus heureux.

Carlos lui prit la main et continua :

–J'ai appris la valeur de la prière. Fermez les yeux et demandons à Dieu de nous inspirer et de nous apprendre à trouver le chemin du bonheur.

Elle obéit. Carlos a prononcé une prière sincère, demandant à Dieu de bénir la famille. Puis il s'est mis à parler de choses sans importance. Mais dans les jours qui suivirent, il remarqua que son père et sa sœur avaient changé leur façon de le traiter. Ils sont devenus plus respectueux, voulant se montrer sous leur meilleur jour, ce qui a donné à Carlos le sentiment qu'il atteignait ses objectifs.

La Vie Sait Mieux

✳ ✳ ✳

Isabel se réveilla et sortit précipitamment du lit. C'était seulement deux jours avant leur mariage et il y avait encore beaucoup de choses à faire. Sur le coffre, allongé au pied du lit, la valise était ouverte de la veille, et elle avait séparé des choses qu'elle ne voulait pas oublier d'emporter avec elle. Elle était en vacances de l'entreprise depuis une semaine, mais avec l'aménagement de la maison, qui était presque entièrement meublée, la préparation de la fête et les courses de dernière minute, le temps passerait vite. Elle prit une douche, se prépara et descendit prendre un café. Laura était déjà dans la cuisine en train de préparer des plats spéciaux pour la soirée. Gloria et Nivaldo devaient arriver dans la journée et resteraient pour le dîner. Voyant Isabel approcher, Laura l'invita :

- Asseyez-vous Isabel. J'attendais que tu me tiennes compagnie pour le café. Je me sens seul.

- Assieds-toi, Isabel. J'attendais que tu me tiennes compagnie au café. Je me sens seule.

Isabel se demande :

- Pourquoi, il s'est passé quelque chose ?

Laura l'a regardé sérieusement et a répondu :

- Tu vas nous quitter. Tu me manques déjà.

Isabel a souri :

- Tu plaisantes, tu dis ça pour me faire dire la même chose.

Laura la serra chaleureusement dans ses bras :

- Je sais que tu es heureuse de quitter la maison avec un sourire sur les lèvres, mais je ne peux pas me débarrasser de ce sentiment de vide rien qu'en pensant que tu ne seras plus là tous

La Vie Sait Mieux

les matins ou que tu ne prendras plus de café avec moi comme nous l'avons toujours fait.

Isabel dépose un baiser retentissant sur son front et répond :

- C'est la vie. Tu vas me manquer aussi, mais je ne vais pas me laisser aller. Même si je suis mariée, chaque fois que je le pourrai, je serai là pour dire nos prières, pour parler. Beaucoup de choses vont changer dans ma vie, mais tu seras toujours mon confident, mon ami, dans les bras duquel je chercherai le soutien et le réconfort que tu m'as toujours apportés.

- Je sais, ma fille. L'affinité qui nous unit est éternelle. Je veux que tu me promettes : chaque fois que tu as besoin de moi ou que je te manque, tu n'hésiteras pas à m'appeler.

- Je viendrai en courant.

Laura déposa un baiser retentissant sur le front de sa fille et ajouta :

- Je sais. Maintenant, prenons notre café avant qu'il ne refroidisse. La journée sera chargée.

Isabel est d'accord. Pendant qu'elles mangeaient, elle demanda :

- Doña Gloria va-t-elle bien ?

- Il semble que oui, même si les choses ne sont pas encore résolues.

- C'est vrai. Nivaldo essaie toujours de payer ce qu'il doit et d'entretenir l'hacienda, M. Alberto est toujours porté disparu. Selon Gilberto, Nivaldo a parlé aux créanciers, a renégocié les dettes, a vendu une partie du bétail, mais n'a toujours pas réussi à tout payer.

La Vie Sait Mieux

- Je prie pour qu'il y parvienne. Il est travailleur, intelligent, travailleur. Ce que j'admire le plus chez lui, outre sa force de caractère, c'est l'éthique avec laquelle il fait face à tout cela.

- En effet. Son dévouement à la mère et sa façon d'agir sont louables. Ce qui m'inquiète, c'est Doña Gloria. Lorsque nous l'appelons, elle ne se plaint pas, elle dit que tout va bien, mais je sens qu'au fond d'elle-même, elle continue à souffrir beaucoup.

–J'espère qu'ils pourront passer quelques jours ici après le mariage. J'aimerais faire quelque chose pour eux.

-Moi aussi.

–Continuons à prier, en envoyant de légères vibrations pour eux et Alberto. C'est tout ce que nous pouvons faire pour le moment.

–Je n'ai pas envie de prier pour lui. Je veux qu'il sorte de nos vies pour toujours. Ainsi, finalement, Mme Gloria pourra peut-être retrouver un peu de paix.

- Elle a plongé si profondément dans cette affaire ! Si Alberto ne revient jamais, pourra-t-elle se libérer de lui ?

– Seul le temps peut nous donner cette réponse. Maintenant je vais à l'étage, pour séparer les vêtements à mettre dans la valise. Gilberto a accepté de passer plus tard pour aller chez nous. Il veut que je voie certaines choses.

Elle monta à l'étage tandis que Laura retournait dans la cuisine pour aider Berta dans les préparatifs.

Ce même jour, à la ferme, Gloria s'est levée très tôt. Elle a réveillé Nivaldo, est descendue prendre un café. C'était une belle journée ensoleillée. Elle leva les yeux vers le ciel bleu, sentit le parfum des fleurs du jardin et respira l'air pur du matin, essayant de calmer son cœur. La veille, Nivaldo avait voulu aller dormir en

La Vie Sait Mieux

ville pour continuer son voyage le lendemain, mais Gloria préférait quitter la ferme directement pour São Paulo. Depuis qu'Alberto a disparu, elle est restée chez Pouso Alegre maison seulement si nécessaire, pour prendre des mesures légales, puis retourné à la ferme. Elle ne voulait pas aller en ville. Même lorsque Nivaldo avait besoin de parler aux créanciers ou de prendre des mesures, elle ne l'accompagnait pas. À son retour, Gloria ne lui demandait pas s'il avait des nouvelles de son père, mais elle lui lançait un regard interrogateur. Nivaldo aurait dit qu'il n'avait pas de nouvelles et elle avait compris qu'Alberto n'était pas encore apparu. Nivaldo a insisté pour l'emmener en ville pour faire du shopping et tout préparer pour le mariage. Quand elle a refusé, il est allé acheter tout ce qu'il jugeait nécessaire pour le voyage pour eux deux. Il a emmené la meilleure couturière de la ville à la ferme avec tout ce qu'elle jugeait nécessaire pour préparer une robe pour l'occasion. Il leur avait suggéré d'aller à São Paulo quelques jours auparavant et de tout acheter, mais Gloria n'a pas accepté. Elle a dit qu'elle n'avait besoin de rien, qu'elle avait des vêtements de fête qu'elle ne portait presque jamais. En vain, Nivaldo a essayé de l'exciter, mais elle a continué à être découragée, triste. Une nuit, il essaya inutilement de la convaincre de s'habiller, il ne se retint pas :

-Il semble que tu n'es pas contente du mariage de Gilberto ! Tu n'as pas été intéressée à t'habiller pour aller à cette fête.

Elle a essayé d'expliquer :

-Ce n'est pas ça ! Ce que je veux le plus dans ce monde, c'est qu'ils soient heureux et ne vivent jamais rien de ce que j'ai vécu !

–Je sens que tu deviens plus cruel et plus irresponsable que papa !

Les yeux de Gloria s'écarquillèrent d'effroi :

- Pourquoi m'offenses-tu ainsi ? Qu'est-ce que je t'ai fait ?

La Vie Sait Mieux

- Tu te punis et te maltraites au lieu de réagir, de tourner la page, de profiter du bon côté des choses que la vie t'offre. Tu te renfermes sur toi-même, tu es égoïste. Tu ne te souviens pas que papa est un homme mou, incapable d'un comportement équilibré, mais tu as nous tous, qui t'aimons et faisons tout pour te rendre heureuse. Gilberto est un médecin dévoué et travailleur. J'ai essayé de te soutenir en tout, en assumant mes responsabilités. Nice a été une fille sage et studieuse, elle sera bientôt diplômée, elle vit déjà seule à Rio de Janeiro et sait comment se comporter. Nous sommes tous les trois des gens bien, respectés, nous faisons du mieux que nous pouvons. Mais toi, tu ne valorises rien de tout cela, tu ne vois que le négatif !

Nivaldo se tait et Gloria, qui s'efforce de retenir ses larmes, s'abandonne à celles qui coulent à profusion sur son visage.

- C'est comme ça que tu vas tomber malade", ajoute-t-il. Tu vois la vie de travers et tu ne fais rien pour changer.

Gloria tente de se justifier :

- "Tu es injuste, comment peux-tu dire que je suis égoïste après une vie consacrée à la famille ? J'ai été très naïve, je ne suis pas coupable d'avoir épousé un homme mou.

- Malgré tout ce que tu as vécu, tu n'as rien appris. Tu vis encore sur des illusions.

- J'aimerais vivre les illusions parce qu'elles nous font vivre mieux. Connaître la vérité les détruit tous ! Aujourd'hui je n'attends plus rien de la vie ! Tu ne vois pas que tout est fini pour moi ? Tu ne comprends pas ma souffrance et tu te retournes même contre moi ? Tu veux aussi m'abandonner ?

Nivaldo la regarda avec tristesse. Il s'assit à côté d'elle sur le canapé. Gloria, la tête baissée, essayait de retenir ses larmes. Délicatement, il souleva son menton et dit :

La Vie Sait Mieux

- Maman, regarde-moi.

Voyant qu'elle le regardait, il continua :

– Je t'aime beaucoup et je ne t'abandonnerai jamais. Ce qui me dérange, c'est de constater que malgré tout, tu es encore très éloignée de la réalité. Tu as perdu certaines illusions, mais tu en es entré dans d'autres qui sont plus douloureuses que les précédentes.

- Pourquoi insistes-tu pour dire cela ? J'ai perdu ma jeunesse, mes rêves de bonheur ont été détruits et je suis trop vieille pour recommencer.

- C'est un mensonge ! Tu es une femme intelligente, belle et aimée de tous. Tu n'es pas cette fille gâtée et fragile qui joue les faibles. À la ferme, face à nos défis, tu t'es toujours montrée plus forte que moi. Quand tu le veux, tu es créative, audacieuse, tu atteins tes objectifs. Je veux prouver que tu peux réagir, que tu peux assumer ta liberté, ta responsabilité dans la vie, que tu peux prendre soin de toi, que tu peux retrouver le plaisir de vivre ! C'est ainsi que nous, tes enfants, te voyons.

Gloria lève la tête, redresse les épaules, adopte une meilleure posture. Nivaldo continue :

- Tu as senti depuis longtemps que papa ne changerait pas. Chacun ne donne que ce qu'il a et papa ne pouvait être que ce qu'il est. Mais ta fierté ne te permettait pas de te séparer de lui. Même après avoir été abandonnée, tu as mis du temps à accepter la demande. Maman, réveille-toi ! Tu t'es libérée d'un immense fardeau et tu as pu te construire une vie meilleure. Pourquoi t'obstines-tu à te punir ? Désormais, tu peux choisir d'être ce que tu veux. Le pouvoir de choisir est entre tes mains ! Nous attendons tous que tu deviennes qui tu es vraiment.

Nivaldo parle avec enthousiasme et les yeux de Gloria brillent quelques secondes, puis elle soupire tristement :

La Vie Sait Mieux

- Eh bien j'aimerais être cette femme forte et pouvoir oublier ce qui s'est passé, correspondre à ce que vous attendez de moi. Mais c'est difficile.

- Alors ferme les yeux et demande de l'aide spirituelle. Dieu est notre pourvoyeur.

En la prenant par la main, Nivaldo a prononcé une prière sincère, demandant à Dieu de la bénir sur son nouveau chemin, de lui montrer la grandeur de la vie, ses beautés et son intelligence, de transformer les erreurs en expériences, les défis en autonomies, l'ignorance en sagesse, et de lui permettre de voir les choses telles qu'elles sont réellement. Et il a terminé :

- Je sais que, lorsqu'elle verra la vérité, elle sera capable de se libérer du passé, d'assumer toute la grandeur de son esprit, de conquérir bien plus que ce dont elle a rêvé. Je te suis reconnaissante pour l'aide que nous recevons et je te demande de nous bénir et de nous protéger tout au long de notre voyage.

Gloria soupira, ouvrit les yeux et dit avec admiration :

- "Tu as commencé à prier, mais je ne sais pas ce qui s'est passé. J'ai entendu ta voix, mais je ne comprenais pas ce que tu disais. J'ai eu l'impression de fluctuer et d'être ailleurs.

- Comment était cet endroit ?

– Une pièce où l'air était bleu, comment cela se pourrait-il ? Je n'avais jamais rien vu de tel. Comment est-ce arrivé ?

– ton esprit a quitté ton corps et a été emmené dans un lieu de traitement. Comment vas-tu ?

- Une pièce où l'air est bleu, comment est-ce possible ? Je n'ai jamais rien vu de tel. Comment était-ce ?

La Vie Sait Mieux

- Ton esprit a quitté ton corps et a été emmené dans un endroit pour être soigné. Comment te sens-tu ?

- Je suis soulagée. J'ai l'impression qu'on m'a enlevé un poids énorme de la poitrine. Je respire même mieux, ce qui ne m'était pas arrivé depuis longtemps !

- Tu as reçu une aide spirituelle. Pour la conserver, tu dois faire attention à tes pensées et éviter de t'attacher à tout ce qui est négatif.

- Je ne sais pas comment faire ! Les mauvaises pensées surgissent de nulle part !

- Chaque fois qu'une mauvaise pensée apparaît, ne lui donne pas d'importance et pense à quelque chose de bon. Ce à quoi tu donnes de l'importance devient une partie de ton monde intérieur. Plus tu es optimiste, plus tu attireras de bonnes choses dans ta vie.

- Je vais essayer.

- Il ne suffit pas d'essayer. Il faut insister, car ces pensées négatives que tu as cultivées pendant si longtemps doivent déjà être gravées dans ton subconscient et agir automatiquement. Chaque fois que tu as une mauvaise pensée et que tu la remplaces par une bonne, tu ne renforces plus l'ancienne, mais elle perd de sa force et finit par disparaître.

Après la conversation de ce soir-là, Gloria a commencé à changer. Elle était plus calme, elle montrait plus d'intérêt pour les choses. Chaque fois qu'elle était mieux soignée, Nivaldo la félicitait. Satisfait, il a perçu qu'elle était plus motivée par le mariage du fils et le voyage à São Paulo. La veille du voyage, Nice l'a appelée avec enthousiasme, lui a parlé des achats qu'elle faisait pour le mariage de son frère et lui a dit qu'elle serait à São Paulo le lendemain pour les rencontrer.

La Vie Sait Mieux

Le lendemain matin, Gloria réveilla Nivaldo à quatre heures pour partir, et une demi-heure plus tard, ils étaient en route. La veille, elle avait tout organisé avec intérêt et empressement. Pendant le voyage, elle était bavarde, qu'elle soit un peu incertaine de ses vêtements ou curieuse de la maison que Gilberto avait achetée. Nivaldo écoutait avec satisfaction et répondait avec plaisir. Lorsqu'ils entrèrent dans l'appartement, Gloria comprit qu'elle avait eu raison d'engager Lidia. Elle les attendrait avec sollicitude et prendrait grand soin des préparatifs. Dès le début, elle serait très efficace. Nivaldo a demandé à Gilberto de faire tout ce qui était nécessaire pour maintenir l'appartement en ordre et leur a demandé de travailler dur sur les décorations pour plaire à la mère. Lui et son frère voulaient qu'elle passe un peu de temps à São Paulo pour se reposer et récupérer. Gloria commente avec admiration : "Comme c'est beau !

- Comme c'est beau ! Qui a fait tout ça ?

- Docteur Gilberto - répond Lidia - Il fallait voir son enthousiasme ! Ah ! Et sa belle-fille a beaucoup aidé. Ils ont tous les deux bons goûts.

- Oui, vraiment ! J'ai adoré la couleur de la chambre. Mais ces jolies fleurs, c'est toi qui les as mises là.

- Oui, mais ce sont Mme Laura et Isabel qui les ont apportées.

Se tournant vers Nivaldo qui la regardait joyeusement, Gloria dit :

- Tu ne m'avais pas dit que tu rénovais l'appartement.

- Nous voulions te faire la surprise, c'était bien !

La Vie Sait Mieux

- Moi aussi j'ai aimé. Il faut qu'on parte vite, faire des courses pour le déjeuner. Nice va arriver, il ne faut pas tarder. J'insiste pour qu'il nous rejoigne à son arrivée :

Nivaldo réfléchit un peu, puis dit :

- Il vaut mieux l'attendre pour faire les courses tous ensemble. Comme elle aime sortir, elle sera ravie de revoir la ville. Nous déjeunerons dans un bon restaurant et ensuite nous ferons nos courses en toute tranquillité.

- C'est aussi bien.

- Je vais appeler Gilberto pour le prévenir de notre arrivée.

Peu de temps après, Gilberto s'est présenté et ils lui ont posé des questions. Ils voulaient connaître toutes les nouvelles du mariage, mais il a répondu :

- Je préfère tout vous montrer de près. Je vais vous emmener chez nous. Nous avons tout arrangé avec amour.

Une ombre de tristesse passa sur le visage de Gloria lorsqu'elle dit :

–Un de mes projets pour le futur était de donner une belle maison à chacun de mes enfants lorsqu'ils se sont mariés. Tu es le premier, malheureusement, je n'ai pas eu la chance de réaliser ce rêve.

Gilberto serra sa mère dans ses bras, l'embrassant doucement sur la joue :

- C'est toi qui nous as donné la vie, tu nous as entourés de soins, d'amour et d'affection. Avec des mots et des exemples, tu nous as enseigné les valeurs éthiques qui feraient de nous de bonnes personnes. Aujourd'hui, j'ai une bonne profession, je suis respectée, je vis dignement et je suis sûr de pouvoir offrir une vie

La Vie Sait Mieux

confortable à la famille que je vais fonder. Tu as fait un excellent travail en tant que mère. Je t'en suis très reconnaissant.

Gloria l'a serré dans ses bras avec émotion et Nivaldo les a rejoints dans la même étreinte. Elle s'apprêtait à répondre, mais le son de la cloche lui fit dire avec joie :

- Ce doit être Nice !

Ils coururent vers l'entrée et Nice laissa la valise à la porte pour les serrer dans ses bras. Puis elle recula un peu et dit :

- Laisse-moi te voir, tu me manquais tellement !

- Moi aussi, dit Gloria, tu maigris, je ne pense pas que tu manges bien !

Nice secoua négativement la tête :

- À la fin de l'année, quand j'ai passé les vacances à l'hacienda, j'ai pris tellement de poids que j'ai dû faire un régime pour revenir à la normale !

- Tu as l'air en pleine forme. Tu as toujours été jolie, mais tu as changé depuis presque deux ans que nous ne nous sommes pas vus, tu as pris plus d'attitude", commenta Gilberto.

Nice rit de satisfaction. Elle était grande, avec un beau corps, un brun clair, de grands yeux vifs et expressifs. Ses cheveux brun clair, courts et légèrement ondulés, lui donnaient un certain air de jeune fille. Elle savait qu'elle attirait l'attention, mais malgré cela, elle était spontanée et simple, ce qui lui donnait un charme particulier. Tous les membres de la famille l'adorent. Son père lui voue un amour particulier. Il répondait à tous ses caprices et était fier de parader en ville avec elle chaque fois qu'il le pouvait. Pendant que Lidia s'occupait des bagages, elles sont allées discuter dans le salon. Ils ont parlé du mariage et Gloria leur a rappelé qu'ils devaient sortir déjeuner et faire du shopping. Tandis que Nice allait

La Vie Sait Mieux

se changer, Gloria et Lidia s'occupaient de la liste des courses, et Gilberto, seul avec Nivaldo, demanda à Gloria et Lidia de l'aider.

–Nice a posé des questions sur papa et tu as changé de sujet. Vous ne lui avez toujours pas dit ce qu'il avait fait ?

–Maman ne voulait pas l'inquiéter. Nice n'a jamais rien su. Maman se cachait toujours pour ne pas la décevoir.

De plus, elle a quitté la maison très jeune, en internat à l'école des religieuses de Belo Horizonte dès l'âge de douze ans. Quand elle a obtenu son diplôme, elle est allée à l'université à Rio de Janeiro. Elle n'est restée à la maison que pendant les vacances, elle n'a jamais rien remarqué.

-Maintenant, vous devrez lui dire la vérité. Ce ne sera pas facile.

- Nous n'avons pas le choix. Aujourd'hui, elle est adulte, elle aura plus de compréhension pour faire face à la situation.

- Elle a pensé que c'était étrange que papa ne soit pas là. Plus tard, elle le rapportera.

-Peut-être que je ferais mieux de lui parler moi-même. J'ai peur que maman ne soit pas encore prête à en parler.

-J'ai remarqué qu'elle est meilleure, plus gaie.

–J'ai essayé de lui montrer les autres aspects de la situation, en essayant de l'encourager à réagir et à percevoir que la séparation était la meilleure chose à faire dans son cas.

- Et tu as réussi. Elle va beaucoup mieux. Je dois partir maintenant, mais en fin d'après-midi, avant d'aller dîner chez Mme Laura, je vais m'arrêter et vous emmener voir ma nouvelle maison. J'insiste pour y aller, même si ce n'est que rapidement.

-C'est d'accord. Nous mourons tous de curiosité.

La Vie Sait Mieux

Gilberto leur a montré le chemin d'un bon restaurant, a dit au revoir et est parti. Peu de temps après, les trois autres sont également partis pour le déjeuner. Quand ils sont revenus des courses, pendant que Gloria et Livia arrangeaient les placards et planifiaient ce qu'elles feraient le lendemain, Nice a demandé à Nivaldo d'aller dans sa chambre pour parler. Dès qu'ils se sont assis sur le bord du lit, elle est allée droit au but :

– Que se passe-t-il, pourquoi papa ne t'a-t-il pas accompagné dans ce voyage ?

- Il ne viendra pas. Des choses désagréables se sont produites, je voulais te dire, mais maman voulait t'épargner le mécontentement et ne l'a pas permis.

–Il y a eu des moments où j'ai senti qu'il y avait quelque chose dans l'air. Papa n'était jamais à la maison quand j'ai téléphoné. Quand je le demandais, maman répondait évasivement. Je ne suis plus une enfant et tu ferais mieux de tout me dire en détail.

–Nos parents sont séparés et divorcent.

Nice se leva de peur :

- Ils ne s'entendaient pas très bien, mais je ne m'attendais pas à ce qu'ils aillent aussi loin ...

-En fait, papa est tombé amoureux d'une autre femme avec qui il a eu un fils qui est maintenant adolescent.

Nice se rassit, le regardant sérieusement :

- Alors la relation est vieille !

-Oui. Malheureusement, cette femme n'est pas fiable. Papa est très amoureux ; il fait tout ce qu'elle veut. Il a perdu son décorum et, dernièrement, il a parcouru la ville avec elle.

La Vie Sait Mieux

—Pourquoi maman a-t-elle mis si longtemps à se séparer ? Pourquoi l'a-t-elle laissé en arriver là ?

-Elle craignait qu'avec la séparation, il emménage avec elle ensemble et ils pillent tous les biens de la famille.

-Sera-t-il ? Je ne pense pas que papa fera ça !

—Cette femme est ambitieuse ; elle n'a jamais caché sa cupidité.

—Maman n'aurait pas dû condescendre. Le mieux aurait été de tout affronter et de se séparer.

- Elle avait trop peur des préjugés ; elle ne voulait pas se séparer.

Nice secoua la tête :

—Elle était déjà séparée ; le mieux serait d'assumer ce rôle.

- Tu as raison. Endurer toutes ces humiliations a été terrible pour elle, qui vivait plus à l'hacienda qu'en ville. Mais le pire était encore à venir.

Alors que Nice le regardait gravement, Nivaldo, en quelques mots, lui apprit que le père avait disparu, emportant tout l'argent, et que personne ne savait où il se trouvait. Et il a terminé :

- Nous avons intenté le procès, maman a demandé le divorce et nous nous occupons des affaires, qui resteront au tribunal. Elle voulait vendre la maison en ville, mais sans sa signature, c'est impossible.

Nice se passa la main dans les cheveux, pensivement, puis dit :

- Tu aurais dû me le dire. Je serais rentrée à la maison pour l'aider.

La Vie Sait Mieux

- Nous ne voulions pas te faire de mal. Tu es à la fin de ton cursus, tu dois obtenir ton diplôme. De plus, la situation était consommée et vous ne pouviez rien y faire.

- Maman a dû beaucoup souffrir ! Elle a toujours fait passer la famille en premier, ça a dû être dur d'accepter ce qu'il a fait.

- C'est comme ça. Elle était très déprimée, sa santé était brisée, mais Gilberto s'est occupé d'elle. Nous avons beaucoup parlé et, petit à petit, elle a accepté la situation.

- Je suis choquée. J'ai l'impression que tu parles de quelqu'un d'autre, pas de notre père.

- Il serait bon qu'il vienne car notre situation est difficile. Nous manquons d'argent pour payer les fournisseurs de la succession, car ce que nous recevons ne suffit pas. Comme nous ne pouvons pas vendre de biens, nous avons dû nous débarrasser de quelques vaches pour faire face aux dépenses urgentes. Nous avons entamé un procès, mais l'huissier n'a aucun moyen de signifier l'avis.

Nice pensée pendant un moment, puis dit :

- Ce serait bien d'enquêter, d'engager un détective.

- J'y ai pensé, mais nous n'avons pas de pistes, ce serait inutile.

- Eh bien, je pense que nous devrions essayer. Il peut enquêter sur les agences de voyages, les billets, les aéroports, les hôtels. On doit faire quelque chose. Nous ne pouvons pas nous asseoir et ne rien faire.

Nivaldo passa sa main dans ses cheveux. Puis il a répondu :

La Vie Sait Mieux

- Laissons le mariage passer, puis nous parlerons à maman et verrons ce qu'elle en dit.

Nice était sur le point de répondre, mais Gloria est apparue à la porte en disant :

– Laura a appelé pour dire bonjour et confirmer le dîner de ce soir. Il est réglé à huit heures.

- Gilberto veut nous emmener voir sa maison avant d'aller dîner - rappela Nivaldo.

- Il a accepté de passer à sept heures - a déclaré Gloria.

- Nous avons encore le temps, maman. Assieds-toi, parlons.

En entrant dans la pièce, Gloria remarque qu'elles échangent des confidences et sent qu'elles parlent d'Alberto. Même si elle savait qu'il serait inévitable de parler à sa fille de la séparation, elle voulait repousser encore ce moment désagréable. Mais Nivaldo ne lui laissa pas le temps de trouver des excuses. Il l'a prise par la main et l'a fait asseoir sur le fauteuil à côté du lit :

- Nice sait déjà tout. Elle est d'accord avec toutes les mesures que nous avons prises.

Elle essaie de maîtriser son émotion, mais ses yeux se remplissent de larmes. Nice s'approcha d'elle et déposa un baiser sur sa joue en disant :

- Maman, assez de souffrances pour un homme qui n'a pas su apprécier la famille qu'il a. Pourquoi ne me l'as-tu pas dit plus tôt ? Je suis juste désolée qu'il t'ait fallu tant de temps pour te libérer d'un mariage qui s'est terminé il y a de nombreuses années.

- Tu as toujours été très proche de ton père et je ne voulais pas te décevoir.

La Vie Sait Mieux

- Il vaut mieux connaître la vérité que de vivre dans l'illusion. Je sais que, malgré ce qui s'est passé, il m'aime toujours. C'est mon père et il m'a donné la vie, il m'a traitée avec amour. Et moi, même si je regrette ce qu'il a fait, je sens qu'il aura toujours une place dans mon cœur.

Gloria l'a serrée dans ses bras avec émotion.

- Ta noble attitude me soulage.

- Mais, malgré tout, je ne vais pas le laisser continuer à agir de manière irresponsable. Nous allons tout faire pour le retrouver et le ramener à la raison. Il nous doit le respect et il faut qu'il le sache.

- Je préférerais qu'il ne revienne jamais", a déclaré Gloria.

- Eh bien, je ne serai calme que lorsque je pourrai lui faire face en tant que sa fille et lui dire ce que je pense. Il n'était pas obligé de vivre avec la famille. Il suffisait de dire qu'il voulait se séparer et nous aurions compris. Mais s'enfuir comme un bandit, prendre tout l'argent sans se soucier de sa situation, c'est au moins léger.

-Tu as raison. - Il faut qu'il se montre, qu'il prenne ses responsabilités et qu'il régularise toute cette situation. Il peut vivre comme il veut, mais il nous doit un minimum de respect. Après le mariage, nous engagerons un détective", dit Nivaldo.

Gloria, après avoir réfléchi quelques secondes, dit :

- Peut-être que ce ne sera pas nécessaire, attendons encore un peu !

- Non, maman. Le mal est déjà fait et nous ne pouvons pas le laisser passer. Il était égoïste, il n'a pas hésité à nous laisser dans la plus grande difficulté. Il faut donc aller chercher ce qui nous appartient. Il n'est pas juste qu'il dilapide notre héritage, alors que vous deux travaillerez toujours dur pour le construire et

La Vie Sait Mieux

l'entretenir. Demain, nous partirons à la recherche d'un bon détective.

- Nous n'en connaissons pas ! En plus de cela, je ne voudrais pas mettre un étranger sur un pied d'égalité avec nos intimités - objecta Gloria.

–Nous avons besoin d'aide et nous ne pouvons pas avoir de préjugés. Faisons quelques recherches. Je suis sûre que nous pouvons demander à quelqu'un de discret et d'honnête de nous conseiller. C'est une question d'honneur pour moi.

Gloria, à moitié réticente, a dû accepter, et Nice a essayé de minimiser l'inquiétude :

-Maintenant, oublions cette question et pensons au mariage. Habillons-nous et voyons la maison de Gilberto. J'ai hâte de rencontrer Isabel.

Le visage de Gloria s'illumina :

- Tu vas l'aimer. Elle est adorable.

- Vous n'avez pas beaucoup de temps. Dans une demi-heure, Nivaldo sera là.

Gloria va dans la chambre et Nivaldo dans le salon. Elle s'assit dans un fauteuil et ferma les yeux, essayant de calmer son cœur. L'attitude digne de Nice la rendait plus confiante. Il lui montre qu'elle ne peut pas s'exonérer, qu'elle doit défendre ce qui est juste et bon. Comme la mère, il préférerait que le père ne réapparaisse jamais, il aimerait ne pas avoir à l'affronter dans un procès, car les droits de la famille seraient exposés publiquement. Il craint que Gloria ne souffre encore plus. Pourtant, tout ce que Nice disait résonnait dans son esprit. Lorsque ses parents se sont mariés, ils n'avaient aucun patrimoine. Gloria avait été la compagne fidèle et avait travaillé pendant de nombreuses années

La Vie Sait Mieux

pour contribuer à la constitution de ce patrimoine. Il lui incombait désormais, en tant que fils, de veiller à préserver sa part afin qu'elle puisse subvenir à ses besoins dans le confort et la dignité. Il éleva ses pensées, pria pour l'inspiration divine et sentit une brise douce et agréable l'envelopper. Il s'endormit. Il se vit entrer dans une pièce lumineuse où l'attendait une femme d'âge mûr. Une vague de joie inonda son cœur. Tout excité, il se jeta à ses pieds et lui baisa affectueusement la main :

-Je vous ai finalement trouvé ! Quelle nostalgie !

Elle le fit se lever et s'asseoir à côté d'elle sur le canapé. Elle lui caressa les cheveux en disant :

- Je n'ai jamais cessé d'être à te côté, comme je l'ai promis.

–J'ai besoin d'aide, je ne sais pas comment faire face à l'actualité !

- Oui, tu sais. Les défis ne se présentent que lorsque nous savons déjà comment les affronter et les surmonter. La vie ne joue pas pour perdre. Calmez votre cœur et faites confiance. Tout a une solution.

–Je suis indécis… Ma mère est contre le fait d'affronter mon père au tribunal. Engager un détective et insister pour qu'il se présente la fera encore plus souffrir.

- Au fond, vous savez que c'est la meilleure approche. Faire face à la vérité peut faire mal, cela peut frustrer, mais cela libère et renforce. Après si longtemps, l'opportunité est venue de résoudre les problèmes non résolus d'autres vies, qui la maintenaient liés ensemble avec Alberto. Il est temps de se libérer. Ils doivent emprunter de nouvelles voies.

-Malgré tout ce qu'il a fait, elle ne voulait pas être séparé de lui.

La Vie Sait Mieux

- La vie les a réunis pour qu'ils puissent résoudre leurs différends par la compréhension. Elle a fait sa part, mais lui n'a pas su résister aux tentations et a cédé à la fascination d'Alda pour lui.

- Que va-t-il se passer maintenant, pourra-t-elle aller de l'avant sans lui ?

- Elle a tout pour cela.

- Et lui ?

- Il récoltera les fruits de ses choix. Mais il est bon de se rappeler que la vie est aimante et qu'elle l'aidera à nouveau à apprendre à mieux vivre. Rappelle-toi que défendre ce qui nous appartient de droit divin est le meilleur moyen. Fais-le en accord avec les sentiments éthiques de justice que tu possèdes déjà. Ne te laisse pas envahir par l'orgueil, ni par aucun sentiment négatif. Ne juge personne. Rappelle-toi que chacun agit en pensant qu'il fait ce qu'il y a de mieux pour lui, et non dans l'intention de faire du mal.

- Malgré ce qu'il a fait, il m'a donné la chance de naître sur terre. Je sais ce que cela vaut et je lui en suis reconnaissant.

- Je connais ton bon sens de la justice, ta pureté de sentiments. Agis selon ce que tu ressens et tout ira bien. Maintenant, tu dois y retourner. Aie confiance et fais de ton mieux. Je serai toujours à tes côtés.

Elle se leva, le serra dans ses bras et l'embrassa doucement sur le front. Nivaldo soupira profondément et se réveilla avec une agréable sensation de légèreté et de plaisir. Il regarda autour de lui pour s'installer. C'est alors qu'il vit Nice s'approcher et lui dire :

- Tu n'es pas encore habillé ! Dans quelques minutes, Gilberto sera là.

- Je vais juste me laver le visage et c'est tout.

La Vie Sait Mieux

La visite de la famille dans la maison de Gilberto leur a fait oublier un peu les soucis de l'instant d'avant. La maison, même si elle n'avait pas tout ce qu'ils voulaient, était belle et confortable. Pendant qu'ils la visitaient, Gilberto leur a expliqué à quoi elle ressemblerait une fois les décorations terminées. Plus tard, pendant le trajet vers la maison de Laura pour le dîner, ils parlaient avec enthousiasme de la maison, du mariage, de la lune de miel de deux semaines à Buenos Aires. À leur arrivée, Laura et Isabel les accueillent chaleureusement. Elles ont présenté Nice, qui était ravie de tout ce qu'elle voyait. Sonia et Diva se joignirent au groupe et la conversation s'anima, surtout entre Nivaldo et Diva qui voulait savoir comment ça se passait à l'hacienda, mais sans parler d'Alberto et des événements désagréables. Il parlait plutôt de ses enquêtes et de son travail, se souvenant de la beauté de l'endroit et des bons moments passés avec eux. La conversation avec Diva et l'enthousiasme de la jeune femme firent oublier à Nivaldo ses soucis, retrouvant l'esprit qu'il avait toujours eu avec ses découvertes et son travail.

Le dîner se passa agréablement et tout le monde se sentit à l'aise. Quand ce fut fini, alors que Laura parlait avec Gloria dans l'autre pièce et que Gilberto et Isabel, s'embrassant, parlaient du voyage avec Sonia, Nice rejoignit Nivaldo et Diva, vivement intéressé par les recherches de son frère, dont elle ne savait presque rien. Bien que Gloria lui ait dit quelque chose, elle n'imaginait pas qu'ils étaient si intéressants. Elle voulait connaître tous les détails et, quand il a terminé, elle a commenté :

- Je rentre bientôt chez moi, et tu dois me le montrer de près.

–Ses recherches et la façon dont il voit la vie changeront ma façon de penser. J'avoue qu'après avoir parlé, j'ai commencé à regarder les choses différemment. J'aimerais aussi beaucoup faire un stage à la ferme pour en savoir plus - dit Diva avec enthousiasme.

La Vie Sait Mieux

Auquel Nivaldo a répondu :

- Tu peux y aller quand tu veux. Nous serons heureux de t'avoir parmi nous.

- Ne dis pas ça, car je pourrais accepter et rester là-bas pendant quelques mois !

-Fais-le ! Je suis sûr que nous avons beaucoup à apprendre ensemble.

Diva réfléchit un peu, le regarda dans les yeux et dit :

-Ce serait génial ! Dernièrement, j'ai réfléchi, je ne suis pas satisfait de ce que j'ai fait. Je suis diplômée de Biologie, mais, en laboratoire, le travail est limité, il n'y a pas de perspectives d'avancement. Tu as ouvert la porte à quelque chose de plus grand et j'aimerais en savoir plus. Après mon retour, je n'ai pas été satisfait. La vie est bien plus que ce que j'en sais.

Sans détourner les yeux, Nivaldo répondit d'une voix ferme :

- Tu as le pouvoir de changer, tout ce que tu as à faire est de le vouloir. Pourquoi ne pas tout laisser ici et aller avec nous à la ferme ?

Les yeux de Diva étincelèrent en répondant :

- Ce serait merveilleux !

- Alors fais-le ! Nous resterons ici quelques jours. Règle tout ce qui est nécessaire et reviens avec nous.

- Je sais que tu as des difficultés. Peut-être que le moment n'est pas venu de partir. Je ne veux pas déranger...

Nivaldo balança la tête négativement et dit :

La Vie Sait Mieux

-Au contraire. Ta présence nous donnera plus de force pour traverser ces turbulences. Maman va adorer l'idée.

Diva sourit et répondit :

- J'y réfléchirai et, après le mariage, j'aurai une réponse.

Nice est intervenu :

- Vas-y. Si tu penses que c'est bon, faites-le. Je ne fais que des choses qui sont bonnes pour moi.

–Je ne veux pas être intrusive.

Nice balança la tête, sourit et répondit :

- Si tu étais indésirable, Nivaldo ne t'aurait pas invité et aurait insisté. Lui, comme moi, ne fait que ce qu'il veut. En ce moment, mon souhait est de rentrer chez moi, de rester avec ma famille, de la soutenir en tout. Mais ils ne veulent pas que j'abandonne mes études. Je reconnais qu'ils ont raison, mais dès que j'aurai obtenu mon diplôme, je rentrerai définitivement chez moi.

Nivaldo a serré sa sœur dans ses bras, l'a embrassée doucement sur le front et lui a dit :

- Nous ne voulons plus être loin de vous. Tu devras nous supporter pour le reste de ta vie. Même si un jeune homme galant vient à nouveau t'éloigner de la maison, nous ferons de notre mieux pour la garder près de nous.

La conversation était agréable, mais Gloria les a rappelés, affirmant qu'ils avaient tous besoin de se reposer :

-Il est tard. Nous devons nous préparer pour l'excitation de demain. Isabel doit se lever tôt.

- Je ne sais pas si je vais pouvoir dormir ! - dit Isabel.

La Vie Sait Mieux

- Pense que tu vas réaliser ton rêve d'amour et dors comme un ange - dit Diva en souriant.

- Détends-toi pour te rendre plus belle ! - dit Nice en la serrant dans ses bras : - Tu as conquis le meilleur mari du monde !

Gilberto intervint :

- C'est moi qui épouse la plus belle femme du monde !

Ils rirent tous et se dirent immédiatement au revoir. Après le départ des visiteurs, Laura embrassa Isabel avec émotion :

- Je suis sûre que tu seras très heureuse ! Maintenant, allonge-toi et détends-toi. N'oublie pas de remercier Dieu pour ce bonheur.

De retour à l'appartement, Nice a parlé avec enthousiasme avec Nivaldo de sa future belle-sœur et de sa famille:

–Gilberto a fait un bon choix. Je ne fais pas d'erreur avec les gens. J'aimais Isabel.

- Je suis d'accord avec elle - ajouta Nivaldo - Elle est intelligente, simple et sincère.

Ils seront heureux.

Nice le regarda malicieusement et lui demanda :

- Et qu'en est-il de Diva ?

–Elle est jolie, gentille, intelligente.

- C'est tout ?

- Que pourrait-elle être d'autre ? Je ne comprends pas ta question.

- J'ai l'impression que les deux ont une très bonne connexion. Il n'y a rien qui se passe entre vous ?

La Vie Sait Mieux

- Tu t'imagines des choses. Nous sommes juste de bons amis, rien de plus.

Nice sourit légèrement et répondit :

- Ce n'est pas ce que j'ai vu dans le pétillement de ses yeux quand elle s'adressait à toi.

- Tu exagères, qu'est-ce qu'une jolie citadine cultivée peut bien vouloir d'un paysan comme moi, préoccupé par les dettes du domaine que même moi je ne sais pas si je pourrai honorer ?

Elle a répondu sérieusement :

- Tu peux dire ce que tu veux, mais il y a quelque chose dans l'air entre vous. Seul le temps nous le dira.

Il a levé les épaules et n'a pas répondu. La conversation s'est éteinte et ils sont allés dans leur chambre pour se préparer à se coucher, tous deux plongés dans leurs pensées intimes.

Le jour suivant s'est levé nuageux et il a plu pendant la matinée, mais le soleil est apparu pendant l'après-midi pour éclaircir le ciel. Le mariage était prévu pour huit heures du soir. Une demi-heure avant, les invités remplissaient déjà la salle du club où se déroulaient la cérémonie civile et la fête. Dans un coin, une table dressée pour la cérémonie civile ; dans un autre, un ensemble musical jouant de la musique douce et, tout autour, les tables dressées pour le dîner. Les fleurs colorées en fleurs formaient des arrangements colorés qui diffusaient un parfum délicat et donnaient à l'atmosphère un air gai et agréable. La beauté des lieux, l'élégance des convives, le bon goût de la décoration et la musique à la mode, bien exécutée, ont procuré des moments de joie et de bien-être.

C'est dans cette atmosphère que, au son de la marche nuptiale, Laura entra dans la salle en menant Isabel par la main,

La Vie Sait Mieux

tandis que Gilberto et les autres parents attendaient près du juge. Isabel pensait qu'en l'absence de son père, mort depuis tant d'années, c'était Laura qui devait la donner à son futur mari. Alors que les deux marchaient lentement dans la salle, les yeux brillants d'émotion, les invités, surpris par le caractère inhabituel de la cérémonie, sont devenus excités.

Gilberto la reçut devant le juge, baisa la main de Laura avec émotion et, avec un regard aimant, prit la main d'Isabel, qui tendit le bouquet de roses à sa mère pour qu'elle la tienne. Pendant que le juge officiait, une musique douce enveloppait l'atmosphère d'une douce romance. Après que les mariés ont signé le livre, Laura a pris le micro et a demandé à tout le monde de se joindre à elle pour une prière pour le couple. D'une voix douce et émue, elle a demandé une protection divine pour le couple et des bénédictions pour la nouvelle famille qui se formait. Elle a terminé en remerciant Dieu pour toutes les bénédictions qu'ils recevaient. Quand elle s'est tue, les gens se sont approchés pour les féliciter et, aussitôt, ils ont commencé à s'installer aux tables. Le cocktail a commencé à être servi dans une atmosphère détendue et joyeuse.

Nivaldo s'est assis à côté de Laura et a exprimé sa joie, louant la beauté du lieu, la cérémonie simple et sa prière émouvante. À un moment donné, il la regarda dans les yeux et dit sérieusement :

—J'ai un message pour vous de quelqu'un de très spécial, qui ne peut pas le faire personnellement. Je sais que tu comprendras.

Les yeux de Laura étincelèrent et elle répondit :

- Serait-ce à qui je pense ?

—C'est d'un homme grand, cheveux bruns, yeux foncés, allure élégante, très excité. Il m'a demandé de vous dire qu'il

La Vie Sait Mieux

adorait vous voir le remplacer dans ce qu'il aurait aimé faire, mais il n'a pas pu.

Les yeux de Laura se remplirent de larmes lorsqu'elle répondit :

- Il était tout le temps à mes côtés. Il était très élégant et beau comme il l'a toujours été. Merci de me l'avoir dit.

- Je savais que tu comprendrais.

- Il est bon de savoir que vous avez cette sensibilité. Vous avez parfaitement décrit Orlando.

–Pendant des années, je vis avec des amis spirituels qui m'ont toujours beaucoup aidé. Parfois, face à certains défis quotidiens, je me sens incapable, impuissante. Ensuite, ils apparaissent et me soutiennent, ils renouvellent ma confiance. Ainsi, j'ai le courage de faire face à tout ce qui est nécessaire.

- Ça m'arrive. La présence et l'affection d'Orlando, chaque fois que je suis inquiète, m'ont soutenu. Je remercie Dieu de lui avoir permis de continuer à m'apporter ce soutien.

Remarquant que Gloria parlait à Diva à la table voisine, il continua :

–Je sais que vous avez l'intention de retourner bientôt à la ferme. J'ai remarqué que le voyage était bon pour Gloria, elle est plus gaie. Pourquoi ne restez-vous pas un peu plus longtemps ?

- Je ne peux pas. J'ai des problèmes urgents à résoudre, mais maman peut rester. Le problème est qu'elle pense qu'elle a besoin de m'aider et qu'elle veut m'accompagner.

- Dans ce cas, je vais insister pour qu'elle reste. Nous aimerions vraiment l'avoir avec nous. En plus de ça, Isabel me manque déjà et elle me tiendrait compagnie.

La Vie Sait Mieux

Nivaldo sourit et réfléchit :

–Vous avez un argument valide. Vous pouvez essayer, mais je ne sais pas si vous pourrez la convaincre.

- Elle et Diva s'entendent très bien. Diva est une personne sensible, joyeuse et excellente. Je vais parler à Gloria. Elle doit rester.

-Ce serait génial. Nous sommes confrontés à des problèmes à la ferme et nous n'avons toujours pas de bonne solution. Il vaudrait mieux qu'elle reste. D'ailleurs, il lui serait plus difficile d'oublier certains événements là-bas.

Laura posa sa main sur la sienne, essayant de le réconforter :

- Tu es toujours sans nouvelles de lui ?

- Oui, nous n'avons pas la moindre idée de l'endroit où il pourrait être. Les amis spirituels me demandent de faire de mon mieux et de faire confiance à la vie, qui fait toujours de son mieux.

- Dans nos prières, nous avons demandé l'aide des amis spirituels dans ce cas. Ils répondront la même chose. Orlando avait l'habitude de dire que les gens sont libres de choisir leur propre chemin et, ce faisant, ils programment les résultats qu'ils devront récolter lorsque le temps vient. Il nous a conseillé d'envoyer des énergies lumineuses à toutes les personnes impliquées. Et c'est tout ce que nous pouvons faire.

Nivaldo réfléchit pendant quelques secondes, puis dit :

-Vous avez raison.

Gloria les a approchés avec Diva, qui a demandé à Nivaldo :

- Convaincs ta mère de ne pas retourner à l'hacienda.

La Vie Sait Mieux

- Je demande à Nivaldo de nous aider à la convaincre de rester, dit Laura.

- C'est vrai, maman. Il serait bon que tu restes un peu plus longtemps. Elles insistent et je pense que cela te fera beaucoup de bien. Et aussi parce que les choses vont très lentement à l'hacienda.

- Je te remercie de ton invitation. J'accepterais volontiers une autre fois. Mais je ne serais pas tranquille ici, à imaginer ce qui pourrait arriver à tout moment.

- Si nous avons des nouvelles, vous serez la première à les connaître. Je vous le promets.

Gloria secoua la tête, sourit légèrement et répondit :

-On verra. Je vais y penser.

De loin, Isabel fit signe à Laura, qui se leva en disant doucement :

–Les mariés vont partir discrètement. Je vais voir si tout est en ordre.

- Tu as besoin de quelque chose ? - demande Nivaldo.

- Reste ici pour que personne ne s'en aperçoive. Tout est arrangé.

- Je voulais leur dire au revoir - demanda Gloria.

Laura sourit d'un air complice et l'informa :

- Ils vont à l'hôtel et demain matin, nous pourrons aller à l'aéroport pour leur dire au revoir.

Elle sortit discrètement et, quelques minutes plus tard, revint satisfaite.

- Ils sont déjà partis. Tout va bien.

La Vie Sait Mieux

- Dans ce cas, profitons de la fête", dit Diva. Et, prenant Nivaldo par le bras, elle demanda : "On va danser ?

Il la regarde étonné et elle continue :

- Ne me dis pas que tu ne sais pas danser ?

- Je savais quand j'étais étudiante, mais maintenant je ne sais pas si je pourrais le faire.

- Essayons - dit-elle - j'adore cette musique !

Ils ont commencé à virevolter dans la pièce au rythme d'un boléro alors que Sonia a commenté :

- Ils forment un beau couple, tu ne penses pas, maman ?

– Nivaldo est une personne très spéciale.

En quelques mots, elle lui raconta le message qu'Orlando lui avait transmis quelques instants auparavant. Sonia sourit et ajouta :

– Diva se sent bien à ses côtés. Depuis son retour de la ferme, ses yeux pétillent lorsqu'elle parle de lui.

– Il a toutes les qualités. La femme qui parvient à le conquérir sera très heureuse.

Ils les observeraient tous les deux, qui, après le boléro, danseraient pendant plus d'une heure sans s'arrêter.

Quand ils sont revenus à table, ils ont été rougis, les yeux brillants de plaisir, et Sonia a commenté :

- Pour quelqu'un qui ne savait pas danser, vous nous avez surpris !

Nivaldo sourit :

– J'avais déjà oublié que danser fait beaucoup de bien !

La Vie Sait Mieux

- Tu danses très bien - dit Diva.

–C'est parce que tu es léger, flexible, facile à diriger. Danser avec toi n'a pas été difficile.

Ensuite, Laura et Gloria ont rejoint quelques invités, et Sonia est allée danser. Diva et Nivaldo continuèrent à parler à table. À un certain moment, Nivaldo se souvint :

- Tu as dit que tu n'étais pas satisfait de ton travail. Si les circonstances étaient différentes, j'insisterais pour que tu viennes travailler avec nous à l'hacienda, ce serait merveilleux, j'adorerais.

- Ce serait merveilleux, j'adorerais. Pourquoi crois-tu que tu ne peux pas insister ? Qu'est-ce qui t'en empêche ?

Nivaldo hésite un peu, mais finit par dire :

- Ton aide serait précieuse, mais nous traversons une période difficile. Je ne pense pas qu'il soit juste que tu quittes ton travail avec toutes les garanties pour te lancer dans un projet difficile dont je ne sais même pas s'il va fonctionner.

Diva l'a regardé sérieusement et a répondu :

- J'aime changer et oser pour conquérir ce que je veux. Ta façon de voir la vie et de faire ce qu'il y a de mieux va dans le même sens que la mienne. Après mon retour de l'hacienda, j'ai eu l'impression de travailler dans un laboratoire sans plaisir, juste parce que je n'avais pas mieux. Sois honnête : si tu penses vraiment que je peux être utile à la ferme, je suis prête à tout laisser ici et à partir avec toi.

- En es-tu capable ?

- J'aimerais beaucoup partir. Je sens que c'est ma vocation.

- Avant d'accepter, nous devons avoir une conversation. Allons dans le jardin.

La Vie Sait Mieux

Ils quittèrent le salon et s'assirent sur un banc dans le jardin. La nuit est fraîche, le ciel est clair et dégagé. Tout autour d'eux, des rangées de fleurs répandaient un doux parfum dans l'air et l'on entendait le son d'un saxophone presque étouffé provenant du salon. En silence, Diva attendit qu'il prenne la parole.

Nivaldo lui a raconté tout ce qui se passait, sans omettre aucun détail. Et il a terminé :

- Je te dis cela parce qu'il n'est pas juste que tu t'impliques dans une situation aussi incertaine.

Diva posa sa main sur son bras et répondit :

- Tu te trompes. C'est le meilleur moment pour moi d'aller là-bas. Je suis sûre que j'aurai l'occasion d'apprendre beaucoup et, en même temps, de soutenir une cause que je trouve très valable. Quoi qu'il arrive, nous serons ensemble et l'union fait la force.

Nivaldo lui a pris la main et l'a baisée affectueusement.

- Nous resterons ici deux jours de plus. Réfléchis bien et décide si c'est ce que tu veux vraiment. Avant de rentrer, tu me diras ce que tu as décidé.

Diva sourit :

Diva a souri :

- J'ai déjà pris ma décision. Mais que ce soit fait comme tu le souhaites. Je réfléchis déjà à la façon de m'arranger pour tout régler ici et être libre de partir. Retournons dans le hall, ils ont dû remarquer notre absence.

En entrant dans la salle, on remarque qu'il y a encore beaucoup de couples qui dansent. Nivaldo, sans rien dire, a embrassé Diva et ils ont recommencé à danser. Gloria, bien que fatiguée, constatant que Nivaldo dansait et s'amusait, décida

La Vie Sait Mieux

d'attendre encore un peu avant de partir. Mais il a remarqué sa fatigue et l'a invitée à partir. Comme Nice, qui avait commencé à danser après le début de la fête, voulait rester un peu plus longtemps, Gloria accepta. Il est quatre heures du matin lorsqu'ils se disent au revoir. Arrivée à la maison avec Sonia, Laura est heureuse que tout se soit passé mieux qu'elle ne l'avait imaginé. Alors que Sonia, épuisée, se préparait à aller se coucher, Laura, dans sa chambre, devant le portrait d'Orlando, le remercia pour son soutien. Après avoir embrassé le portrait avec amour, elle a remercié Dieu pour toutes les bonnes choses qu'elle avait reçues dans la vie.

Gloria est arrivée à l'appartement et s'est immédiatement endormie. Nice a enlevé ses chaussures et a dit à Nivaldo :

- J'ai adoré le mariage, la fête, tout.

- Tu t'es beaucoup amusé, tu as eu beaucoup de succès. Qui est le jeune homme avec qui tu as dansé toute la nuit ?

- C'est un médecin, un ami de Gilberto, ils travaillent ensemble à l'hôpital. Il s'appelle Marcio.

- Il est fort, élégant !

- Charmant, il a un beau sourire !

- Dommage qu'il habite ici et que tu habites à Rio, ça pourrait représenter un coup de foudre !

- Il m'a dit qu'il allait prendre des vacances le mois prochain et aller à Rio.

- Tu n'as laissé personne là-bas ?

- Rien qui vaille la peine.

- Hum... On dirait que Marcio a une chance.

La Vie Sait Mieux

Nice sourit malicieusement et répond :

- Il est attirant, mais je ne sais pas s'il viendra vraiment me voir à Rio. Maintenant, dis-moi : es-tu intéressé par Diva ?

- Elle est très spéciale, mais ce n'est qu'une amie.

- Une amie ? J'ai vu à quel point vous dansiez bien, même avec vos visages serrés l'un contre l'autre. Avoue qu'elle t'attire.

- J'avoue qu'elle est attirante, mais il n'a jamais été question d'autre chose entre nous.

- Je ne m'attendais pas à ce que la fête soit si belle. Je suis fatiguée, mais je suis tellement inspirée que je ne sais pas si je vais pouvoir dormir.

- Eh bien, je suis fatigué. Je vais prendre une douche rapide et aller me coucher. Tu vas à l'aéroport demain après-midi ?

- Oui, j'y vais. Je veux les embrasser et remercier Isabel pour la belle fête qu'elle nous a donnée.

- C'est ce que tu feras. Dors bien.

- Toi aussi.

Nivaldo l'embrasse sur la joue et va se coucher. Nice, après avoir bu un verre d'eau, se rendit également dans la chambre pour se préparer à aller au lit.

***

Carlos a vérifié si tous les documents étaient en ordre pour le voyage et les a placés dans la valise à main. Il regarda la valise ouverte, vérifiant si elle contenait tout ce dont il avait besoin. Inés entra dans la pièce en disant :

-À quelle heure pars-tu ?

La Vie Sait Mieux

- Je vais partir dans quinze minutes.

- Tu abandonnes ta famille. Es-tu sûr de ce que tu fais ?

- Oui, je le suis. Ne déforme pas les choses. Je vais juste vivre ailleurs, je n'abandonne personne.

- Bien sûr que si. Tu vas vivre à l'autre bout du monde.

Carlos sourit d'un air bon enfant :

- Arrête de dramatiser. Nous resterons en contact, je reviendrai de temps en temps et tu viendras nous rendre visite.

Elle se tut et resta à le regarder pendant qu'il fermait la valise et la posait près de la porte.

Soudain, elle dit :

- Isabel s'est mariée hier soir. Tu n'as pas besoin de partir à cause de ça.

Carlos la regarda sérieusement, fronça les sourcils et répondit :

- Je suis au courant et j'espère qu'ils seront très heureux. Et toi, arrête de te sentir mal à l'aise avec Isabel. C'est une jeune femme très spéciale, qui a tout pour bien vivre.

- Maman pleure encore dans les coins, que tu fais semblant de ne pas voir.

Carlos soupire d'abattement :

- A certains moments, il n'est pas possible de te parler. Je pensais que tu t'étais un peu amélioré. Je m'entendais très bien avec maman, alors essaie de ne pas prendre sa défense en parlant de travers.

La Vie Sait Mieux

- C'est toi qui as fait le mal et tu veux que je le corrige. Elle va beaucoup pleurer.

- J'ai été absent pendant cinq ans et elle s'en est bien remise.

- En vivant là-bas avec les gens que tu aimes, tu vas nous oublier.

Carlos pose ses mains sur ses épaules et la regarde dans les yeux :

- Arrête, Inés ! Chacun a son chemin dans la vie. Je prends le mien. Essaie de trouver le tien et de faire ta part. Je pars, mais je serai toujours là parce que je t'aime.

Elle avait les yeux pleins de larmes. Il l'embrasse sur le front et continue :

- Tu vas voir que nous aurons encore beaucoup de moments heureux ensemble. Écris-le. Maintenant, il faut que j'y aille.

Lorsqu'il descendit l'escalier avec la valise, Albertina le serra dans ses bras avec enthousiasme et lui demanda : "C'est déjà l'heure de partir ?

- C'est déjà l'heure de partir ?

- Oui, mais chaque semaine, je téléphonerai pour savoir comment vont les choses.

- Je t'attendrai.

Antonio s'approcha :

- Tu as tout arrangé, tu as vérifié qu'il ne manquait rien ?

- Oui, papa. Dans quelques minutes, le taxi sera là.

–Je n'aurais jamais pensé que tu irais vivre si loin ! - il a commenté avec une certaine inquiétude.

La Vie Sait Mieux

- Avec les vols, le monde est devenu petit. Cela ne prend que quelques heures pour être à nouveau ensemble.

- Je n'irai pas sur l'une de ces machines !

Carlos rit joyeusement et répondit :

- Tu vas continuer, oui, et tu vas aimer ça. C'est un merveilleux voyage. Pour mon mariage, je veux que vous soyez tous là avec moi. Je vais envoyer des billets pour vous trois. Vous devrez y aller. Vous ne serez pas déçu !

Antonio rit à moitié gêné et Albertina répondit :

-Je vais ! Je n'ai pas peur. Je suis juste curieuse de voir la ville de là-haut.

- C'est l'esprit, mère. Vas-y, et tu seras très belle. Là-bas, les gens s'habillent bien. Je vais envoyer de l'argent et je veux que tu t'achètes des vêtements très élégants. Tu dois connaître une vie meilleure.

La cloche a sonné et Carlos a dit :

- Ce doit être le taxi, je dois y aller.

Carlos ouvrit la porte et tendit la valise au chauffeur, tandis que tous les trois attendaient sur le trottoir. Il les serra l'un après l'autre avec affection, embrassa sa mère, promit de toujours l'appeler et monta dans le taxi. Lorsque la voiture s'est éloignée, il a mis sa main en éventail en guise d'adieu. Puis il s'est installé avec plaisir, attendant le moment de serrer à nouveau Gina dans ses bras. Il se sentait heureux et avait foi en l'avenir.

Lorsque l'avion a atterri à Milan, Carlos est sorti le plus rapidement possible. Il réussit à sortir ses bagages et à débarquer, il regarde autour de lui avec anxiété. Il vit Gina, qui marchait dans sa direction et lui ouvrait les bras. Carlos la serra fort dans ses bras

La Vie Sait Mieux

et l'embrassa passionnément, tandis que les gens les regardaient en souriant. A côté de lui, Marta souriait joyeusement, les yeux humides, attendant son tour pour embrasser son futur beau-frère. Tout en discutant, ils se sont rendus à l'appartement de Carlos pour y déposer sa valise. Ils se rendirent ensuite chez Lucia qui les attendait avec Benito. Elle avait préparé un délicieux café matinal et, après les embrassades et les souhaits de bienvenue, ils se sont mis à table. Pendant que Carlos voulait savoir tout ce qui s'était passé en leur absence, ils ont raconté et posé des questions sur le voyage au Brésil. Gina voulait savoir comment la famille de Carlos réagirait à leurs projets d'avenir.

- Ma mère est compréhensive. Au début, elle était triste d'apprendre que nous allions vivre ici, mais elle a très bien accepté mon bonheur. Mon père a été un peu surpris et ma sœur, qui a l'habitude de voir le mauvais côté de tout, a été jalouse, mais je leur ai fait comprendre que j'aime ma famille et que je resterai toujours en contact. L'idée d'aller leur rendre visite et qu'ils viennent ici les a réconfortés. Je veux qu'ils viennent pour notre mariage.

- Tu as bien fait. J'imagine ce que je ressentirais si tu préférais emmener Gina vivre au Brésil. Je comprends ce qu'ils ressentent.

- C'est la vie - philosophe Benito - Les enfants quittent leurs parents pour se marier et fonder une nouvelle famille. Le moment venu, leurs enfants font de même et les parents doivent l'accepter.

- Tu dois être fatigué - commenta Lucia en regardant Carlos - Tu veux t'allonger un moment dans la chambre de Benito?

-Je vais bien. Ce n'est pas nécessaire. Merci.

Au cours de la matinée, alors que Lucia était occupée à des tâches ménagères, les trois frères emmenèrent Carlos dans la pièce qui leur servait d'atelier. Benito avait reçu de nouvelles commandes

La Vie Sait Mieux

et les affaires marchaient très bien. Les deux sœurs avaient dessiné de nouvelles pièces et attendaient avec impatience que Carlos les approuve. Ce dernier les a examinées attentivement et a suggéré quelques modifications, qu'elles ont immédiatement acceptées. Après coup, Benito a trouvé qu'elles étaient bien meilleures. Ils travaillaient tous les trois très bien ensemble, mais c'est Benito qui donnait l'approbation finale. Il ne dessinait pas, mais il savait dire ce qui plaisait. Deux semaines plus tard, Benito a présenté les nouvelles pièces aux clients et a reçu de nombreuses commandes. Pour les livrer plus rapidement, ils ont engagé deux bons orfèvres exclusivement pour assembler les pièces. Les pièces étaient si agréables qu'elles commencèrent à être connues et respectées dans le milieu. Les commandes ont augmenté et l'argent a commencé à rentrer rapidement. Au fur et à mesure que l'entreprise se développait, tout l'argent était investi dans les matériaux. Tous les quatre retiraient juste assez d'argent pour leurs dépenses personnelles. Carlos et Gina voulaient se marier rapidement, mais ils ont décidé d'attendre encore un peu.

Pendant toute la durée de son séjour en Europe, Carlos continue à travailler pour Nicolai. De temps en temps, il se rend à Paris où, en plus de vendre les pièces habituelles de Nicolai, il parvient à placer certaines des pièces qu'ils produisent.

Un après-midi, Nicolaï téléphone et montre de l'intérêt pour les bijoux qu'ils fabriquent. Il sait que La Belle les a achetés et lui demande de lui envoyer un catalogue. Après l'avoir vu, il appelle Carlos et lui dit qu'il aimerait être le représentant de leurs bijoux au Brésil. Carlos rencontre les associés pour étudier les possibilités et ils décident d'accepter, en commençant par de petites sommes. Sachant cela, les deux orfèvres qui travaillaient pour eux ont voulu se lancer dans l'aventure. Ils disposaient d'un bon capital, épargné par des années de travail, et voulaient se joindre à eux. Après avoir

La Vie Sait Mieux

étudié attentivement la proposition, ils ont accepté. L'entreprise s'est développée, a progressé et a gagné de l'argent.

Six mois plus tard, Gina et Carlos obtiennent l'acte d'état civil et fixent la date du mariage à deux semaines. Ils louent une maison et n'ont aucune difficulté à la meubler confortablement. Pour eux, tout n'est que bonheur.

Au Brésil, deux jours après le mariage d'Isabel, Nivaldo et Gloria retournent à l'hacienda de Pouso Alegre. Diva avait accepté l'invitation à les accompagner, mais elle ne partirait que la semaine suivante, car elle avait besoin de temps pour quitter son travail et résoudre certains engagements en suspens. Nivaldo a été clair, a expliqué en détail comment allaient les affaires à l'hacienda et a demandé :

- Réfléchis bien si cela vaut la peine de risquer de quitter ton emploi pour travailler dans un endroit dont on ne sait pas s'il va continuer. Je ne sais même pas combien je pourrai te payer.

- Ne t'inquiète pas pour ça. Je vais faire ce que j'aime. Je sais que je vais apprendre davantage et cela n'a pas de prix. En outre, j'ai très envie de t'aider à gagner ce combat, je suis sûre que nous allons gagner ! Un si beau et bon projet ne peut s'arrêter, j'espère juste être utile !

- Ta présence dans l'élévation de notre astral est merveilleuse, mais je sais que tu feras beaucoup plus. Tu as la compétence et le dévouement. Je ne sais pas comment te remercier pour un tel dévouement.

- Ne me remercie pas. Je suis prête à apprendre ce que je peux. C'est un métier.

Diva a promis d'appeler un jour avant son voyage pour savoir s'ils étaient déjà à la ferme, car Nivaldo avait encore des engagements dans la ville. Le même jour que Gloria voyageait avec

La Vie Sait Mieux

Nivaldo, Nice retourna à Rio de Janeiro. Dès son arrivée en ville, elle a tenté de trouver un détective privé. Elle n'a pas cherché un détective privé dans les annonces des journaux, mais un professeur de sa faculté en qui elle avait confiance et qu'elle jugeait très compétent et éthique. Elle est allée le voir, l'a mis au courant de la situation et lui a demandé de recommander quelqu'un qualifié. Il a écouté attentivement, l'a dirigée vers une personne et lui a donné des conseils sur la façon de l'embaucher.

Trois jours plus tard, elle est allée le chercher au centre-ville. Son bureau était dans un vieil immeuble et elle monta les escaliers en bois jusqu'au deuxième étage, à la recherche du bureau 95. À côté de la porte, il y avait une plaque dorée qui disait : "Germano Oliveira - Avocat". Nice a hésité. Elle cherchait un détective, pas un avocat. À travers la vitre de la porte, elle a vu la lumière s'allumer et a sonné la cloche. La porte s'ouvrit et un grand jeune homme blond aux yeux brillants avec un sourire facile en émergea.

- Je m'appelle Anice Souza Mendes. Le professeur Adilson m'a donné votre adresse, il a dit que vous travailliez comme détective. Est-ce correct ?

-Oui. Veuillez entrer.

La pièce est meublée sobrement et avec goût. Il désigna un fauteuil devant le bureau et Nice s'y installa.

- En quoi puis-je vous aider ?

Elle exposa toute l'affaire en détail, puis termina :

- Nous devons retrouver mon père. Tant qu'il ne se manifestera pas, nous ne pourrons pas régulariser l'entreprise familiale. Pouvez-vous faire cela ?

- Je peux essayer. Je dois me rendre sur place, parler à ses proches, enquêter en ville, faire des recherches.

La Vie Sait Mieux

- Je voudrais savoir combien cela coûterait et quelle forme de paiement vous accepteriez. Pour l'instant, nous ne sommes pas en mesure d'avancer de l'argent, car il a pris ce que nous avions de disponible. Mais nous avons des biens.

Après avoir réfléchi, il a dit :

- Il y a des dépenses de voyage pour Pouso Alegre. Comme je préfère y aller en voiture, il ne s'agirait que du carburant et de l'hébergement. Compte tenu de la situation, si ces besoins sont satisfaits, les honoraires peuvent être payés après l'accomplissement de la tâche.

- Pourriez-vous loger dans la maison familiale ? La maison et l'hacienda sont très confortables et je vous garantis que la nourriture y est très bonne.

Il a souri et a répondu :

- J'adore la nourriture des mineurs ! Cela m'a rappelé ma grand-mère, qui m'a laissé beaucoup de nostalgie.

- Nous avons une urgence, quand est-ce que vous pouvez commencer ?

- Dans trois jours, je serai libre de voyager.

- Je vais téléphoner à mon frère aujourd'hui pour lui dire que je l'ai engagé et qu'il sera là dans trois jours. Je lui donnerai le nom de mon frère et les numéros de téléphone de la maison et de l'hacienda. Il doit être à l'un des deux endroits. Il est préférable d'appeler la nuit pour me donner le temps de vous prévenir.

Tous d'accord, Nice a dit au revoir satisfait. Elle rentra chez elle en pensant parler à Nivaldo immédiatement. Elle vivait dans une chambre qu'elle louait dans une maison familiale du quartier de Leme. Lorsqu'elle est allée étudier à Rio de Janeiro, elle a vécu pendant deux ans dans une pension, mais elle en a eu assez du

La Vie Sait Mieux

désordre et des problèmes de coexistence. Comme elle était une personne calme et une amoureuse de l'ordre, elle a décidé de déménager. Elle a eu le bonheur de retrouver une famille exceptionnellement bonne et bien adaptée, devenir ami avec tout le monde. Alors, elle est arrivée, a téléphoné à Nivaldo et lui a annoncé la nouvelle.

- Tu n'as pas perdu de temps – commente -t-il, satisfait - Dis-lui que je l'attendrai.

Alors qu'il raccrochait, Gloria s'approcha de son fils en lui demandant :

-Qui a appelé ?

-Nice. Elle a engagé un détective. Dans trois jours, il sera là.

Gloria fronce les sourcils, inquiète :

- Je ne sais pas si nous devons accepter. Je n'aime pas l'idée de raconter nos problèmes à un étranger.

- C'est un professionnel qui nous a été recommandé par le professeur Adilson. Nice a eu le bon sens de lui demander conseil. Elle a été rapide et efficace.

- Ces choses-là coûtent cher, nous n'avons pas les moyens de payer.

- De la manière dont elle l'a engagé, cela ne coûtera pas grand-chose. Nous l'accueillerons et financerons uniquement le carburant de la voiture et peut-être d'autres petites dépenses. Les honoraires seront payés une fois l'affaire résolue.

- Dans ce cas, nous devrons retourner en ville.

- Diva arrivera après-demain. J'allais aller l'attendre moi-même. Mais tu peux rester.

La Vie Sait Mieux

- Je viens avec toi. Je veux rencontrer ce détective.

-Comme tu voudras. Je connais le professeur Adilson, je sais qu'il ne nous indiquerait jamais quelqu'un en qui il ne se fie pas. Ce détective doit être une bonne personne.

Gloria leva les épaules. Elle n'était pas d'accord avec l'idée de s'en prendre à Alberto, même si elle reconnaissait que la plupart des problèmes seraient résolus s'il réapparaissait.

Diva est arrivée à Pouso Alegre deux jours plus tard, très joyeuse et bien disposée. Elle dit que Gilberto et Isabel sont rentrés de leur lune de miel, qu'ils sont ravis de l'aménagement de la maison, des cadeaux et qu'ils sont visiblement heureux, souligne-t-elle :

- Ils avaient l'air de deux enfants, l'enthousiasme avec lequel ils parlaient de leur nouvelle vie était formidable.

Tandis que Nivaldo écoutait avec satisfaction, Gloria a commenté :

- J'espère que ce bonheur va durer. Au début, ce n'est qu'une illusion. Mais la vie n'est pas facile comme ça.

- Ils s'aiment beaucoup. Ils sont faits l'un pour l'autre. Ils se comprennent parfaitement. Ils ne se disputent jamais - dit Diva.

- Ils ont des affinités. C'est ce qui fait une bonne relation", dit Nivaldo en souriant.

Gloria ne dit rien, elle reste pensive. Alberto et elle avaient été très différents. Alors qu'elle était casanière et appréciait la vie de famille, il préférait la vie sociale, la politique, les rencontres entre amis. Mais ce qu'elle n'aimait vraiment pas, c'était de percevoir qu'il ne sélectionnait pas ses amis, qu'il fermait les yeux sur le manque de caractère de certains d'entre eux, vivant agréablement avec eux dans l'intimité.

La Vie Sait Mieux

L'après-midi du lendemain, comme convenu, le détective est arrivé. Gloria et Diva étaient sorties se promener et Nivaldo l'a rejoint au bureau. Même sans la demande de Nivaldo, Germano a insisté pour lui remettre des documents en disant :

- Je m'appelle Germano Oliveira. Voici mes données et quelques références. Voulez-vous les vérifier, s'il vous plaît.

- Ce n'est pas nécessaire. La recommandation du professeur Adilson suffit amplement.

- Vous m'ouvrez les portes de votre maison, je préférerais que vous me connaissiez un peu mieux. Vérifiez, s'il vous plaît.

Nivaldo ouvre l'enveloppe, en sort une mallette contenant plusieurs documents. Il les feuillette et dit :

- Puis-je vous poser une question ?

- Autant que vous voulez.

- Avec une telle qualification professionnelle, pourquoi avez-vous décidé d'être un simple enquêteur ?

- Des problèmes familiaux. Mon père a été calomnié et assassiné. Je savais qu'il était innocent, j'ai donc abandonné tout ce que j'avais accompli professionnellement et je suis allé enquêter sur l'affaire. Je voulais prouver son innocence.

- Et vous avez réussi ?

- Oui, non seulement j'ai prouvé son innocence, mais j'ai aussi mis ses meurtriers en prison, où ils sont encore aujourd'hui. Depuis lors, je me consacre à cette activité. J'ai beaucoup de plaisir à aider les gens qui, comme moi, se sentent impuissants face à la méchanceté des autres.

Nivaldo lui tend la main en disant :

La Vie Sait Mieux

- Je suis honoré de vous rencontrer et de compter sur votre aide. Faites comme chez vous. Comment pouvez-vous nous aider ?

- Dans un premier temps, dites-moi tout ce dont vous vous souvenez à propos de votre père et de sa relation avec vous.

Une heure plus tard, lorsque Gloria est arrivée avec Diva, les deux étaient encore en train de parler dans le bureau. Gloria ne veut pas l'interrompre et se rend à la cuisine pour vérifier si le dîner est prêt. Dete a indiqué que le dîner serait prêt dans une demi-heure. Gloria et Diva se sont donc assises dans le salon pour attendre que les deux jeunes hommes terminent leur conversation dans le bureau. Peu après, elles sont apparues dans le salon et Nivaldo les a présentées en disant :

- Voici ma mère et Diva, une amie qui vit et travaille avec nous et avec qui nous n'avons pas de secrets.

Gloria lui a souhaité la bienvenue et lui a serré la main. Puis Nivaldo explique :

- Comme nous l'avons convenu, le docteur Germano va rester avec nous pendant quelques jours. Il va commencer des recherches en ville et je dois rester ici un peu plus longtemps.

- Mais nous devons aller à l'hacienda de toute urgence. Nous ne pouvons pas rester...

- Je le sais. Je vous y emmènerai tôt demain matin et je reviendrai. Il a besoin de moi ici.

- Doña Gloria, avant de partir, je voudrais vous parler, dit Germano.

- Est-ce bien nécessaire ? Nivaldo a déjà dû tout vous dire.

La Vie Sait Mieux

- Lui et sa fille me parleront de l'affaire. Mais je veux entendre votre version des événements d'aujourd'hui, puisque vous partez tôt demain matin.

Gloria soupira. Elle n'aimait pas parler de son mari ou de ce qu'il faisait. Nivaldo remarqua son inconfort et posa sa main sur son bras en disant :

–Maman, fais un effort. Ta déclaration est très importante. Sois patient !

- Pour moi, c'est la chose la plus importante. Votre participation est extrêmement précieuse pour clarifier les faits - a déclaré Germano.

-Bien que nous vivions dans la même maison, nous étions séparés depuis des années. Nous avons seulement parlé autant que nécessaire - Gloria a commencé.

- Même ainsi, j'aimerais l'entendre. Je promets de ne pas abuser et de prendre le moins de temps possible. Pouvons-nous parler maintenant ?

Gloria réfléchit un peu et répondit :

-Le dîner est prêt. Après le dîner, je serai à votre disposition.

Germano accepta et, quelques minutes plus tard, tout le monde s'installa à table pour le dîner. Puis Gloria et le détective sont allés au bureau. Assis l'un devant l'autre, Germano demanda :

- Vous êtes-vous marié par amour ?

Prise par surprise, elle rougit. Elle le regarda surpris et ne répondit pas. Il répéta lentement la question et ajouta :

-Répondez s'il vous plait.

Gloria le regarda avec colère :

La Vie Sait Mieux

-Pourquoi demandez-vous cela ? Vous avez été embauché pour savoir où est Alberto et pour ne pas connaître mes sentiments.

- Pourquoi est-ce si difficile pour vous de répondre à cette question ?

- Parce que mon mariage a été un échec, et je n'aime pas en parler.

- Quand vous vous êtes marié, vous vous attendiez à plus. Je dois conclure que vous l'aimiez beaucoup.

- Je n'ai pas dit ça ! Je le déteste ! Après ce qu'il a fait, après m'avoir humilié devant toute la ville et avoir marché partout avec cette femme, il a même eu un fils avec elle, qui devra prendre une partie de l'héritage de mes enfants.

Ses yeux brillaient de ressentiment, et Germano continua :

-Mais, malgré tout, vous n'avez pas réussi à mettre fin à l'amour que vous ressentez pour lui !

Le visage de Gloria se colora d'un rougissement intense et elle le regarda avec détresse :

- Vous voulez m'énerver ! Où voulez-vous en arriver ? Ce n'est pas vrai ! Il ne mérite que le mépris. Aucune bonne femme ne continuerait à l'aimer après ce qu'il a fait. Je le déteste !

Germano regarde autour de lui et voit une carafe sur la table, avec des verres sur un plateau. Il remplit l'un d'eux d'eau et le lui offrit en disant :

- Essayez de vous calmer. Vous êtes très fort, mais vous n'avez pas besoin de contrôler autant la manifestation de vos sentiments. Vous avez raison, vous avez le droit d'exprimer votre non-conformité. Mais étouffer votre colère, ne pas vouloir voir les choses telles qu'elles sont, doit vous faire beaucoup de mal. Il vaut mieux affronter la vérité.

Gloria fronça les sourcils et le regarda sérieusement :

- Comment cela se fait-il ? Je regarde la vérité, les faits sont clairs. J'aimerais qu'ils soient différents.

- Vous vivez une situation désagréable et vous la regardez de manière superficielle, pas comme elle est vraiment.

- Je ne comprends pas ce que vous voulez dire.

- Pour comprendre le comportement d'Alberto, il faut aller au fond des choses et savoir ce qui s'est passé dans ses sentiments pour qu'il agisse comme il l'a fait. Parlez-moi de son tempérament. A-t-il toujours été un coureur de jupons, dès le début ? N'a-t-il pas respecté les enfants, la famille ? Pendant les premières années de mariage, était-il différent ?

Gloria l'a regardé pensivement et une lueur différente a traversé ses yeux lorsqu'elle a dit :

- Au début, il était meilleur. Mais nous avons toujours été très différents.

- En quoi ?

- J'ai toujours été casanière, il aimait les fêtes, la politique, il vivait entouré d'amis, il allait au club. Je me consacrais à nos enfants, je ne laissais jamais la nounou s'en occuper seule.

- En dehors de cela, faisait-il quelque chose que vous n'aimiez pas ?

– Il avait des amis de réputation douteuse. Il les a amenés dans la maison et il y en avait même deux qui me harcelaient. Je les détestais.

La Vie Sait Mieux

- Vous lui en avez parlé ?

–J'ai essayé, mais il n'a pas voulu écouter. Bien sûr, je n'ai pas dit qu'ils me harcelaient. Il a un fort caractère, il pouvait être violent et j'avais peur.

- Quand je le trouverai, que voulez-vous que l'on fasse ?

- Je veux qu'il accepte de vendre cette maison et de nous laisser l'argent pour que nous puissions garder la succession. Si possible, je ne veux plus jamais le revoir.

Germano dit d'une voix douce :

- Il sera fait comme vous le souhaitez. Merci beaucoup d'avoir pris soin de moi. Alors ouvrons cette porte, tout ce que nous avons dit sera oublié. Je ne me souviendrai que de ce que vous voulez que l'on fasse.

Gloria sortit silencieusement et se rendit directement dans la chambre. Il demanda immédiatement à parler à Dete. Elle entre nerveusement. Germano lui demanda de s'asseoir devant la table. Elle obéit et s'en va en disant :

- Vous voulez m'interroger, mais je ne sais rien. Je ne me suis jamais mêlée de la vie des patrons.

Germano la regarda attentivement et resta silencieux pendant quelques secondes. Puis il sourit et dit :

- Oui, je sais. Je pense que Doña Gloria est une personne très gentille. Tu aimes travailler ici ?

Dete sourit :

–Elle est la meilleure personne au monde. Elle ne méritait pas d'être si malheureuse.

La Vie Sait Mieux

- Mais on m'a dit que M. Alberto était un bon patron. Est-ce vrai ?

Dete le regarda avec surprise :

-Qui a dit ça ? Il n'était jamais content de quoi que ce soit. Il ne savait que se plaindre, donner des ordres.

- Vous travaillez ici depuis quelques années, vous semblez aimer.

-Je fais. Il ne s'est jamais impliqué dans le ménage. Mme Gloria est celle qui s'occupe de tout, donne les ordres. Si cela ne tenait qu'à lui, il m'aurait licencié il y a longtemps.

-Mme Gloria est très blessée par ce qu'il a fait. Je veux qu'elle me dise tout ce qu'elle sait de sa relation avec l'autre femme.

C'est la phrase qu'elle attendait pour donner sa version des faits. Elle a dit qu'elle savait tout depuis le début et n'a jamais rien dit, mais Gloria l'a découvert plus tard, elle s'est séparée de son mari et ils ont fait chambre à part, ne se parlant que lorsque c'était nécessaire. Gloria était une excellente femme au foyer, une martyre qui supportait la situation avec dignité, et Alberto devait souffrir pour payer ce qu'il avait fait. Et c'était fini :

- Il a méprisé la famille et j'espère qu'il recevra la leçon qu'il mérite. Où pensez-vous qu'ils puissent se trouver ?

- Je ne sais pas encore, et où croyez-vous qu'ils soient ?

Dete a réfléchi un moment, puis a dit :

–Il adorait le club, il adorait jouer aux cartes. Parfois, il perdait de l'argent. Mme Gloria et Nivaldo se disputèrent avec lui. Je pense qu'il a dû aller dans un endroit où il avait toutes ces choses. Il a pris tout l'argent ; il doit faire ça.

- Merci beaucoup, Dete.

La Vie Sait Mieux

Après son départ, Germano a appelé Nivaldo et a immédiatement demandé :

- Est-ce que votre père aimait jouer ?

-Oui, il l'a fait. Quand il allait trop loin, nous parlions et il s'efforçait de se contrôler.

Germano lui a dit que le lendemain matin, il commencerait l'enquête dans la ville. Nivaldo a donné quelques informations sur les amis et leurs habitudes, et il a pris note de tout. Les autres s'étaient déjà rassemblés et Nivaldo lui dit au revoir en disant :

- Demain, je vais emmener maman et Diva à la ferme. Nous partirons à l'aube, mais je serai de retour dans l'après-midi. Si vous avez besoin de quelque chose, vous pouvez appeler la ferme. Combien de jours pensez-vous avoir besoin de rester en ville ?

- Je ne sais pas. J'ai l'intention de rester le moins longtemps possible. Si je devais rester un peu plus longtemps, vous n'auriez peut-être pas besoin d'accompagner les enquêtes.

–Je ferai tout ce qui est nécessaire. Je veux résoudre le cas le plus rapidement possible.

- Moi aussi. Eh bien, faisons ce qui suit : vous devez avoir beaucoup à faire à la ferme, vous n'avez donc pas besoin de revenir aujourd'hui. Dans la soirée, nous parlerons. Vous ne devriez revenir que si nécessaire.

- Très bien, j'attendrai de vos nouvelles.

Le lendemain matin, il faisait encore noir quand Gloria, Nivaldo et Diva se retrouvèrent dans la salle à manger pour prendre un café. Dete servait la table et Gloria l'informa que Germano resterait dans la maison. Elle lui a recommandé de bien prendre soin de lui, de ne rien laisser de côté. Ensuite, ils disaient au revoir, montaient dans la voiture et partaient. Le jour

La Vie Sait Mieux

commençait à se lever, et Diva respirait avec plaisir l'air frais qui entrait par la fenêtre entrouverte :

- Ça va être une belle journée ! Regardez le ciel rose, que c'est beau ! En ville, on ne fait pas attention à de telles choses.

- Je suis heureuse de retourner à la ferme - dit Gloria - pour voir comment vont les veaux nés la semaine dernière aujourd'hui. Dommage que vous deviez y retourner aujourd'hui.

- Peut-être que ce ne sera pas nécessaire. Germano va commencer les enquêtes et appellera dans la soirée. Je ne reviendrai que si nécessaire.

- C'est bien, mon fils, car nous avons beaucoup de travail qui ne peut être fait que sous ta direction.

À la ferme, Nivaldo a emmené Diva pour en savoir plus sur les changements qu'il avait apportés. Les enquêtes avaient été suspendues faute d'argent, mais, malgré cela, Nivaldo était convaincu que ce ne serait que pour une courte période. La présence de Germano l'a encouragé. Il sentait qu'il avait embauché la bonne personne. Si Alberto se présentait, tout serait résolu : cette situation désagréable finirait, et il pourrait recommencer. Tout serait différent. Alberto continuerait son chemin et, finalement, Gloria oublierait ses blessures et la joie de vivre reviendrait.

- Je peux reprendre certaines des expériences, si tu le veux - proposa Diva.

- Malheureusement, comme je ne pouvais pas donner de continuité, ils étaient perdus. Il faudra recommencer à zéro. C'étaient les plus importants. Mais il n'est pas encore temps de les reprendre. Nous sommes déterminés à équilibrer les dépenses et à faire de notre mieux pour vendre nos produits.

- Je suis ici pour travailler. Je ferai tout ce qu'il faut.

La Vie Sait Mieux

- Maman est très déprimée. J'ai essayé de la rendre plus joyeuse et tu es la meilleure personne pour m'aider avec ça.

- Elle ne semble pas si déprimée. Elle va beaucoup mieux que je ne l'imaginais. Elle a fait des plans pour la ferme ; elle a des projets d'amélioration. Une personne déprimée ne veut rien faire.

- Elle a des projets, oui, mais ils sont alimentés par la colère. Je crains que lorsque mon père se présentera et qu'elle devra affronter les faits et prendre des décisions, elle se rendra compte de la réalité et alors ce sera pire.

Diva réfléchit un peu, puis dit :

–La colère la motive à surmonter les difficultés. Et la vérité peut la faire souffrir, mais elle guérit. Elle verra qu'il a donné exactement ce qu'il pouvait donner. Les deux étaient très différents, ils ne seraient jamais heureux ensemble. Elle reconnaîtra sa propre illusion et la blessure guérira. Elle réagira et essaiera de rattraper le temps perdu. Voilà ce que je ressens.

Nivaldo posa sa main sur le bras de Diva, la regarda pensivement, puis sourit :

- Merci de m'avoir tiré l'oreille. J'en avais besoin. Tu as raison. La vérité libère. Je ne sais pas ce qui m'attend. Mes amis spirituels qui m'inspirent toujours, quand il s'agit d'autres personnes, dans mon cas, me disent simplement d'être optimiste, d'espérer le meilleur, de persister dans le bien. Je nourrissais la peur, mais il faut faire confiance. Je sais vraiment que la vie ne fait que le meilleur.

- Ensemble, nous gagnerons et tout ira bien !

Nivaldo sourit et embrassa doucement la joue de Diva :

- Merci, mon pote, allons de l'avant !

La Vie Sait Mieux

Elle rougit, sourit avec enthousiasme et ils passèrent le reste de la journée à travailler avec joie et enthousiasme. Il était sept heures du soir lorsque Germano appela :

- J'ai des nouvelles ! J'ai trouvé un chauffeur de taxi qui les emmène à São Paulo, je sais dans quel hôtel ils pourraient séjourner. Comme son père a dit au chauffeur qu'il serait de retour à la maison, j'ai appelé l'hôtel et j'ai demandé à parler à Alda, mais ils m'ont dit qu'ils avaient voyagé. Il a dit qu'il reviendrait, mais il ne l'a pas fait. Il a menti pour empêcher le chauffeur de commenter le voyage.

- Et que comptez-vous faire maintenant ?

- Demain tôt le matin, je me rendrai à São Paulo. Je veux enquêter sur les agences de voyages et toutes les autres possibilités. Dès que je sais quelque chose, je vous le ferai savoir.

-Très bien. Quand vous y serez, vous pourrez chercher mon frère Gilberto. Il peut vous aider avec tout ce dont vous avez besoin. Notez son numéro de téléphone. Gloria et Diva étaient aux côtés de Nivaldo et, dès qu'il a raccroché, la mère a demandé :

-Qu'a-t-il découvert ?

–Le chauffeur qui les a emmenés à São Paulo et à l'hôtel où ils ont séjourné. Il a appelé là-bas, a demandé à parler à Alda, mais a découvert qu'ils étaient déjà partis. Demain, Germano se rendra à São Paulo pour enquêter. S'il découvre autre chose, il nous appellera.

- Ils ont laissé les voitures à la maison et nous n'allons pas aller parler aux chauffeurs de taxi - dit pensivement Gloria.

- Ce serait inutile. Ils nous connaissent tous et ne veulent rien nous dire. Mais avec Germano, c'était différent, il sait faire cette approche.

La Vie Sait Mieux
- Je commence à penser qu'il peut les trouver.

Dans l'après-midi du lendemain, Germano a de nouveau appelé pour informer que les trois d'entre eux s'étaient rendus à Montevideo, en Uruguay. Dans la soirée, Gilberto a téléphoné pour dire qu'il voyagerait avec Germano là-bas. Ils espéraient trouver Alberto et le ramener. Pendant les quatre jours suivants, ils ont attendu anxieusement des nouvelles. Quand le téléphone a sonné cet après-midi, Nivaldo a couru pour y répondre. C'était Dede :

—Je t'appelle parce qu'un télégramme est arrivé. Venez-vous voir ce qu'il dit ?

—Ouvrez-le et lisez ce qu'il dit.

Peu de temps après, elle lut :

- "On l'a trouvé, et tout est résolu. Nous serons à Pouso Alegre après-demain. Câlins. Gilberto."

-D'accord. Demain, après le déjeuner, nous y irons.

Gloria et Diva étaient déjà à ses côtés quand il a raccroché, et sa mère a demandé :

-Qui était ?

—Dete. Gilberto a envoyé un télégramme disant qu'il avait trouvé papa et que tout était réglé. Ils seront à Pouso Alegre après-demain.

Gloria s'effondra sur une chaise en disant :

- Tu retournes en ville demain, mais je n'y vais pas. Je ne veux pas tomber sur cet homme sans vergogne.

- Il faut y aller. Même si c'est difficile, tu dois y faire face. Ta présence sera indispensable pour tout résoudre.

La Vie Sait Mieux

- Il a dit que tout était résolu. Vous n'aurez pas besoin de moi.

- Si, ils en auront besoin. Nous aurons peut-être besoin de ta signature. Demain, après le déjeuner, nous irons en ville.

Comme Nivaldo l'avait prévu, ils retourneraient à Pouso Alegre dans l'après-midi du lendemain. Dete lui remit le télégramme et il remarqua que Gloria était agitée. Le soir, après le dîner, elle est allée dans sa chambre, mais Nivaldo l'a interpellée :

- Viens, maman, assieds-toi près de moi, parlons.

Elle le fit, et il continua :

–Je sais que tu es agitée, nerveuse, tu as l'air inquiète. Il n'y a pas de raison. Gilberto dit que tout est résolu. Il pense que dans quelques jours, nous serons débarrassés de nos soucis, nous réglerons nos comptes, nous pourrons travailler et vivre en paix. C'est une raison d'être heureux.

- Je n'ai jamais voulu le revoir.

Nivaldo, il lui a pris la main en lui disant doucement :

- Ferme les yeux. Remercions Dieu d'avoir retrouvé notre père.

Nivaldo a prononcé une émouvante prière d'action de grâce et a demandé de l'aide et du discernement pour résoudre la situation de la meilleure façon possible, afin que toutes les personnes impliquées soient en paix. Il a également demandé qu'il ouvre la compréhension de chacun afin qu'ils se souviennent que tout le monde a des faiblesses et peut faire des erreurs, même s'ils veulent faire de leur mieux. Il a terminé en demandant que le pardon surgisse pour effacer le passé et ouvrir les portes d'un nouveau chemin de joie et de lumière pour toute la famille. Puis il s'est tu. Le silence s'est installé et personne n'a eu le courage de le rompre. L'atmosphère était légère et agréable. Gloria soupira et murmura :

- Merci, mon fils. Ta prière a emporté toute l'angoisse qui me tourmentait depuis hier.

- Le lien avec Dieu a un pouvoir immense. Tu dois t'adresser à lui chaque fois que tu en as besoin.

- Je n'ai pas ce pouvoir. C'est ta prière qui me fait du bien.

- Tu as le même pouvoir. Pourquoi n'essaies-tu pas ?

- Je ne sais pas...

- C'est facile. Il suffit d'entrer dans l'intimité de son cœur, de converser avec Dieu, de lui parler de ce que l'on ressent, de ses projets d'avenir, de ce dont on a besoin pour être heureux. Il est notre pourvoyeur, il peut tout et il nous donnera toujours ce qu'il y a de mieux pour notre bien-être. Si ce n'est pas ce que nous demandons, ce sera toujours ce dont nous avons besoin.

Ils continueront à parler de la vie spirituelle. Malgré l'attente de ce qui allait se passer le lendemain, Gloria a passé une nuit de sommeil comme elle n'en avait pas eu depuis longtemps. En fin d'après-midi, Gilberto et Germano sont arrivés. Après les salutations, alors que tout le monde était rassemblé dans la pièce, Nivaldo demanda :

- Papa, il n'est pas venu ? Vous avez dit que tout était réglé !

-Et c'est. Il ne voulait pas venir, mais il a accepté de se dessaisir de cette maison, de sa part dans la ferme et même de l'appartement à São Paulo. Il m'a donné une procuration au greffe, me confiant de tout régler ici. C'était ça. Nous devons simplement planifier ce que nous allons faire pour tout mettre en ordre.

La Vie Sait Mieux

Germano pourrons-nous aider avec la documentation. C'est lui qui a rédigé la procuration.

- Vous pouvez compter sur moi pour tout ce dont vous avez besoin, dit Germano.

–Le soir, après le dîner, nous pouvons aller au bureau et planifier les arrangements. J'ai apporté tous les livres de la ferme. Nous devons faire une enquête et décider de ce que nous allons faire - a conclu Nivaldo.

Après le dîner, pendant que Gloria et Diva parlaient dans le salon, les deux frères ont rencontré Germano au bureau. Nivaldo voulait connaître tous les détails du voyage. Germano a raconté comment il a obtenu l'adresse de la maison qu'Alberto avait louée à Montevideo, où il vivait avec Alda et le fils. Il avait un peu peur de les voir, mais Gilberto ne l'a pas critiqué, il lui a juste parlé des difficultés de la famille, lui demandant d'aller au Brésil pour tout mettre de l'ordre. Alberto a déclaré qu'il était heureux de sa nouvelle vie et qu'il ne reviendrait jamais au Brésil. Il a renoncé à tous les droits sur les propriétés et a suggéré que nous étendions une procuration pour tout régler.

- Est-ce qu'il allait vraiment bien ? - Nivaldo a demandé.

Ce fut Germano qui répondit :

-Oui. Il ne voulait pas revenir car il était déjà installé. Quand il est parti d'ici, il avait déjà fait un partenariat avec un hôtel casino là-bas. J'ai entendu dire que tous les soirs, il y va avec sa femme.

- Il vit la vie qu'il a toujours voulu - a commenté Gilberto.

- Il faut que maman le sache, dit Nivaldo.

- Tu crois que c'est nécessaire ? - ajoute Gilberto.

La Vie Sait Mieux

- Il faut qu'elle regarde la vérité en face, qu'elle réagisse et qu'elle s'occupe mieux de sa propre vie.

Gilberto secoua la tête d'un air pensif. Il craignait qu'elle ne s'indigne encore plus. Il le regarda fermement et lui demanda :

- Tu crois que c'est vraiment nécessaire ?

- Oui, je le pense. Il est heureux, il fait ce qu'il a toujours voulu. Quand elle le découvrira, elle regrettera le temps perdu avec lui et voudra conquérir une vie meilleure.

En étudiant la situation et avec l'aide de Germano, ils planifieront les premières mesures à prendre pour résoudre définitivement tous les problèmes.

Temps passé.

✷ ✷ ✷

Carlos, Gina et le petit Luigi, le fils du couple, Lucia et Benito ont débarqué à l'aéroport international de São Paulo. Cinq ans s'étaient écoulés depuis les derniers événements. Marta allait se marier, mais son mari ne pouvait pas l'accompagner à ce moment-là. Quand c'était le mariage de Carlos et Gina, toute sa famille était présente. Il a lui-même financé le voyage et envoyé de l'argent pour ses dépenses personnelles.

Un après-midi d'automne, Carlos et Gina se sont mariés devant le juge, rassemblant un groupe d'amis et d'invités. La belle salle remplie de fleurs, de musique douce et de lumières a rempli l'atmosphère de beauté et de joie. La cérémonie fut brève, mais la prière de Lucie, demandant à Dieu le bonheur des mariés, était émouvante. Quand elle se tut, les yeux de beaucoup étaient humides et brillants. Albertina, Antonio et Inès, très excités, restèrent silencieux, surpris par cette atmosphère de classe et de beauté à laquelle ils n'étaient pas habitués, éblouis par le succès de Carlos. Ils n'avaient jamais vraiment cru possible qu'il puisse progresser aussi loin.

L'entreprise, fondée avec Gina et sa famille, s'était beaucoup développée. Ils étaient devenus célèbres pour le beau design de leurs produits, qui faisait appel aux goûts des femmes.

Ils étaient arrivés une semaine avant le mariage de leur fils et, bien qu'occupés par les préparatifs, Carlos et Benito leur ont offert de nombreuses sorties. Après le mariage, Carlos leur préparait un itinéraire pour leur permettre de voyager à travers le pays pendant les deux semaines où ils y resteraient. Peu à peu, tous trois brisaient leur timidité, la difficulté avec la langue et, impressionnés par la gentillesse et l'affection avec lesquelles ils étaient traités, ils étaient attentifs, polis et doux. Carlos était heureux de constater l'effort que les trois ont fait pour se rendre agréable. Tout ce à quoi il avait toujours pensé se réalisait. Il savait que cet exemple était le meilleur moyen d'enseigner et de discipliner les gens. Carlos avait acheté une maison non loin de celle de Lucia, où il était allé vivre avec Gina. Deux ans plus tard, Luigi est né et a couronné le bonheur de toute la famille. Chaque jour, ils étaient de plus en plus amoureux et, souvent, pensant au passé, Carlos se demandait ce qui se serait passé avec Isabel, si elle était heureuse avec son mari. Bien qu'il ait continué à faire des affaires avec Nicolai, il n'est jamais retourné au Brésil. Il a continué à maintenir des contacts étroits avec la famille, mais les affaires ont augmenté et il est parti, reportant la visite promise à sa famille. Finalement, il apprend qu'Ines se marie, décide qu'ils ne peuvent pas manquer et décide de voyager deux jours avant le mariage.

Alors ils ont quitté le salon de l'aéroport, après avoir déballé les valises, Carlos a vu Albertina et Inés faire un signe de la main et Antonio les attendait plus en arrière. Après les câlins et les accueils, ils n'avaient d'yeux que pour Luigi, ravi. Albertina voulait les

La Vie Sait Mieux

ramener à la maison et préparer le déjeuner, mais Carlos préférait aller directement à l'hôtel pour manger au restaurant. Pendant le déjeuner, Ines a parlé avec enthousiasme du mariage et ses yeux pétillaient de joie. Carlos remarqua qu'elle était plus ouverte d'esprit, elle avait perdu cet air maléfique qui le mettait si mal à l'aise. Au moment de partir, Carlos la serra dans ses bras et lui dit avec satisfaction :

- L'amour t'a fait beaucoup de bien. Tu as changé, tu es devenu plus jolie, plus joyeuse.

Inés sourit et répondit :

- Ce séjour à Milan a beaucoup ouvert ma vision ! J'ai appris que la vie peut être bien meilleure quand les gens regardent les choses avec optimisme, mais ce qui a vraiment fonctionné, c'est de voir que tu as raison. Il faut croire, chercher ce que l'on veut avec volonté et agir pour mériter. J'ai adoré les créations de bijoux que vous faites, et je me suis souvenue qu'à l'école, ce que j'aimais le plus, c'était la création.

- Est-ce pour cela que tu as commencé à créer de la mode ? J'ai aimé les dessins que tu m'as envoyés.

- C'étaient les premiers. J'ai suivi un cours de mannequinat féminin et j'ai adoré. Maintenant je fais ce que j'aime.

- Tu m'as écrit que tu travailles pour des personnes importantes, dans un grand atelier.

Inés sourit, ses yeux pétillants malicieusement en répondant :

-C'est vrai. Mais maintenant, je suis là en tant que partenaire. Je viens d'acheter des actions ; J'espère prospérer encore plus.

La Vie Sait Mieux

Albertina, qui les regardait avec enthousiasme, s'approcha en disant :

–Ce n'est pas seulement cela qui a changé après le voyage. Antonio et moi avons aussi beaucoup changé. Nous avons commencé à étudier l'italien. Nous voulons retourner en Italie et parler à tout le monde. Antonio l'a aimé, est retourné à l'école et cette année, il est entré à la faculté de droit. Les cours commencent dans quinze jours.

Carlos a commenté avec admiration :

- Papa a toujours voulu être avocat !

Antonio le regarda sérieusement et ajouta :

-C'est vrai. Une fois, j'ai même essayé de passer l'examen d'entrée, mais j'ai fini par abandonner.

Voyant à quel point ils avaient changé pour le mieux, Carlos ressentit un sentiment d'accomplissement. Il savait que son effort et sa persévérance étaient la flamme qui allumait en eux la volonté de progresser. Puis, Luigi s'est endormi. Gina l'emmena dans la chambre et Inès l'accompagna. Lucia est également allée se reposer pendant que Benito et Antonio allaient se promener pour admirer le jardin. Carlos en a profité pour parler à sa mère du futur beau-frère :

- Que penses-tu de Julio ? Est-ce que lui et Inés s'entendent bien ?

Albertina sourit :

- Très bien ! Julio ne parle pas beaucoup, mais quand il le fait, il sait ce qu'il dit. Il est un peu plus âgé qu'Inés, mais à côté de lui, elle a l'air d'une autre personne. Il est très cultivé et elle l'admire beaucoup. Il a obtenu son diplôme de médecin il y a dix ans et possède une clinique bien établie. Ce que j'admire le plus chez lui,

La Vie Sait Mieux

c'est sa bonne humeur. Même lorsque les choses sont difficiles, il parvient toujours à voir le bon côté des choses.

-J'ai hâte de le rencontrer.

-Tu l'aimeras. Il a aussi beaucoup voyagé, comme toi. Il parle couramment anglais et italien.

–Je leur souhaite d'être heureux.

-Moi aussi.

Inés a approché son frère et sa mère, leur rappelant ses engagements. Ensuite, ils ont dit au revoir. Carlos a promis d'aller à la maison pour rencontrer le futur beau-frère, mais tout le monde était fatigué et la visite serait reportée au lendemain.

Le lendemain, ils sont arrivés chez eux en fin d'après-midi et ont été présentés à Julio. Carlos le regarda avec curiosité. Il soutint son regard et tendit la main en disant :

- Vous êtes le célèbre Carlos ! J'avais hâte de vous rencontrer. Dans cette famille, ils ne parlent que de vous !

–Je dis la même chose.

Carlos a continué à le regarder, puis a continué :

- Avons-nous déjà rencontré de quelque part ?

Julio le regarda attentivement pendant quelques secondes et répondit :

-Non je ne crois pas.

Inés s'approcha d'eux pour montrer au marié un cadeau qui était arrivé, et Carlos détourna son attention. Plus tard, Julio se retirerait pour rencontrer ses amis. Ils auraient un enterrement de vie de garçon. Peu de temps après, Inés a appelé son frère :

La Vie Sait Mieux

- Viens avec moi, je veux te montrer quelque chose.

Elle l'emmena dans la pièce et ferma la porte, le regardant sérieusement.

-Qu'est-il arrivé ? Tu sembles mystérieuse - dit Carlos.

-Il faut qu'on parle. Je ne sais pas comment tu vas réagir.

-Parle ! Que s'est-il passé ?

- Dites-moi d'abord quelque chose : as-tu vraiment oublié Isabel ?

-Bien sûr que je l'ai fait. Mon amour pour Gina est plus fort que tout. Nous sommes très bien. Pourquoi demandes-tu ?

Inés s'assit sur le lit, soupira et dit :

- Parce que Julio était un ami de classe de Gilberto, le mari d'Isabel. Ce sont des amis proches et travaillent ensemble. Il a choisi les deux pour être nos parrains et marraines.

Carlos s'assit, la regardant également avec surprise. Avant qu'il n'ait pu dire quoi que ce soit, elle a continué :

- J'ai raconté à Julio toute ton histoire avec elle et je lui ai demandé de changer d'avis. Mais il a répondu qu'ils étaient tous les deux mariés, heureux et que cela ne les dérangerait pas. Ils seront nos parrains et marraines.

Carlos passa sa main dans ses cheveux, puis leva les épaules et répondit :

–Julio a raison. Ce qui était entre nous est fini. Ne t'inquiète pas.

- Maman était nerveuse, papa aussi. Nous ne savions pas comment tu réagiras.

La Vie Sait Mieux

Carlos a souri et il y avait une lueur fière dans ses yeux quand il a dit :

- Quand j'étais ici avant mon mariage, je suis allé chez Isabel et nous nous sommes compris. Tout s'est très bien passé. Aucune raison de s'inquiéter.

- Dieu merci. Tu sais quoi ? J'ai été trompé à propos d'Isabel. Julio et moi sommes allés dîner chez elle plusieurs fois et j'ai été très bien reçu. Le docteur Gilberto est très poli et ils vivent bien.

- Je suis heureux de l'apprendre. J'aimerais que tu sois aussi heureux que nous le sommes.

- Je le serai, Carlos. J'en suis sûre.

Gina était de bonne humeur au sujet des préparatifs du mariage parce qu'Inés lui a dit qu'elle avait l'intention que la cérémonie soit exactement comme celle qu'elle et Carlos avaient eue. Elle a commenté avec bonheur avec son mari :

–Elle a même demandé à maman de dire la prière après que le juge a eu terminé la cérémonie.

- Et a-t-elle accepté ?

- Bien sûr, elle était très excitée ! Elle a dit qu'elle allait parler très lentement pour que tout le monde puisse comprendre ses paroles.

-Inés savaient choisir. Lorsque Mme Lucia prie, l'atmosphère est élevée.

Cette nuit-là, ils se couchèrent et Gina s'endormit bientôt. Mais Carlos se souvint qu'ils avaient l'impression de connaître Julio. Il lui était familier et, en même temps, éveillait en lui une réaction défensive, comme si un danger le menaçait. En examinant les faits, ces sentiments n'avaient aucune raison d'exister. Alors il a

La Vie Sait Mieux

dit une prière, a demandé aux esprits de la lumière de l'inspirer et d'aider Inés à être heureuse avec Julio. Il s'endormit, Carlos se vit à côté d'un homme dont le visage lui était quelque peu familier. Il s'approcha de lui, le prit par le bras et lui dit :

- Viens, nous devons parler.

En même temps, ils se mirent à planer sur la ville endormie, tandis que Carlos sentit une immense joie envahir sa poitrine, l'illuminer. Il regarda les lumières de la ville qui brillaient en contrebas et se sentit libre, fort, heureux. Ils s'arrêtèrent devant un grand immeuble, entouré de jardins fleuris, dont il inhala le parfum avec plaisir.

- Nous y sommes. Entrons.

La porte s'ouvre et ils entrent dans le hall. Ils suivirent un couloir et arrivèrent devant une porte qui s'ouvrit. Admiratif, Carlos se trouva devant une dame d'âge moyen dont le doux visage l'enchanta. Elle l'embrassa en disant :

- Que Dieu vous bénisse !

Excité, Carlos lui prit la main et l'embrassa avec révérence. Elle le conduisit vers le canapé, s'assit et l'invita à s'asseoir près d'elle. Carlos regarda avec excitation, effrayé de parler et de briser l'enchantement de ce moment. Elle a continué :

–Il y a de nombreuses années, tu es parti d'ici prêt à surmonter bon nombre des problèmes qui ta tourmentaient. Et aujourd'hui, tu reviens, ayant presque tout surmonté. C'est le moment décisif où tu seras mis à l'épreuve par la vie.

- En fait, j'ai traversé de terribles problèmes, mais maintenant je suis incroyablement heureux.

La Vie Sait Mieux

- Pour que tu puisses garder ce que tu as obtenu, tu devras te confronter à une ancienne situation pour savoir si tu t'en es complètement débarrassé.

Elle leva la main et la posa sur la tête de Carlos. Elle a commencé à prier en demandant à Dieu de le fortifier. Carlos sentit une chaleur agréable l'envelopper, le laissant en état d'ébriété dans une vague de joie et de plaisir. Elle l'embrassa rapidement et dit :

-C'est l'heure d'y aller. Que Dieu soit avec toi.

La porte s'ouvrit et son compagnon entra, le prit par le bras et lui dit :

-Allons-y.

Ils ont glissé en arrière et, peu de temps après, Carlos s'est retrouvé dans la chambre d'hôtel, ayant la sensation de tomber sur son corps engourdi. Il ouvrit les yeux, ressentant toujours la légèreté des instants précédents. Il s'installa dans le lit moelleux et s'endormit.

Peu de temps après, il se retrouva assis dans le salon d'un ancien manoir, où il y avait une fête et où tout le monde dansait, mais il se sentait anxieux et nerveux. Son regard inquiet est tombé sur un couple. Ils étaient assis côte à côte et il frissonna. Soudain, c'était comme si un voile s'était déchiré devant ses yeux, et il se souvint : c'était Gina, la femme qu'il aimait, et il était Julio, le petit ami d'Inès. Les deux étaient ensemble. Le passé est revenu avec force et il s'est souvenu de tous les événements. Surpris, il se réveilla et s'assit dans son lit. Il était essoufflé. Il s'est levé, a bu un verre d'eau, puis s'est assis sur la chaise, essayant de se calmer. Maintenant, il savait pourquoi il éprouvait de la peur en rencontrant Julio.

Il se souvenait du passé, une époque qu'il voulait oublier. Il se souvint des paroles que la dame lui avait dites quelques instants auparavant et essaya de se calmer. Il avait besoin de faire face au passé. Il ne pouvait pas échouer maintenant, après tout ce qu'il avait souffert. Il avait besoin de revenir sur les faits et de se demander s'il pouvait affronter l'avenir, vivant avec Julio dans sa famille.

Dans l'incarnation précédente, quand il a vu Gina pour la première fois, Carlos est tombé follement amoureux. Mais elle était mariée à un homme de la haute société, un peu plus âgé qu'elle. Carlos remarqua qu'en le voyant, elle n'était pas indifférente, ce qui fit éclater sa passion encore plus. Il a commencé à l'assiéger de diverses manières, il y a eu une première rencontre, et ils sont devenus amants. Mais la passion de Carlos augmentait chaque jour et il faillit mourir d'angoisse en l'imaginant dans les bras de son mari. Fou de passion et de jalousie, il a forgé un plan pour écarter le mari indésirable. Par une nuit sombre alors que Julio rentrait chez lui, Carlos, se cachant parmi les arbres dans le jardin du manoir, a pointé le pistolet et a tiré. Julio est tombé devant la porte et Carlos s'est enfui sans être vu. Le crime n'a jamais pu être révélé.

Revivant cette scène, Carlos a ressenti une violente douleur dans son corps et a beaucoup transpiré. Ses pensées étaient confuses et, se sentant coupable, il revit Adriano ensanglanté devant lui, mort. Carlos passa sa main dans ses cheveux, attrapa un mouchoir en papier et essuya la sueur qui recouvrait son visage. Il prit une profonde inspiration, essayant de retrouver son calme. Même si le crime n'avait jamais été découvert alors qu'il était dans ce monde, il ne pourrait jamais être heureux avec Gina. Après la mort de Julio, les parents de Gina ont vendu sa propriété et ont quitté le pays. Pendant des années, Carlos l'a recherchée en vain. Sa vie est devenue un enfer. Quand il s'endormit, l'esprit de Julio ne lui laissa pas de repos, jusqu'à ce qu'il soit atteint d'une maladie difficile à guérir et mette fin prématurément à ses jours. Voyant qu'il était toujours en vie, il voulait chercher Gina. Il fut informé

La Vie Sait Mieux

qu'elle était également retournée dans l'astral, mais qu'elle était dans une colonie spirituelle lointaine, où il pourrait aller quand il irait mieux. Le désir de la retrouver le poussa à s'efforcer de s'améliorer. Il se consacre au travail, étudie, apprend, comprend que la violence ne résout pas. Quand il a rencontré Gina, il a parlé de l'immense amour qu'il ressentait et savait qu'elle ressentait la même chose. Ils voulaient être ensemble pour toujours. Ils savaient qu'ils s'étaient trompés et voulaient demander pardon à Julio. Quand ils l'ont rencontré, ils ont découvert qu'il avait changé aussi. Au début, il se sentit rebelle d'avoir été trahi et tué par Carlos. Alors que les deux étaient sur Terre, Julio les a poursuivis du mieux qu'il pouvait. Mais ensuite, il en a eu assez de tout cela et a voulu prendre soin de lui-même. Il a également commis de nombreuses erreurs et, pour cette raison, il est devenu vulnérable. Il voulait oublier et essayer de mieux vivre, être optimiste. Il a essayé d'étudier et, dans la communauté où il vivait, il a rencontré Inés, une artiste qu'il aimait. Ils ont souhaité être ensemble.

Carlos se souvint alors de la réunion préparatoire à la nouvelle incarnation, au cours de laquelle, devant les mentors spirituels, ils auraient l'intention d'être ensemble. Carlos passa sa main sur son front comme pour vider son esprit de ses mauvais souvenirs. Il pensa à Isabel et se souvint que quand il commencerait son traitement spirituel dans l'astral, elle serait une infirmière dévouée pour l'aider à retrouver la joie de vivre. Se souvenant de cela, Carlos sourit joyeusement. C'était une femme merveilleuse qui l'aiderait beaucoup, mais le processus d'évolution de chacun était différent. A travers les fentes du rideau, Carlos vit que le jour se levait et puis il sourit. C'était le jour du mariage d'Inés et Julio. Il savait maintenant que lui et Gina, Inés et Julio pourraient désormais profiter de nombreuses années de bonheur en paix. En fin de compte, la vie sait toujours mieux.

La Vie Sait Mieux

✶ ✶ ✶

Isabel se déplaça devant le miroir, regardant la robe et souriant avec satisfaction. Joyeusement, elle enfila les brillantes boucles d'oreilles, qui avaient été le cadeau de Gilberto. Elle était prête. Laura apparut à la porte de la chambre, entra et ne se retint pas :

-Tu es belle ! Tu n'as même pas l'air d'avoir accouché si récemment.

- Ce n'était pas si court. Linda a déjà huit mois.

Laura réfléchit un moment, puis dit :

–J'ai entendu dire que Carlos est arrivé avec toute la famille de la mariée. Se pourrait-il qu'il sache déjà que vous serez les parrains et marraines du marié ?

Isabel leva les épaules.

-Je ne sais pas. Inés doit déjà lui avoir dit que Julio est un ami proche de Gilberto.

- Comment aurait-il réagi ?

-J'espère bien. Après tout, le temps a passé, il a épousé l'amour de sa vie, a eu un fils, a acquis une renommée, de l'argent. Il doit être heureux.

-Il est vrai. Orlando m'a dit qu'ils s'aimaient déjà dans des vies antérieures. Et toi, comment tu te sens à ce sujet ?

-Très bien. Finalement, notre relation s'est bien terminée, tout va bien. Gilberto voulait que Mme Gloria vienne pour le mariage, mais elle a préféré rester à la ferme.

-Elle a beaucoup changé ces derniers temps.

La Vie Sait Mieux

- C'était l'influence de Diva. Après qu'elle et Nivaldo se soient mariés, Gloria a changé, est devenue plus jeune et plus joyeuse.

- Mais son bonheur est venu après la naissance de Renato. As-tu vu à quel point elle était heureuse quand il a eu un an ?

- Vrai, elle n'a plus jamais parlé d'Alberto, elle a même accompagné Nivaldo et Diva quand ils allaient danser au club ! Hier, quand ils sont arrivés, ils ont dit que, de nos jours, Gloria a beaucoup d'amis dans la ville, elle participe à certaines soirées au club et même danse avec ses amis. Elle semble être une personne différente.

-Dieu merci. Ils ne disent jamais rien, mais ont-ils entendu Alberto ?

- Ils n'en parlent jamais. Gilberto n'aime pas le sujet et ne commente jamais rien.

À ce moment-là, Gilberto entra et s'approcha de sa femme en disant :

-Il est temps de partir !

- Je vais rester avec Linda - dit Laura.

-Je vais avec toi. Je veux lui faire un bisou avant de partir.

Même si la petite Linda avait une nounou, Laura restait à la maison pendant leur absence.

Peu de temps après, Gilberto et Isabel sont arrivés dans la salle où le mariage devait avoir lieu. De nombreux invités étaient déjà là et Gilberto a rejoint ses collègues, certains avec leurs femmes et les connaissances d'Isabel. L'élégant club où se déroulerait la cérémonie était joliment décoré, et la beauté du lieu était enrichie par l'élégance des femmes, ainsi que par les lumières bien réparties

La Vie Sait Mieux

et le parfum des fleurs. Il y avait une atmosphère agréable, remplie par le son d'un groupe musical qui a ravi les invités avec les chansons à succès. Isabel, à côté de son mari, était près de la porte lorsque Carlos est arrivé avec Gina. Ils se regardèrent. Il sourit et tendit la main :

–Isabel, quel plaisir de te rencontrer !

Elle rougit un peu et serra sa main tendue :

- C'est un plaisir de te voir. Voici Gilberto, mon époux.

Les deux se sont serrés la main et Carlos a présenté Gina, ainsi que Lucia et Benito, qui venaient plus loin derrière. Après le premier moment, Isabel s'est sentie très à l'aise. Gina était très jolie et elle comprenait l'amour qu'il ressentait pour elle. Gilberto, sournoisement, regarda Carlos avec curiosité, mais un peu plus tard, ils furent tous les deux à l'aise. Benito a réussi à réunir le groupe avec sa bonne humeur habituelle et, en quelques minutes, ils semblaient tous être de vieilles connaissances.

Albertina est arrivée peu de temps après, annonçant que la mariée entrerait avec son père. Ils allèrent tous à côté de la table, où le juge les attendait déjà. D'un côté, Albertina, Carlos et Gina, Benito et Lucia. De l'autre côté, les parents et la sœur de Julio, Isabel et Gilberto. La marche nuptiale commença et Inés entra en prenant le bras d'Antonio, qui essayait de retenir ses larmes. Inés était radieuse. Ses yeux brillaient, son visage rouge d'émotion, ses lèvres entrouvertes dans un sourire qui la rendait plus belle, et les gens la regardaient avec joie et admiration.

Antonio la remit à Julio et se tint à côté d'Albertina. Le juge a parlé un peu de la vie conjugale, puis a officié la cérémonie avec les questions classiques et, finalement, tout le monde a signé le livre. Ils étaient mariés. À ce moment, Lucia a pris le micro, prononçant une prière émouvante. Elle parlait lentement,

La Vie Sait Mieux

exprimant tout ce qu'elle ressentait. Les gens ont compris et ont prié, demandant à Dieu le bonheur du couple. Pendant que les mariés étaient accueillis, la musique a continué à jouer et les serveurs ont commencé à servir les invités.

Dans un coin de la pièce, deux personnes que personne ne pouvait voir, étaient excitées et heureuses. Orlando était à côté d'une jeune femme. Après quelques instants, elle a dit :

-Il est temps de partir.

- J'aimerais rester un peu plus longtemps.

- Maintenant, nous devons partir. Vous savez qu'ils trouveront le meilleur moyen et, désormais, ils sauront très bien se conduire. Il est temps pour vous de commencer à penser à vous-même et à vos projets d'avenir.

-Vous avez raison. Allons-y.

Il la prit par le bras et ils montèrent tous les deux. Hors du bâtiment et en avant. La nuit froide était plus étoilée, et Orlando, levant les yeux vers le ciel, dit joyeusement :

–Je remercie Dieu pour la bénédiction de la vie, c'est merveilleux ! Je suis heureux de pouvoir connaître cette réalité et de continuer à avancer, sans crainte.

Elle sourit et termina :

–Je fais confiance à la vie parce que je sais que la vie sait toujours mieux !

Puis, ils ont écouté la douce musique résonner autour d'eux, tandis qu'une grande joie envahissait leur cœur.

LA FIN.

La Vie Sait Mieux

La Vie Sait Mieux
D'autres bestsellers par Zibia Gasparetto

Avec plus de 19 millions de livres vendus, l'auteure a contribué au renforcement de la littérature spiritualiste dans le marché éditorial et la popularisation de la spiritualité. Connaissez d'autres livres de l'écrivaine.

Romans dictés par l'Esprit Lucius

La Force de la vie

La vérité de chacun

La vie sait ce qu'elle fait

Elle a eu confiance en la vie

Dans l'amour et la guerre

Esmeralda

Épines du temps

Liens éternels

Rien n'est par Hasard

Personne n'est de personne

L'avocat de Dieu

Le demain est à Dieu

L'amour a vaincu

Rencontre inespéré

Au bord du destin

L'astucieux

La butte des illusions

Où est Teresa?

La Vie Sait Mieux
Par les portes du cœur

Quand la vie choisit

Quand l'heure arrive

Quand c'est nécessaire de revenir

S'ouvrant pour la vie

Sans peur de vivre

Seulement l'amour l'obtient

Tous sommes innocents

Tout a son prix

Tout a valu la peine

Un vrai amour

Surmontant le passé

La Vie Sait Mieux
Eliana Machado & Schellida

L'ÉCLAT DE LA VÉRITÉ

Samara a vécu un demi-siècle sur le Seuil en vivant des expériences terribles. Épuisée, elle parvient à élever ses pensées avec Dieu et à être recueillie par des bienfaiteurs désintéressés, entamant une phase de nouvel apprentissage de la spiritualité. Après beaucoup d'études, avec des plans de travail bénis dans la charité, Samara croit qu'elle est prête à se réincarner.

UN JOURNAL À L'HEURE

La dictature militaire n'a pas seulement terni l'histoire du Brésil. Cela interférait avec le destin des cœurs amoureux.

RÉVEILLER À LA VIE

Se produit un accident et Marcia, une fille belle, intelligente et décidée, est insérée par l'esprit Jonas, une personne mécontente qui entame un processus d'obsession contre elle.

LE DROIT D'ÊTRE HEUREUX

Fernando et Regina tombent amoureux. Il est d'une famille aisée, bien placé. C'est un jeune de la classe moyenne, sensible et spirite. Mais le destin commence à jouer des tours…

PAS DE RÈGLES À AIMER

Gilda est une femme riche, mariée avec le chef d'entreprise Adalbert. Arrogant, vantard et fier, il obtient toujours ce qu'il veut grâce à la puissance de sa position sociale. Mais la vie prend beaucoup de retours.

UN MOTIF POUR VIVRE

Le drame de Rachel commence à l'âge de neuf ans, quand elle commence à subir le harcèlement de Ladislav, un homme sans scrupules mais malhonnête jouissant d'une bonne réputation dans la ville.

LE RETOUR

Une histoire d'amour commence en 1888, en Angleterre. Mais c'est au Brésil aujourd'hui que ce sentiment pur se matérialisera pour l'harmonisation de tous ceux qui ont besoin de payer leurs dettes.

La Vie Sait Mieux
Livres de Mónica de Castro et Leonel

Malgré Tout

Ne jouez pas avec l'amour

Faire face à la vérité

De tout mon être

Le désir

Le prix de être différent

Jumeaux

Giselle, la maîtresse de l'inquisiteur

Greta

Jusqu'à nous soyons séparés par la vie

Les impulsions du cœur

Jurema de la jungle

L'actrice

La Force du Destin

Souvenirs que le Vent Apporte

Secrets de l'Âme

Sentant à Peu Propre

La Vie Sait Mieux
CHERCHEZ LES AUTRES MEILLEURES ŒUVRES DE VERA LÚCIA MARINZECK DE CARVALHO ET PATRÍCIA

www.ingramcontent.com/pod-product-compliance
Lightning Source LLC
La Vergne TN
LVHW091702070526
838199LV00050B/2247